영   화,

차   를

말   하   다

영화보다 재미있는 茶 이야기

영화, 차를 말하다

서은미
문기영
김세리
김경미
김용재
노근숙
노정아
양흥식
윤혜진
임진선
최원석
홍소진
하도겸

자유문고

프롤로그
우리에게 차는 무엇일까?

우리 몸의 온도는 1도 올라가고, 지구의 온도는 1도 내려간다면 어떤 일들이 일어날까? 체온이 따뜻해지면 면역력이 올라가 건강해진다. 지구는 온도가 내려가면 지구온난화에서 비롯된 온갖 환경 문제에서 벗어날 수 있게 된다. 이 두 문제의 해결사인 '차茶'의 등장이 기쁜 이유이다. 수천 년 전부터 인류와 함께해 온 차나무는 인간과 지구의 건강을 책임지는 오랜 벗이요 동반자이다. 사철 푸른 차나무는 지구를 건강하게 살리고, 인간은 그 잎을 이용해서 다양한 방식으로 향기롭게 마셔왔다. 모두의 건강을 지키는 최고의 마실거리인 셈이다.

최근에는 커피 프랜차이즈의 대표격인 스타벅스조차도 차를 취급하고 차밭을 직접 가꾸기 시작했다. 일본 후쿠시마 원전사고 이후 우리나라 하동과 제주의 차를 제일 많이 사가는 곳도 스타벅스라고 한다. 커피와 콜라를 넘어, 다시 우리나라에도 건강한 차의 시대가 열리고 있다.

아쉽게도 '차 한잔 하자'는 사람들이 말하는 '차'는 어느덧 우리의 차가 아니라 '커피'가 되어 버렸다. 대한민국에서는 손쉽게 마실 수 있는 커피가 압도적인 지지를 받으며 모든 음료의 왕으로 군

림하고 있는 실정이다. 차의 이름까지 커피에게 강탈당하는 지경에까지 온 것이다. 커피는 그 효능과 부작용에 대한 논란에도 불구하고 촌음을 다투며 스트레스에 찌든 현대인들에게 '쉼'과 숨 돌릴 '여유'를 제공하는 '취향'이라는 면죄부를 받아들었다.

건강한 차나무에서 탄생한 건강한 차는 몸만 아니라 마음도 건강하게 해준다. 우리 차인茶人, 아니 차를 정말 좋아하고 즐기거나 또는 스님들처럼 차를 통해 수행을 완성하려는 사람들에게는 차는 삶의 반려자와 같은, 선조들이 전해준 소중한 물질문화이다. 전통적인 차문화는 우리에게 차회를 함께 하는 도반道伴에 대한 깊은 배려와 하심下心으로 세상을 만나라는 뜻을 전하고 있다.

신라시대 백성들의 평안을 도모했던 「안민가安民歌」를 짓고 경주 남산 삼화령에서 다례제를 지냈던 충담사忠談師 이래의 유구한 차문화 전통은 우리 피에 DNA처럼 각인되어 있는 것은 아닐까?

한모금의 차는 따스함의 시작이다. 우리는 차를 나누며 함께하는 주변의 모든 사람을 '너'가 아닌 '우리'로 존재하게 한다.

다산 정약용과 차회를 함께했던 초의선사는 동갑내기인 추사 김정희와도 우정을 나눈 스님으로 유명하다. 다산은 『걸명소乞茗疏』를, 초의는 『동다송東茶頌』과 『다신전茶神傳』을 지었는데, 차로 맺어진 두 분의 인연이 깊어질수록 우리의 차문화는 찬란한 르네상스의 씨앗을 뿌렸다. 차인이라며 누구나 그런 깊은 인연을 맺는 '우리'가 많아지기를 바란다.

우리들은 늘 바쁜 가운데서도 짬을 내어 차 한잔을 나눈다. 차를 우리는 바로 그 순간 시공간을 초월한 교유가 시작된다. 차는 차이고 나는 나이지만, 잔을 채우고 비우면서 차와 나는 둘이 아닌 하나가 된다. 물아일체의 경지를 체험하며 그렇게 차 한잔의 쉼(一休)을 갖는다. 이런저런 이야기는 밤을 새도록 이어지고 또 이어진다.

이런 차회의 기억을 함께하고자 우리 차인들은 많은 고민을 한다. 그 고민의 결과로, 그리고 미래세대와의 소통을 위해 모든 세대가 공유할 수 있는 매개고리로써 "영화"를 선택했다. 세대를 넘어 누구나 즐기는 "영화"를 우리의 "차"문화와 만나게 하는 마중물로 삼은 것이다. 영화를 통해서 설레이던 그 마음으로 '차'의 세계를 접하게 된다면 차회를 함께할 '우리'가 참으로 많아질 것이라는 기대로 만든 이 책이 많은 분들을 차인으로 이끌었으면 좋겠다. 좋은 사람들과 따뜻한 차 한잔을 사이에 두고 향기로운 마음을 나누는 관계들을 맺으시길 응원한다.

끝으로 이 책의 기획·제작과 유튜브 영상을 제작해 준 나마스떼 코리아 하도겸 대표와 편집과 진행을 맡아준 이현정 님, 기획과 섭외에 애쓴 한국차문화산업연구소 김세리 소장, 그리고 출판을 맡아준 자유문고 김시열 대표에게 감사를 표한다.

2022년 3월
차향 가득한 세상을 꿈꾸며
저자 일동

프롤로그 우리에게 차는 무엇일까? • 5

일상의 차가 되기까지 • 13
영화 《와호장룡》
서은미(부산대학교 강사)

홍차, 누구나 마시는 음료가 되다 • 45
영화 《다운튼 애비》
문기영(문기영홍차아카데미 대표)

정조의 시대, 차향으로 기억하다 • 77
영화 《역린》
김세리(성균관대학교 유학대학원 초빙교수)

끽다거喫茶去, 차 한잔 하고 가세 • 105
영화 《경주》
김경미(성균관대학교 유학대학원 강사)

우리는 왜 차를 마시는가 • 131
영화 《자산어보》
김용재(유엔협회세계연맹 교육&파트너십 담당관)

일본다도: 리큐의 차, 그리고 무사 • 163
영화 《리큐에게 물어라》

노근숙(원광디지털대학교 차문화경영학과 외래교수)

화과자 이야기 • 191
영화 《앙: 단팥 인생 이야기》

노정아(차과자 사계 대표)

나누는 마음과 실천하는 삶, 중도 • 217
영화 《센과 치히로의 행방불명》

양홍식(필로쏘티 아카데미 원장)

풍미의 예술, 다악茶樂 • 237
영화 《마담 프루스트의 비밀정원》

윤혜진(오동나무해프닝 대표)

커피와 차, 그리고 힐링 한 모금 • 255
영화 《세상의 끝에서 커피 한 잔》

임진선(주식회사 소모 대표)

차의 공간 • 281
영화 《협녀, 칼의 기억》

최원석(프로젝트 렌트 대표)

매화 향기 속에 차 마시며 술 마시며 • 307
영화 《천년학》

홍소진(소연재다주문화연구소 소장)

일상이 변하는 차 한잔의 비밀 • 335
영화 《일일시호일》

하도겸(비영리사단법인 나마스떼코리아 대표)

일상의 차가 되기까지

영화 《와호장룡》

• 서은미 •

고려대학교 사학과를 거쳐, 서강대 대학원에서 「북송 차 전매의 시행 기반과 차법의 변천」으로 문학박사 학위를 취득하였다. 현재 부산대와 부경대 강사로 있다.

저서로는 『녹차탐미: 한중일 녹차문화를 말하다』, 『북송 차 전매 연구』, 『조선시대 궁중다례의 자료해설과 역주』(공저), 『동아시아의 인물과 라이벌』(공저), 『불교문명 교류와 해역세계』(공저)가, 번역서로는 『녹차문화 홍차문화』가 있다.

와호장룡

감독 이안, 주연 주윤발 양자경

중국 홍콩 대만 미국, 2000

영화《와호장룡》

차를 마시는 모습은 중국 영화에서 흔히 볼 수 있는 장면이다. 그 중《와호장룡》을 선택한 이유는 이 영화의 첫 장면 때문이다. 영화의 시작은 주인공들이 재회하는 것으로, 유수련(劉秀蓮, 양자경 분)을 그녀의 옛 동료이자 연모하는 상대인 이모백(李慕白, 주윤발 분)이 손님으로 오랜만에 찾아오는 장면이다. 안휘성 굉촌(宏村)의 중국 전통 민간 가옥을 배경으로 반갑게 손님을 맞고 차를 대접하는 이 장면은 중국의 일상 음료로서의 차를 잘 보여준다.

2000년에 제작된 영화《와호장룡臥虎藏龍》은 중국 무협영화의

영화《와호장룡》中 굉촌

영화《와호장룡》中 두 주인공의 재회 장면

새로운 장을 열었다고 평가받았던 작품이다. 지금의 시점에서는 이미 고전영화로 꼽히고 있지만, 개봉 당시 세계적인 센세이션을 일으켰던 영화였다. 지금까지도 북미에서 개봉한 비영어 영화 중 역대 흥행 1위를 유지하고 있다는 사실이 그것을 증명한다.《와호장룡》은 전통 무협영화나 80~90년대의 요란스러운 무협영화와는 다른 분명한 차별성이 있었다. 기존의 무협영화들이 선과 악을 분명하게 구분하는 권선징악의 틀로 진행된 것에 비해, 이 영화는 각 캐릭터의 당위성을 일정 정도 확립해감으로써 차이와 설득, 존중이라는 흐름을 만들어냈다.

무협영화임에도 불구하고 여성 캐릭터가 상당히 잘 자리잡고 있다는 점에서도 주목할 만하다. 특히 유수련(양자경 분)은 여성적이면서도 독립적이고 포용성을 갖춘 성숙한 여성의 캐릭터를 잘 담았다. 그리고 천방지축의 분노를 분출하는 옥교룡(玉嬌龍, 장쯔이 분)은 다소 과하다는 생각도 들긴 하지만 주체적이고 자유로운 삶을 꾸리고 싶어 하는 열망을 잘 보여준다.

영화는 왕도려王度廬의 무협소설을 원작으로 하였다. 청일전쟁 시기 왕도려가 산동성 청도에 피난 와서 1938년부터 '청도신민보靑島新民報'에 연재한 작품들 가운데 3편(검기주광)과 4편(와호장룡)의 일부 내용을 각색한 것이다. '와호장룡'이라는 영화 제목도 4편의 제목을 그대로 가져왔다.

영화의 내용은 청나라 말기를 배경으로 최고의 협객인 이모백이 소유하고 있던 보검 청명검을 둘러싸고 벌어지는 사건이다. 무당파 최고의 고수인 이모백은 스승이 푸른눈여우(碧眼狐狸, 정패패 분)에게 치명적인 독침으로 죽임을 당하자 강호의 삶에 회의를 느끼기 시작한다. 평범한 삶으로 돌아갈 것을 결심하고 400년 동안 전해 내려오던 보검인 자신의 청명검을 수련에게 맡기고 스승의 친구인 북경의 세력가 철패륵에게 전해줄 것을 부탁한다. 북경으로 간 수련은 철패륵의 집을 방문했다가 옥대인의 딸 소룡을 만나고,

영화《와호장룡》中 수련이 철패륵에게 청명검을 전달하는 장면

청명검을 본 옥교룡이 보검을 훔쳐 달아나면서 숨겨졌던 사건과 인물들의 관계가 드러나기 시작한다.

《와호장룡》의 영상을 통해 사람들에게 깊이 각인된 몇 장면들이 있는데 그중 최고는 단연 대나무 숲에서의 검투 장면일 것이다. 이모백과 옥교룡이 대나무 숲에서 날아다니며 벌이는 액션 장면은 비현실적이면서도 아름답게 느껴지는 대표적인 장면이다. 비현실성을 극복한 영상과 음악의 승리라고 할 수 있다. 유수련과 옥교룡 두 여자의 검투 장면도 인상적이다. 두 여성은 고수답게 결코 약하지 않으면서 절도 있고, 긴장감이 유지되면서도 유려한 칼싸움을 보여주었다.

또한 중국의 광활하고 신비한 풍광을 잘 담아낸 점도 주목받는다. 영화는 서역의 사막에서부터 안휘성의 황산에 이르기까지 다채로운 중국의 자연을 잘 담았다. 자연환경뿐만 아니라, 도시와 농촌 마을의 모습, 그리고 건축물을 통해 전통 시대 중국인들의 삶을 잘 전달해 준다. 첫 장면에 등장하는 안휘성 굉촌의 전통 마을과 중

영화《와호장룡》中 대나무 숲 장면

영화《와호장룡》中 유수련과 옥교룡의 대결

국 전통 가옥인 사합원은 아주 매력적이고 인상적이다.

　이모백 역을 소화했던 주윤발의 검술도 많은 이목을 끌었다. 한쪽 손을 허리에 짚는 포즈가 새롭게 보이기도 했고 마치 펜싱 포즈를 연상시키기도 하였다. 이것은 미국에서 무술가와 무술감독으로 유명했던 맥보선麥寶嬋의 작품이었다. 각종 무술에 능했던 맥보선은 무술 실력이 부족한 주윤발의 솜씨를 숨기고 검술 포즈를 멋지게 보이도록 하려고 한쪽 손을 덜 쓰게 하는 방법인, 허리를 짚는 방법을 생각해냈다고 한다. 그 선택은 최고의 효과를 내어서, 주윤발의 검술을 신사적이고 멋진 고수의 솜씨로 보이게 하였다. 맥보선은 견자단甄子丹의 어머니로 유명하기도 하다. 아니, 견자단이 놀라운 무술 실력을 갖춘 것은 그의 어머니 맥보선 덕이라고 할 수 있다.

　《와호장룡》은 기존의 전통 무협영화, 나아가《천녀유혼》(1987),《동방불패》(1992)로 대표되던 요란스러운 무협영화와는 분명한 차별성을 가졌다. 혹자는 중국의 무협영화가 '와호장룡'의 전과 후로 나뉜다고까지 말할 정도이다.《와호장룡》은 서양의 테크닉과 동양의 전통을 잘 녹인 동서양의 합작품이라고 할 수 있는데, 그러한 성격은 그 제작과정, 즉 다국적 자본이 투자되고 다양한 인적 구성을 이루고 있는 사실을 통해서도 쉽게 이해할 수 있다. 경제적으로 미국·대만·홍콩 등 다국적 자본이 투입된 대작이었고, 이안 감독을 대표로 동서양을 두루 섭렵한 인재들이 투입된 결과이기도 하였다.

대만 출신인 이안 감독은《음식남녀》(1994)로 우리에게 눈도장을 찍었고 일찍이 할리우드로 진출하여 활동하였다.《센스 앤 센서빌리티》(1995)로 1996년 베를린 영화제 최고상인 황금곰상을 수상하면서 세계의 이목을 끌었고,《와호장룡》으로 거장의 반열에 올랐다. 이후에도《브로크백 마운틴》(2005),《색계》(2007),《라이프 오브 파이》(2012) 등 인상적인 영화를 만들었다.

《와호장룡》 속의 차

《와호장룡》은 청 말기를 시대 배경으로 한 영화이다. 영상을 통해 전근대 중국인들의 차 생활을 사실적으로 잘 보여준다. 손님을 맞이할 때뿐만 아니라 식사를 할 때, 그리고 모든 모임과 장소에 차는 빠지지 않는다. 특히 영화의 도입부는 무척 인상적이다. 강남 농촌

영화《와호장룡》中 차가 등장하는 장면

영화 《와호장룡》 中
개완을 사용하여 차
마시는 장면

마을의 풍광으로 시작하여 주인공 집의 뜰 안으로 장소를 이동시킨 영상 흐름과 차를 마시는 분위기는 중국 차문화의 특징을 잘 살려냈다. 유수련이 이모백을 맞이하는 첫 장면에는 반가움과 설렘이 묻어난다. 다호와 찻잔이 올려진 테이블을 사이에 두고 두 사람은 오랜만에 만나는 사람들처럼 안부를 묻고 용건을 이야기하지만, 서로를 바라보는 표정과 눈빛을 보면 이들이 예사롭지 않은 관계임을 알아차릴 수 있다. 또한 높은 층고를 자랑하는 고풍스러운 굉촌의 고옥도 빼놓을 수 없는 볼거리이다.

곧이어 수도 북경으로 장소가 옮겨지면서 규모가 더욱 크고 화려한 전통가옥 사합원四合院을 보는 재미가 있다. 인물들이 만날 때마다 테이블에는 항상 차가 함께하며 차를 우리는 자사호紫沙壺와 뚜껑이 있는 잔인 개완蓋碗도 여러 차례 등장한다. 노천 식당에서는 종업원이 큰 찻주전자를 가지고 다니며 손님에게 차를 따라준다. 격식을 차린 방식이든 편리한 방식이든 일상에 차가 항상 함께하고 있는 모습을 쉽게 읽을 수 있다.

특히 개완은 영화 전반에 걸쳐 여러 차례 보인다. 이는 개완이 크게 유행했던 청대의 차문화를 잘 반영한 것이다. 개완은 중국인들의 실용성을 보여주는 대표적인 다구이기도 하다. 다른 지역에서, 심지어 한국과 일본에서도 사용되지 않았다는 점에서 개완은 중국 차문화의 일상성이라는 특징이 잘 반영된 다구라고 할 수 있다. 1인의 개별 용기로 사용되었던 개완은 위생적으로도 편리성에서도 뛰어나고 개인의 차 취향을 잘 수용해주기도 한다.

중국인들이 개완을 언제부터 사용했는지 정확한 시기를 문헌으로 찾을 수 없지만, 개완은 일상 용기로서 일찍부터 사용되고 있었다. 문헌적으로 당송시대 이래 하사품목으로 다수 기록되어 있고 원대에는 약 음용에 사용한 기록 등이 보인다. 이렇듯 귀중한 것을 담거나 보온하기 위한 용도로, 뚜껑이 있는 그릇의 사용은 일찍부터 있었다. 이것이 다구로 사용되기 시작한 것은 찻잎을 우려 마시는 포차법泡茶法과 밀접한 관계가 있다고 생각된다.

다구로써 사용된 개완은 15세기 회화작품에서도 확인할 수 있다. 명대 여류화가였던 정옥천丁玉川의 《독좌탄금도獨坐彈琴圖》에 다구로 사용된 개완이 그려져 있다. 《독좌탄금도》는 제목 그대로 여인이 홀로 버드나무 아래 앉아

《독좌탄금도》(출처: 裘紀平, 『中國茶畵』, 浙江攝影出版社, 2014)

거문고를 타고 있는 모습을 그린 것이다. 거문고가 올려진 탁자에는 향로와 함께 개완과 책들이 놓여 있다. 상류층 여성의 교양과 고상한 취미생활을 표현한 것으로 이해할 수 있다. 개완에 담긴 차를 마시며 글을 읽었을 여인이 향을 피워 올려놓고 홀로 거문고를 타고 있는 모습은 고아하면서도 적적해 보인다.

《독좌탄금도》(부분)

이렇듯 당시에도 중국인들에게 차를 마신다는 것은 일상적인 일이었다. 그런데 중국인들이라고 해서 처음부터 모두 차를 마셨던 것은 아니다. 역사적으로 오랜 기간 차는 남쪽의 지방문화에 불과하였다. 중국에서도 전국의 모든 사람들이 차를 마시게 될 때까지는 많은 시간이 필요했다.

지방문화로서의 차

중국 차문화의 요람은 사천지역이다. 문헌적으로 차와 관련된 빠른 기록들은 모두 사천에서 나온다. 역사 시대에서 가장 이른 시점은 주周 왕조의 건국 시기이다. 기원전 11세기 주나라 무왕이 사천을 장악하자, 사천지역에서는 주의 통치를 받아들이면서 지역특산물을 바쳤다. 이때 바친 물품의 목록에 차가 포함되어 있었다. 이 시점은 우리에게도 매우 익숙한 때이다. 바로 백이와 숙제가 무왕의 주나라 건설에 반대하며 굶어 죽었던 사건이 있었던 시기이기 때문이다.

이어 기원전 1세기의 기록으로 차문화사에 있어서 주목되는 기록인 왕포王襃의 『동약僮約』도 사천을 배경으로 한다. 그 유명한 '팽차진구烹茶盡具', '무양매차武陽買茶'의 기록이 바로 그것이다. "차를 끓일 수 있도록 다구를 준비한다.", "무양에 가서 차를 사온다."라고 하는 구절은 당시에 가정에서 일상적으로 차를 마셨고 봄이 되면 무양의 차 시장에 가서 1년치 차를 구입해오는 일이 절기에 따라 해야 할 일들 가운데 하나였음을 보여준다. 차를 마시는 문화가 발전해 있었음을 보여주는 대표적인 자료인 것이다.

그런데 이렇게 1년치 차를 사두고 차를 마시는 습관은 그때만 해도 차나무가 자라는 지역이나 그 인근지역에서나 가능한 것이었다. 차 생산지와 거리가 먼 지역에서는 그에 대한 정보가 없었을 뿐만 아니라 호기심도 가지고 있지 않았다. 그 주요 이유는 생산지 대부분이 사천과 회수淮水 이남지역으로, 중국의 전통적인 중심지가 아니었기 때문이다. 중국의 중심지이자 선진지역인 중원, 즉 황하 중하류지역의 입장에서 사천이나 회수 이남지역은 낙후되고 거리적으로도 먼 변방으로 인식되고 있었을 뿐이다. 소수 상층의 인사들이 아닌 이상 약용으로의 사용 이외에 음료로서의 차는 관심 밖의 대상이었다.

오랫동안 차문화는 남쪽의 지방문화로 머물러 있었다. 이들 남쪽지역에는 차나무가 생장할 수 있는 넓은 생산지가 있었기 때문에 차를 마시는 습관은 매우 발전해 있었다. 그 증거의 하나로 차를 지칭하는 글자들이 많이 남아 있다. '도茶', '타詫', '천荈', '고도苦茶', '설蔎', '명茗', '고로皐盧' 등이 차를 지칭하는 말이었다. 지금 우리가 일반적으로 사용하는 '차茶'로 글자의 통일이 이뤄진 것은 당나라에 들어와서이다. 그전에는 지역마다 차를 지칭하는 말에 차이가 있었다. 이는 언어 습관이 다른 여러 지역에서 차를 마시고 있었다는 것을 의미한다.

차를 마시는 남중국과 차를 잘 모르는 북중국의 인식 차이가 어느 정도였는가는 5~6세기 남북조시대에 극명하게 나타났다. 당시 중국은 남북으로 양분되어 있었을 뿐만 아니라 북조는 선비족의 통치를 받고 있었다. 반면 남조는 한족 왕조였던 시기이므로 남북의 문화 차이는 더욱 벌어져 있었다. 북중국에서는 통치집단인 선비족의 영향으로 낙농음료가 유행하였기 때문에 식물성 음료를 매력적으로 생각하지 않았다. 게다가 역사적으로 중국의 중심은 황하 중하류 지역이었으므로 그에 대한 자부심까지 겹쳐져 남조의 차문화는 낯설고 이해할 수 없는 것으로 여겨졌다. 그러한 상황을 반영한 말로 '낙노酪奴'라는 단어가 있다. 이 말은 북중국 사람들이 쓰는 차의 별칭이었다. 낙농음료가 더 맛있다는 표현이 함축된 것이기도 하였다.

당시 분단 상황에서 월북 또는 월남을 하는 사람들이 있었다. 그중 신분이 높은 사람의 경우 상대 왕조의 환대를 받았다. 그런 이들 중 한 사람이 왕숙王肅이었다. 왕숙은 강남에서 태어나고 자라서 남방의 풍속이 몸에 익은 사람이었다. 그의 아버지도 그 자신도 남조 제나라에서 관직을 지냈다. 그러다 정치적 화를 당하자 북조인 북위로 귀순하였고, 당시 북위의 효문제는 그를 우대하여 수도 낙양에 정착시켰다. 그는 남중국인들이 그러하듯이 차를 즐겼는데 당시 무척 많은 양의 차를 마셨다고 한다. 그래서 그의 별명은 '누치漏卮', 즉 '밑 빠진 잔'이었다. 그가 주최하는 연회에 참석하는 사람들은 초대에 기꺼이 응하면서도 차를 많이 마셔야 하는 고충을 "오늘 물난리 맞겠구나."라는 말로 토로하기도 하였다. 그래서 물난리라는 뜻인 '수액水厄'도 북조에서는 차의 별칭이 되었다. 이렇듯 황하 중하류지역 등의 북중국 사람들은 차를 매력적인 음료로 생각하지 않았다. 차가 생산되는 지역을 크게 벗어나지 않았던 차의 소비가 중국 전체의 소비로 확대되기까지는 시간이 더 필요하였다.

중국인 모두의 차문화로

중국인들 모두가 차를 마시게 된 것은 수당의 통일시기에 이르러서였다. 수당으로 이어지는 장기적인 통일로 사회가 안정되었고, 운하의 개설로 남북의 유통망이 확충되었다. 농업생산량이 증가하고 소비가 진척되어 상업이 발달하였다. 운하를 통해 강남의 풍부한 산물이 북쪽으로 수월하게 공급될 수 있었다. 강남의 산물을 북중국에서 쉽게 소비할 수 있는 시대가 온 것이다.

그런데 먼 지역의 산물을 가져온다고 그것이 곧바로 소비로 이어지는 것은 아니다. 그것이 선진문물이라는 매력을 갖춘 경우에 가능한데, 북중국 사람들에게 차는 그런 대상이 아니었다. '낙노' 혹은 '수액'이라고 부르던 차를 갑자기 근사한 음료로 생각할 수는 없기 때문이다. 차에 대한 이러한 인식을 불식시키고 사람들로 하여금 새로운 인식을 갖게 하는 계기가 작용해야 했다.

차에 대한 인식의 전환은 선승과 도사들에 의해 이루어졌다. 이들은 누구보다도 차를 즐기는 사람들이었다. 이들은 대중 활동을 열심히 하는 과정에서 은연중에 '차는 건강에 좋다'라는 정보를 대중들에게 전달하는 역할을 하였다. 건강과 관련된 정보는 금방 입소문을 탔고 많은 사람들이 차에 대한 관심과 차를 마시겠다는 의지를 갖게 되었다.

게다가 차문화는 이미 풍부한 문화적 요소를 갖추고 있었다. 차에 대한 인식 변화로 북중국에 차를 마시는 인구가 증가하였고, 보편적인 음료로 자리 잡은 시점에는 차 전문 서적인 육우의 『다경』 또한 출판되어 문화적 성격을 강화하였다. 차는 더 이상 남방의 지방 문화가 아니었고, 이제 중국을 대표하는 음료 문화로 성장하였다. 운하를 통해 강남의 가지각색의 차가 북쪽으로 운반되었고 불티나게 팔리는 시대가 되었다.

〈오백나한도〉 중 1
(일본 대덕사 소장)

부족함이 없는 차 생산

중국 차문화가 부침 없이 꾸준히 발전할 수 있었던 가장 기본적인 기반은 풍부한 차 생산에 있었다. 남중국에서 중국 전체로 소비가 확대되고, 국경을 넘어 주변 유목민족들까지 차를 소비하는 시대가 되어도 차의 공급은 부족하지 않았다. 심지어 서양으로 차가 보급되어 전 세계가 차를 마시는 시대에도 중국의 차 공급에는 차질이 없었다.

차나무는 아열대 식물로 온대지방에서 열대지방에 이르기까지 광범위한 지역에서 생장할 수 있다. 중국은 회수 이남에 넓은 차 생산지를 보유하고 있었다. 소비의 확대에 따라 중국의 차 생산도 증가하였다. 특히 8세기 차 소비가 전국적으로 자리 잡자 차의 생산도 놀라운 증가추세를 나타냈다.

상업의 발달과 소비의 증진에 따라 차의 재배는 일찍이 전업 생산으로 이루어졌다. 당나라 때 유명했던 몽정차의 경우 초기에는 비단으로 초봄의 신차新茶 1근을 구입하기도 힘들 정도로 생산량이 적었다. 그런데 800년대에 이르러서는 1,000만 근이 출시될 정도로 생산이 증가하였다. 경작 면적이 증가하고 전업으로 생산되는 현상은 차 재배지 전역에 걸쳐 일어났다. 당시 유명한 녹차 생산지였던 기문현祁門縣은 거의 빈 땅이 없을 정도로 차나무를 심었고 전업률이 70~80%를 상회했다.

8세기에 중국은 이미 43개 주州와 군郡, 44개 현에서 차를 생산하고 있었다. 장거리 유통과 차가 생산되지 않는 지역으로의 판매를 통해 상인들은 높은 수익을 올렸다. 이들의 이익에 주목한 당 조정은 780년 운반되는 물량에 대해 10%의 세금을 징수하는 일종의 상업세를 징수하기 시작하였다. 곧이어 835년에 이르러서는 조정에서 차를 전매 품목에 넣고 차 수익을 국가 재정으로 환수하려는 정책을 시행하였다. 이로써 차는 소금에 이어 대표적인 전매 품목이 되었다.

'개문칠건사開門七件事'의 하나

"차는 쌀이나 소금과 같아서 하루라도 없어서는 안 된다."
"군자소인 모두 좋아하지 않는 사람이 없고, 부귀빈천 모두 음용하지 않는 사람이 없다."

위의 기록들은 송나라 사람들의 차 소비 정도를 표현한 것이다. 차를 그저 기호음료로만 생각한다면 위의 표현들은 과장된 것처럼 생각될 수 있다. 8세기 차의 소비가 보편적이라는 평가를 받은 이후 중국의 차 소비는 더욱 발전하여 필수품의 단계로 나아갔다. 지금도 우리가 사용하는 '일상다반사'라는 용어와 함께 '개문칠건사'라는 용어가 나온 시기이기도 하다.

'개문칠건사開門七件事'는 아침에 일어나 문을 열고 하루를 살아

송대 문회도(대북
고궁박물관 소장)

일상의 차가 되기까지　　29

가는 데 필요한 일곱 가지 물건이라는 의미로 생활필수품을 말한다. 그 일곱 가지로 땔감과 주식으로서 쌀, 요리에 필요한 기름, 소금, 간장, 식초의 양념류, 그리고 차가 꼽혔다. 일상의 필수품으로 꼽힌다는 것은 분명 그 소비가 기호의 차원을 넘어선다는 의미다. 따라서 "끼니를 굶으면 굶었지 차는 마셔야 한다."는 중국의 기록은 과장이 아니라고 할 수 있다. 당시 중국에서는 집에서건 밖에서건 쉽게 차를 마실 수 있었다. 도시의 거리에는 각양각색의 찻집들이 즐비했고, 손님들을 찾아다니며 차를 파는 사람이나 노점에서 차통이나 수레를 놓고 차를 파는 사람도 있었다. 작은 상점 규모의 찻집에서 호화로운 찻집까지 다양한 형태의 찻집이 운영되었다.

송나라의 수도 개봉 거리에 있던 한 찻집에서는 손님들이 두고 간 물건들을 보관하는 유실물 공간을 운영했다고 한다. 유실물을 통해, 얼마나 다양한 사람들이 그 찻집을 드나들었는지를 살펴볼 수 있다. 유실물은 우산, 신발, 의복과 그릇에서 돈주머니에 이르기까지 다양하였다. 찻집 주인은 손님들이 두고 간 유실물에 '모년 모월 모일 어떠한 인상착의의 사람이 두고 간 것'이라는 식으로 꼬리표를 달아 놓았다. '관리인 듯한 사람', '승려인 듯한 사람', '학생인 듯한 사람', '부인', '상인인 듯한 사람', '신분을 알 수 없는 사람' 등등 외모로 판단되는 손님의 신분을 적어 놓아 나중에 물건 주인을 찾는 데 도움이 되도록 하였다. 남녀 구분과 신분의 구속 없이 많은 사람들이 그 찻집을 애용하였음을 알 수 있다.

실제 유실물을 찾은 일화도 기록으로 남아 있다. 한 번은 어떤 지방 사람이 경성 개봉에 볼일이 있어서 왔다가 이 찻집에 물건을 두고 돌아갔다. 몇 해 후 그가 다시 그 찻집에 들를 수 있는 기회가 생겼다. 그는 그저 옛일이 생각나 찻집 주인에게 그 이야기를 하였다. 그런 일이 있었다고 말한 것으로 끝날 일이라고 생각했는데, 찻집 주인은 그를 위층에 있는 유실물 공간으로 데려갔다. 그는 그곳에서 몇 해 전 두고 갔던 자신의 물건을 찾았다. 물건을 찾아 기쁘기도 하고 양심적인 주인이 존경스럽기도 해서, 그는 찻집에 있는 손님들에게 물건을 찾은 일을 이야기하고 손님 모두의 찻값을 계산하였다. 당시 그 찻집에는 50여 명의 손님이 있었다고 하니 찻집의 규모가 상당하였음을 알 수 있다.

또한 찻집은 기능에 따라 다양하게 분화되어 있기도 하였다. 먼저, 상인들이 주로 모여 정보를 교류하는 찻집이 있는가 하면 교양과 사교 쌓는 것을 목적으로 부유층 자제와 관리들이 주로 모이는 곳도 있었다. 요란하게 놀아 사람들에게 눈총을 받는 퇴폐적인 찻집도 있었고, 더불어 손님 주머니를 거덜내는 호사스러운 곳도 있었다. 각각의 찻집들의 출입에 강제적이거나 제한적인 조항이 있었던 것은 아니었다. 소비자가 자신의 편리와 필요, 취향에 따라 선택하여 출입하였다.

부자는 부유한 대로 영세한 사람은 영세한 대로 각자의 소득에 따라 차를 마실 수 있도록 다양한 가격의 차가 공급되었다는 사실도 차의 소비 정도를 가늠하게 해준다. 전매 제도 운영에 따라 중국에는 차의 가격에 대한 기록이 많이 남아 있다. 송나라의 경우 정부가 수매해서 상인에게 불하한 가격을 살펴보면, 하등품은 1근에 50~60문(文, 화폐단위)에 이르는 것이 있었던 반면 상등품은 1근당

1,000문에 육박하기도 하였다. 그 사이에 상품의 가격이 다양하게 형성되어 있었다.

그러므로 하루하루를 힘들게 살아가는 영세민에게도 차 마시는 일이 일상으로 끼어들 수 있었다. 우리를 지을 형편이 안 되어 돼지를 좁은 집 침실에 두고 키우는 사람조차도 이웃과 차를 마시며 교류할 수 있을 정도였다. 물론 이는 돼지와 아기를 함께 두는 바람에 벌어진 끔찍한 이야기가 남아 있어 확인할 수 있는 것이기도 하다. 돼지를 침실에서 키울 수밖에 없는 형편에 있던 집에서 한 여인이 자신의 아기가 자는 틈에 이웃집에 차를 마시러 갔다. 그 사이 돼지가 아기 요람을 덮치는 바람에 요람이 엎어졌고 아이가 나동그라졌다. 엄마가 돌아온 것은 돼지가 이미 아기의 팔과 다리를 먹어버린 다음이었다. 그래서 아기는 며칠을 넘기지 못하고 사망하였다는 이야기이다.

북원차北苑茶, 금으로도 살 수 없는 차

10세기 이후는 서민문화가 발전하고 많은 것들을 다수가 공유하는 시대였다. 그렇다고 해서 특별한 가치와 독점적인 소비가 사라진 것은 아니었다. 고가품에 대한 선호는 더욱 강렬하였다. 차의 소비에 있어서도 그랬고, 그 정점에 '금을 가지고도 구할 수 없는 차' 혹은 '금과도 바꿀 수 없는 차'가 있었다. 이것이 호사가들에 의해 과장된 것이라고 생각하기 쉽다. 상품이란 제아무리 희소성이 높아 가격이 치솟는다고 해도 결국은 금액에 따라 판매되기 때문이다. 게다가 차는 매년 새로 판매되는 소비재다. 그럼에도 불구하고 송나라 때 금으로도 살 수 없는 차가 있었다는 것은 사실이다. 바로 북원공차北苑貢茶가 그것이다.

　황실에 차를 상공하는 공차貢茶는 오래전부터 있었다. 최초 기록은 주周나라 성립 시기이지만 공차 제도의 상례화가 이루어진 것은 당나라 중기에 이르러서였다. 고대 주요 왕조들의 기반은 주로 중원을 중심으로 화북지역에 있었고, 이들 지역까지 그 수요가 보편화되기 이전까지 차는 그다지 주목받는 공품이 아니었다. 오히려 남조의 황실이 먼저 일정량의 규칙적인 공급 기반을 닦을 필요가 있는 상황이었다. 차 공납의 상례화에 앞서 황실 수요를 직접 관리하는 방식이 일찍이 나타났다. 바로 어다원御茶園의 조성이 그것이다. 좋은 산지에 황실 다원을 조성해 황실용으로 필요한 차를 재배하는 것이었다.

　공차와 어차御茶의 구분은 처음부터 모호한 측면이 있었지만, 공차가 상례화되는 시점에 이르러 둘의 구별은 의미가 없어졌다. 당나라 현종대(712~756)에 들어서는 차도 상례적으로 상공되었다. 상주常州의 의흥차義興茶와 호주湖州의 고저자순차顧渚紫笋茶가 으뜸으로 칭송되었다. 770년에는 고저顧渚에 공다원貢茶園이 설치되어 그 지명도를 더욱 높였다. 공차의 상례화에 따라 차의 재배 지역과 양이 증가했을 뿐만 아니라 차 생산지 간 품질 경쟁도 치열해졌다. 특히 황실의 청명절 다연에 맞추어 햇차를 올리기 위해서, 차 산지에서는 찻잎 따기와 차 만드는 공정이 경쟁적으로 진행되었다. 또한 경쟁에 따른 품질의 향상은 차문화의 발전을 더욱 촉진시켰다. 상공되는 차는 좋은 산지에서 재배된 최상등품이었고 나머지는 민간 수요에 공급되었다. 최상등품의 일부가 민간에도 유통되었으므로 이때까지도 황실차에 대한 유별난 관심은 없었다.

10세기 이후인 송나라 때 이르면 공차 제도에 획기적인 변화가 일어난다. 그에 따라 황실차의 희소성과 권위는 어느 때보다도 높아졌다. 여러 산지에서 상공되던 황실차는 999년을 기해 폐지되었다. 즉 이전까지 전국 30여 주에서 매년 최상등품을 황실에 상공하고 있었는데 이들 지역의 상공이 모두 폐지된 것이다. 이러한 결정은 당시 동북아시아의 국제정세와 송조의 재정문제에 기인한 것이었다.

이 시기 동북아시아의 국제정세는 북방 유목민족에 의해 주도되었는데, 그 남쪽의 한족 왕조였던 송조는 역사상 군사적으로 가장 취약한 왕조였다고 평가된다. 경제 대국이기는 했지만 군사강국은 아니었던 것이다. 막대한 재정을 확보하고 있었고 그 왕조 재정의 80%를 국방비로 지출하면서도 군사적으로 북방 왕조를 압도하지 못하고 있었다. 그럼에도 국방비의 지출은 최우선적일 수밖에 없었고, 따라서 국방비의 안정적인 지출을 위해 재정 확보를 위한 조치는 다방면으로 선결되었다. 공차 제도의 변화도 그에 따른 조치였다.

송조의 국가 재정에서 전매수익은 중요한 비중을 차지하고 있었다. 특히 왕조 초기에 차 전매수익의 재정에 대한 기여도가 높았다. 따라서 왕조는 차 전매수익을 방해하는 요소를 제거하는 데 열의를 보였다. 차 전매의 재정 기여도가 높아진 상황에서 전매와 공차 제도는 공존하기 어려웠다. 그 결과 기존의 공차 방식이 폐지된 것이었다. 당시 여러 산지의 최상등품을 맛보는 것은 군주가 누리는 기본적인 권리였지만, 황제는 왕조의 안전을 위해 이를 포기하였다. 30여 주의 차 상공을 폐지하며 그 물량을 민간에 풀었고 그로써 전매수익의 제고가 도모되었다.

그렇다면 이제 황제는 어떤 차를 소비하였을까? 황제가 여러 산지의 최상등품을 맛보는 권리를 포기한 대신, 민간에 유통되지 않고 황제만이 소비하는 차가 생산되었다. 바로 단일 황실차로서의 북원공차가 시작된 것이다. 민간과 공유했던 여러 산지의 최상등품을 상공 받는 대신 황실차를 차별화시키고 그 유일함을 확보하는 방식으로 나갔다.

건안建安 북원에 어다원御茶園이 설치되면서 민간과 본격적으로 구별되는 황실차가 조성되었다. 유일한 공차 지역인 이곳에서, 이전과는 차별화된 황실차인 북원차가 발전하기 시작하였다. 북원차가 자라는 복건 지역에서는 12등급의 차가 생산되고 있었다. 용龍, 봉鳳, 석유石乳, 적유的乳, 백유白乳, 두금頭金, 납면蠟面, 두골頭骨, 차골次骨, 말골末骨, 추골麤骨, 산정山挺이 그 12등급이었다. 이 등급 중에 용차와 봉차가 곧 황실차였다. 이를 합쳐 부른 '용봉차'가 황실차의 권위를 나타내는 대명사로 여겨졌다. 한국에서는 중국 고급차를 대표하는 용어로서 조선시대까지도 통용되었다.

송대 용차와 봉차인 황실차는 민간에 유통되지 않는 차로서 황제의 하사를 통해서만 보유할 수 있는 차였다. 따라서 막대한 부를 소유하고 있는 사람이라 할지라도 결코 개인적으로 구입할 수 없

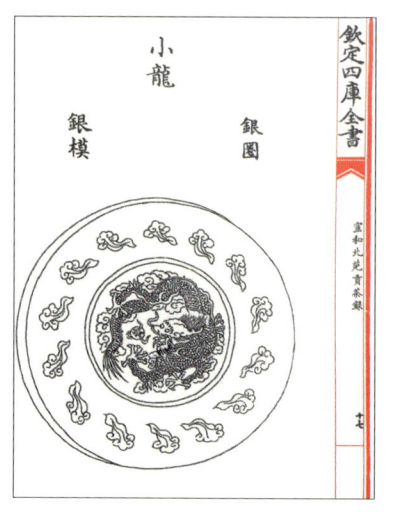

『선화북원공차록宣和北苑貢茶錄』中 소룡단

었다. '금은 가질 수 있어도 차는 얻을 수 없다'고 얘기되는 차가 바로 이때의 황실차인 북원공차였다.

소룡단小龍團은 인종대(1022~1063)에 최고 품질의 황실차였다. 소룡단은 채양蔡襄이 복건 전운사로 있을 때 북원에서 제작해 올린 것이었다. 20병餠의 수량이 1근(600g)이 되는, 당시 기술적으로나 수량적으로 정교하고도 희소한 차였다. 은으로 용과 구름 모양의 문양을 넣은 함에 30g의 소룡단 1병으로 완성되었다.

인종은 이 소룡단을 무척 아껴, 재상조차도 그 맛을 보기 어려웠다. 한마디로 차 인심이 박한 황제였다. 매년 남교에 대례를 지낼 때 겨우 하사해주는 정도였다. 그것도 4명당 1병을 내려주어서 그것을 나눠 갖게 하였다. 감히 맛볼 수 있는 것이 아니었을 뿐만 아니라 귀하게 여기며 보관할 정도였다.

1062년 인종이 처음으로 관료에게 1병씩 하사하였을 때 구양수도 처음으로 이 소룡단 1병을 받았다. 그가 관료로 조정에 등원한 지 20여 년 만이었다고 한다. 귀한 황실차를 하사받는다는 것이 흔한 일이 아니라는 것을 알 수 있다. 이러한 사정이었으므로 고관대작들조차 이를 귀한 보석처럼 보관하고 자랑삼아 꺼내어 보여줄 뿐 같아서 마실 엄두를 내지 못하였다. 금 보따리를 싸 들고 간들

구할 수 있는 차가 아니었다는 것은 당연한 일이었다.

송조의 황제들은 더 이상 여러 지역에서 나오는 차들을 상공 받지 않았지만, 대신 누구도 마실 수 없는 차를 독점하여 즐겼다. 이로써 황실차의 권위도 하늘을 찌르게 되었다. 이후 송조(북송)는 여진에 의해 국토의 절반을 상실하고 남쪽으로 옮겨가 지금의 항주인 임안에 도읍하였다. 남송 초기에 사회 안정을 위한 조치로 각 지역의 상공을 일시 정지시키는 정책을 단행하였는데, 그런 와중에도 황제였던 고종이 유일하게 포기하지 않았던 것이 북원공차였다. 당시 고종은 이렇게 말하였다. "여러 지역에서 상공해야 하는 공물로 백성들이 수고로울까 염려되니 짐이 모두 폐지하고자 한다. 단 복건공차는 조종의 구제舊制이니 폐지하지 않고자 한다."

가루차에서 잎차로

차는 가루차(말차)로 음용하는 것이 오랫동안 주류였고, 형태 면에서도 덩어리차가 주류를 형성하고 있었다. 즉 덩어리차를 쪼개고 갈아서 그 가루차를 끓이거나 뜨거운 물에 저어서 마시는 방식이었다. 당송시대의 자차법煮茶法과 점차법點茶法이 그런 음용법이었다.

덩어리차는 시대마다 병차餠茶, 편차片茶, 단차團茶 등으로 다르게 불렸다. 덩어리차가 주류였던 이유는 제작과 보관 기술의 한계와 관련이 있었다. 당나라 때 병차는 7단계(採茶-蒸茶-搗茶-拍茶-焙茶-穿茶-封茶)로 제작해 완성하였다. 맑고 구름이 없는 날 찻잎을 따서 시루에 찌고 절구에서 찧은 다음, 틀에 넣고 쳐서 형태를 만들고 불을 쬐어 건조시켰다. 그런 다음 구멍을 내어 꿰어서 밀봉해 보관하였다.

찻잎을 쪄내는 방식인 증제법이 차를 만드는 주류의 방법으로 있는 동안에도 차의 형태는 여러 가지였다. 덩어리차가 주류였지만 잎차가 없었던 것은 아니다. 잎차는 산차散茶, 초차草茶 등으로 기록되어 있다. 말차를 상품 형태로 판매하기도 하였다. 마시는 방법에서는 찻잎을 갈아서 마시는 방법이 주류를 이루고 있었다.

찻잎을 덖어내는 초제법은 부분적으로, 혹은 지역에 따라 상당히 퍼져 있었다. 단편적인 기록이지만 당나라 때 유우석劉禹錫의 시 「서산사원에서 차를 마시며 노래하다(西山蘭若試茶歌)」의 "향기 나는 풀 무리 곁으로 가 매부리 같은 잎을 따네. 이것은 모름지기 덖어야 향기가 방 안에 가득하나니"라는 구절은 초제법 존재의 단초가 되었다. 송나라 때 양절兩浙 지역은 초차의 대표적인 생산지였다. 따라서 강남지역을 중심으로 민간에서 잎차를 소비하는 방식이 주류를 이루게 되었고 포차법이 점차 발전하고 있었던 것으로 보인다.

잎차가 주류가 되고 포차법이 부상한 결정적인 계기는 명 태조 주원장이 1391년 용봉단차의 제조를 금지시킨 일이었다. 이제 초제산차법이 주류로 확립되는 시기가 되었다. 이로부터 중국인들의 기억에서 가루차를 마시는 점차법은 서서히 사라져갔다. 초제법이 발전하면서, 발효 정도에 따라 다양한 차의 향과 맛을 즐길 수 있는 시대가 되었다.

마시는 방식에 따른 다구의 변화

차를 마시는 방법의 변천에 따라 그에 필요한 다구에도 많은 변화가 있었다. 육우의 『다경』에 기록된 자차법에서는 불을 피우는 도구인 풍로와 숯집게(화협火筴) 등까지도 다구에 포함시켰다. 다구를 담는 모듬바구니까지 포함하여 육우는 25가지의 다구를 제시하였다. 불 피우는 도구 4종,[1] 차 끓이는 도구 2종,[2] 차를 굽고 갈고 양을 재는 도구 3종,[3] 물을 담거나 거르거나 뜨는 도구 4종,[4] 차를 달이는 도구, 소금을 담거나 뜨는 도구 1종,[5] 차 마시는 도구 1종,[6] 청결 도구 4종,[7] 다구를 담거나 진열하는 도구 3종[8]이 그것들이다.

    점차법으로 차를 마실 때는 다구가 상대적으로 간소하였다. 불을 쓰는 도구는 포함되지 않고 차에 관련된 기물들이 강조되었다. 채양의 『다록』에서는 다배茶焙, 다롱茶籠, 침추砧椎, 다검茶鈐, 다연茶碾, 다라茶羅, 다잔茶盞, 다시茶匙, 탕병湯餠의 아홉 가지 다구를, 송

---

1 풍로와 회승(灰承, 재받이), 거(筥, 숯 광주리), 탄과(炭檛, 숯 가르개), 화협(火筴, 부젓가락)
2 복(鍑, 솥), 교상(交床, 솥 나무 받침)
3 협(夾, 집게), 지낭(紙囊, 종이 주머니), 연(碾, 다연)과 불말(拂末, 차 쓸개)
4 수방(水方, 물통), 녹수낭(漉水囊, 물 거르는 자루), 표(瓢, 표주박), 숙우(熟盂, 물 식힘 그릇)
5 차궤(鹺簋, 소금 단지)와 게(揭, 소금 주걱)
6 완(碗)
7 찰(札, 다구를 닦는 솔), 척방(滌方, 개수통), 재방(滓方, 차 찌꺼기통), 건(巾, 행주)
8 분(畚, 잔 담는 삼태기), 구열(具列, 진열장), 도람(都籃, 다구 보관 모듬바구니)

휘종 조길의 『대관다론』에는 다연, 다라, 잔, 선筅, 병瓶, 작勺의 여섯 가지 다구를 제시하였다. 휘종의 다구는 황제 자신이 직접 만진 다구만을 열거한 것으로 보인다. 심안노인의 『다구도찬』에는 총 12가지 다구가 기록되어 있는데, 그림과 함께 설명해 놓아서 다구의 형태를 정확하게 이해할 수 있다. 위홍려(韋鴻臚, 차배롱), 목대제(木待制, 침추), 금법조(金法曹, 다연), 석전운(石轉運, 다마), 호원외(胡員外, 다표), 라추밀(羅樞密, 다라), 종종사(宗從事, 다추), 칠조비각(漆彫

『다구도찬』에 실린 12가지 다구

祕閣, 잔받침), 도보문(陶寶文, 잔), 탕제점(湯提點, 다병), 축부수(竺副帥, 다선), 사직방(司職方, 다건)이 그것들이다.

잎차를 우려 마시는 포차법이 주류를 이루는 시대로 넘어오면서 다구에 대한 소재와 선호도 많이 변화하였다. 먼저 차를 쪼개거나 갈아낼 필요가 없으므로 금이나 은 등 고가의 소재를 선호하던 이전의 다구는 더 이상 사용하지 않게 되었다. 찻잔의 색에 대해서도 기준이 달라졌다. 착즙하여 제작해 흰색의 포말을 선호했던 송대에는 검은색 잔을 최상이라고 여겼다. 그런데 이제는 볶은 녹차가 중심이었으므로 푸른 탕색을 돋보이게 하는 백자를 선호하였다.

실용적인 측면과 심미적인 이유에서 도기에 대한 선호도 높아졌다. 대표적으로 의흥宜興 자사호의 출현과 발전이 이와 맞물렸다. 다호[9]의 크기는 작아진 한편, 차의 보온 유지에 좋은 두터운 두께의 호는 차잎을 우리고 차향을 돋우는 데 여전히 유효하였다. 자사호는 실용성을 추구하는 것을 넘어서 예술적 경지로 발전하며 사람들의 사랑을 받았다.

또한 백자에 이은 채색자기의 발전이 중국 도자사의 큰 흐름이었다. 원대 청화백자를 시작으로 명청대에는 오채자기 등의 다양한 채색자기가 유행하였다. 따라서 명청대 다구로는 다채롭게 채색된 다호, 잔 등이 많이 남아 있다. 앞서 언급한 개완의 경우처럼 실용적이면서도 예술적인 감각을 일상에서 함께 즐긴 것이다.

---

9 한국은 찻잎을 보관하는 뚜껑이 있는 통을 다호라고 부르고 차를 우리는 주전자를 다관이라고 한다. 반면 중국은 차를 우리는 항아리를 다호라고 하고 찻잎을 보관하는 통을 다관이라고 부른다.

분채과지과접문개완(粉彩過枝瓜蝶紋碗): 청대淸代(출처: 中國茶葉博物館, 『品茶說茶』, 浙江人民美術出版社, 1999)

청대 다양한 개완(출처: (1) 中國茶葉博物館, 『品茶說茶』, 浙江人民美術出版社, 1999. / (2-4) 國立故宮博物院, 『也可以淸心-茶器・茶事・茶畵』, 2004)

참고문헌

서은미, 『녹차탐미-한중일 녹차문화를 말하다』, 서해문집, 2017.
賈大泉主編, 『四川通史(4)』, 成都: 四川大學出版社, 1993.
賈大泉·陳一石, 『四川茶業史』, 成都: 巴蜀書社, 1988.
裘紀平, 『中國茶畵』, 浙江撮影出版社, 2014.
國立故宮博物院, 『也可以淸心-茶器·茶事·茶畵』, 2004.
中國茶葉博物館, 『品茶說茶』, 浙江人民美術出版社, 1999.
鞏志, 『中國貢茶』, 浙江撮影出版社 2003.

홍차, 누구나 마시는 음료가 되다

영화 《다운튼 애비》

• 문기영 •

홍차 전문가. 중앙대학교 철학과와 대학원 행정학과를 졸업하였다. 동서식품에서 16년간 근무하며 커피와 차 관련 마케팅 업무를 담당하였다. 2014년 '문기영홍차아카데미'를 설립하여 홍차 교육에 집중하면서 차 관련 컨설팅과 함께 다양한 매체에 차 관련 글을 기고하고 있다.
쓴 책으로는 『홍차수업』, 『홍차수업2』, 『철학이 있는 홍차 구매가이드』가 있고, 번역한 책으로는 『홍차 애호가의 보물상자』가 있다. 최근에는 '일본녹차'를 교육에 포함하면서 관심 영역을 넓혀 가는 중이다.

다운튼 애비
감독 마이클 엥글러
주연 휴 보네빌 짐 카터 미쉘 도커리 외
영국 미국 중국, 2019

드라마 《다운튼 애비》

영화 《다운튼 애비(Downton Abbey)》는 2019년 9월에 영국과 미국에서 개봉되었다. 우리나라에서도 개봉될 예정이었으나 흥행에 자신이 없었던지 마지막에 취소되었다. '영화 《다운튼 애비》'라고 표현한 것은 영화 이전에 《다운튼 애비》라는 '드라마'가 있었기 때문이다. 실제로 '영화 《다운튼 애비》'는 '드라마 《다운튼 애비》'의 성공에 힘입어 제작되었고, 출연 인물도 '드라마'와 동일하다. '영화'

영화 《다운튼 애비》 포스터

드라마《다운튼 애비》시즌1 포스터

의 내용 또한 '드라마'가 끝난 시점에서 바로 이어져 연결된다.

2010년 9월 26일 영국에서 첫 방송을 시작한 드라마《다운튼 애비》는 7편의 에피소드를 방영한 후 2010년 11월 7일 시즌 1을 종영한다.

이후 2011년부터 매년 8편의 에피소드로 이루어진 시리즈로 방영하여 2015년 11월 8일 시즌 6을 끝으로 완전 종영 때까지 총 47편의 에피소드를 방영한다.

6년에 걸쳐 시즌 6까지 이어진 것에서도 알 수 있듯이, 상당히 주목받고 흥행에도 성공한 드라마였다. TV부문 골든 글로브상과 에미상을 수상했을 뿐만 아니라 영국 외에도 미국, 캐나다, 오스트레일리아, 뉴질랜드, 아일랜드에서도 방영된 화제작이었다. 우리나라에도 꽤 많이 알려져 있고 드라마를 본 사람들도 상당히 많다.

드라마의 시대적 배경은 1912년에서 1926년까지로 이 기간에 제1차 세계대전(1914~1918)도 들어 있다. 전쟁을 포함한 여러 요인들로 영국 사회계급에 큰 변화가 있었던 시기이며, 귀족계급이 점차로 쇠퇴해 가는 내용을 담았다. 그렇다고 우울한 내용은 전혀 아니다.

요크셔(Yorkshire) 지방에 있는 가공架空의 영지인 "다운튼 애비(Downton Abbey)"를 중심으로 크롤리(Crawley Family) 가문의 그랜썸(Grantham) 백작 가족과 이 집안의 고용인들이 주인공이다.

딱히 주인공이 누구라고는 말할 수 없고, 등장인물 각각의 위치와 시각에서 변화해 가는 시대를 담담히 받아들이거나 적응해 가는 모습을 그렸다.

그랜썸 백작 부부

드라마(물론 영화에서도)에서 공간적 배경으로 매우 중요한 역할을 하는 곳이 다운튼 애비로 나오는 하이클레어 성(Highclere Castle)이다.

하이클레어 성(출처: 구글)

런던 서쪽, 옥스퍼드 남쪽에 위치한 버커셔 주 뉴베리(Newbury, Berkshire)에 위치한 고성古城으로 1679년에 건축되어 1840년에 대대적으로 개조된 유명한 관광지다. 영화나 드라마 촬영지로도 많이 알려져 있는데《다운튼 애비》의 성공으로 더 유명해졌다고 한다.

영화《다운튼 애비》

영화《다운튼 애비》는 드라마《다운튼 애비》의 극중 마지막 해였던 1926년 다음 해인 1927년이 배경이다. 당시 영국 왕이었던 조지 5세(George V, 1865~1936)와 왕비가 요크셔 지방을 방문할 때 다운튼 애비에 하루 묵게 되면서 일어나는 여러 에피소드가 주 내용을 이룬다. 실제로도 조지 5세 부부는 1920년대 거의 매년 요크셔 지방을 방문하였다. 영화에도 나오지만, 결혼해서 요크셔 지방에 살고 있던 외동딸 메리 공주를 보기 위해서였다. 조지 5세는 1910~1936년까지 꽤 오랫동안 왕위에 있었지만 이 시기가 대영제국이 과거의 영광을 잃어가는 시기라 그렇게 인기 있는 왕은 되지 못했다. 현 엘리자베스 2세의 친할아버지이기도 하다.

영화의 첫 장면은 왕실로부터 왕 부부가 다운튼 애비에 묵을 예정이라는 소식을 알리는 전보가 오는 것으로부터 시작된다.

왕 부부를 맞이하기 위해 다운튼 애비 구성원 전체가 들떠서 준비하는 과정이 주된 줄거리다. 그 사이사이에 다운튼 애비에서 일하는 고용인들과 런던에서 왕 부부를 보필하기 위해 온 왕실 관리

조지 5세 부부와 엘리자베스 여왕 어릴 때 모습(출처: 구글)

인들 간에 왕 부부 접대 주체를 놓고 벌이는 갈등, 왕실 권위에 대한 의구심, 아일랜드 독립주의자의 왕 암살 시도, 동성애 문제 그리고 이미 변해버린 세상에서 의미 없어 보이는 귀족 생활에 대한 회의 등 많은 내용이 잘 녹아들어 있다. 영화 《다운튼 애비》의 흥행 성공에 힘입어 《다운튼 애비 2》도 제작되어 2022년 4~5월에 영국과 미국에서 개봉한다고 최근에 발표되었다.

《다운튼 애비》 속 홍차

필자는 2017년경 47편을 두 달 동안 몰아서 아주 재미있게 봤다. 그래서 영화가 제작되었다는 소식을 들었을 때 반가웠다. 게다가 한국에서 개봉을 계획하면서 필자에게 마케팅 제안이 와서 기대감이 더 컸는데 개봉되지 못해 매우 아쉬웠다. 하지만 결국 영화를 모티브로 글을 쓰게 되는 걸로 봐서는 여전히 인연이 남아 있었던 것 같다. 《다운튼 애비 2》는 우리나라에서도 꼭 개봉되었으면 한다. 드라마든 영화든 필자가 관심을 가진 이유는 그 시대의 영국을 이해할 수 있는 많은 에피소드들이 포함되어 있기 때문이다. 물론 그중에는 홍차 음용에 관한 것도 들어 있다. 드라마뿐만 아니라 영화에서도 홍차는 철저하게 배경 혹은 소품으로만 나온다. 단 한 번도 주인공으로 스포트라이트를 받는 경우는 없다. 하지만 홍차 마시는 장면은 정말 수없이 많이 나온다.

이에 대한 인상이 필자가 이 글 제목을 '홍차는 누구나 마시는 음료가 되었다'라고 정한 이유이기도 하다.

우리나라 드라마나 영화에서도 식사 장면은 자주 나오지만 "쌀이나 밥" 자체에 대한 언급은 거의 하지 않는다. 그냥 상황이나 그 장면을 위한 배경이나 소품일 뿐이다. 너무나 일상화되어 굳이 언급할 이유가 없기 때문이다.

하지만 1960~70년대를 배경으로 한 우리나라 소설 같은 것에서

부엌에서 일하는 고용인들의 차 마시는 장면

보면 매끼마다 먹는 음식 자체가 화제로 자주 등장한다. 한 끼 한 끼를 제대로 먹기가 쉽지 않았던 시절이었기 때문에 무엇을 먹는지가 중요했을 수도 있다. 그리고 상류층과 서민층, 빈곤층의 식사 내용도 많이 달랐다. 쌀밥은 넉넉한 삶의 중요한 표시가 되었다. 하지만 이제는 아니다.

영국에서는 홍차가 그러했다. 다운튼 애비의 배경 시절에는 더 이상 홍차 자체가 관심의 대상이 아니었지만 그보다 50년 전쯤인 1870년대만 하더라도 홍차는 1960~70년대 우리의 쌀처럼 소중한 것이었고 또 관심의 대상이었다.

그리고 더 과거로 돌아가면 홍차가 엄청난 사치품이던 시절이 있었다. 멀고 먼 아시아에서 생산되어 영국까지 온 홍차가 비싼 건 당연했다. 지금부터는 그렇게 비쌌던 홍차가 영국 사람들로부터 주목조차 받지 못하는 일상 음료가 되는 과정에 대한 이야기다.

유럽과 아시아, 바닷길로 연결되다

1498년 포르투갈 탐험가 바스코 다 가마(Vasco da Gama, 1469~1524)는 아프리카 희망봉을 돌아서 인도 서남부 항구도시 캘리컷(Calicut, 현재는 코지코드Kozhikode로 불린다)에 도착하면서 바다를 통해 아시아에 온 최초의 유럽인이 된다. 아시아 항로를 처음 개척한 덕분에 포르투갈은 1500년대 거의 100년 동안 아시아 바다를 지배하면서 향신료

바스코 다 가마(출처: 구글)

를 포함한 아시아의 값비싼 상품들을 유럽으로 가져가서 부를 축적한다.

네덜란드는 포르투갈이 아시아로부터 가져온 상품을 넘겨받아 판매하는 중계무역을 오랫동안 해왔다. 마침내 아시아로 가는 항로를 알아내고는 1596년 인도네시아 반탐(Bantam)에 첫 번째 개척기지를 만든다. 1602년에는 통합 네덜란드 동인도회사를 설립하면서 바타비아(Batavia, 오늘날 자카르타)에 새로운 무역기지를 구축한다. 그러면서 이후 약 100년간은 네덜란드가 아시아 바다를 지배하게 된다.

네덜란드가 1610년 처음으로 차를 유럽으로 가져가면서 유럽의 차 역사가 시작된다. 영국에서 차에 대해 처음 기록된 것은 1657년 이지만, 학자들은 1650년 전후에 차가 영국에 소개되었을 것으로 본다.

당시 유럽에서 아시아를 왕복하는 데는 적어도 2~3년은 걸렸고, 10척의 배 중 3척은 해적을 만나거나 사고로 돌아가지 못했다. 게

네덜란드 동인도회사 선박들과 회사 문양(출처: 구글)

다가 당시의 배는 전함과 상선을 겸했기 때문에 화물 또한 많은 양을 싣지 못했다. 따라서 아시아에서 오는 모든 상품은 아주 비쌌다. 당연히 차 또한 매우 고가였다.

비싼 차 가격

영국에 차가 처음 소개되었던 1658년 무렵 1파운드(lbs=453g)에 약 26파운드(£) 가격이었다는 기록이 있다. 당시 어느 백작 가문에 일하는 모든 고용인들(《다운튼 애비》로 추정해 볼 때 적어도 50명 이상)의 연봉을 합한 것이 600파운드였다. 좀 더 구체적으로 보면 이 백작 가문의 전속 변호사 연봉이 12파운드였고, 고용인들 연봉이 2~6파운드 사이라고 되어 있다. 대략적으로 차 1파운드가 변호사의 2년 연봉, 일반고용인의 10년치 연봉이라는 뜻이다. 당시 이 집에서 차를 마실 수 있었던 사람은 아마 백작 부부밖에는 없었을 것이다. 그것도 가끔씩!

　60년이 지난 1720년 무렵에도 차 1파운드가 숙련된 장인의 13일치 급료였다는 기록이 있다. 당시의 숙련된 장인이 얼마를 벌었는지는 정확히 모르겠지만, 대략적으로 오늘날과 비교해서 월급 5백만 원이라고 가정하자. 하루 일당 17만 원, 13일이면 221만 원. 즉 453g에 221만 원, 100g에 약 50만 원이다. 한 잔에 2.5g으로 환산하면 잔당 12,500원이다. 일부 독자는 우리나라에서 현재 판매되는 고가의 (중국)차와 비교해서 별로 비싸지 않다고 여길 수 있을지도 모르겠다.

100g에 50만 원이 비싸지 않다고 생각하는 것은 아주 가끔씩 기호식품으로 먹을 때를 기준으로 본 것이고-그래도 엄청 비싸다- 일상 음료 관점에서 보면 말도 되지 않는 가격이다. 현재 영국에서 제일 많이 판매되는 티백 제품의 개당 가격이 약 30~40원 수준이므로 잔으로 계산하면 지금보다 300배 이상 비쌌다는 뜻이다

차 가격이 이렇게 비쌌던 이유는 아시아라는 먼 곳에서 힘들게 가져오는 과정도 있었지만, 차에 부과하는 세금 또한 과도하게 높았기 때문이다.

영국이 홍차의 나라가 되는 과정

차 가격이 비싸다 보니 영국에서의 홍차 음용은 우리가 막연히 상상하는 것 이상으로 아주 천천히 확산되었다. 차가 영국에 소개된 지 거의 50년이 지난 1700년 무렵만 하더라도 영국에 수입된 물량이 겨우 9톤이었다.

1721년 무렵까지만 해도 수입량이 453톤에 불과하여 일인당 음용잔 수로 환산하면 연간 32잔에 불과하였다. 하지만 1790년 무렵에는 수입량이 7,300톤 수준으로 큰 폭으로 증가하고, 연간 일인당 음용잔 수도 304잔에 이른다. 이 1700년대 후반을 홍차 음용의 1차 확산기로 볼 수 있다.

현재와 달리 교통과 통신이 발달하지 않은 과거에는 소식이나 유행 그리고 새로운 문화가 퍼져나가는 데는 오랜 시간이 걸렸다. 심지어 오늘날조차도 서울과 지방은 새로운 것을 받아들이는 데

있어 시차가 있다고 한다. 영국에서 차도 마찬가지였다. 차라는 음료 자체가 낯선 것이기도 했지만 차에 대해서 알게 되었다고 하더라도 처음부터 모든 사람이 구입해서 마시는 것은 아니었다.

그럼에도 불구하고 결국에 차는 영국인 대부분이 마시는 국민 음료가 되었다. 비싼 가격은 일단 마시고자 할 때 하나의 장애물이 되었을 뿐이다. 지금부터는 어떻게 해서 영국인들이 홍차를 마시고 싶어 했으며, 그리고 비싼 가격은 어떻게 극복되었는지에 관해서 알아보겠다.

① 설탕 혁명

1662년 영국 왕 찰스 2세(Charles 2, 재위 1660~1685년)와 결혼한 포르투갈 공주 캐서린 브라간자(Catherine of Braganza, 1638~1705)는 지참금 중 하나로 일곱 척의 배에 설탕을 가득 싣고 온다. 당시에는 설탕이 지참금이 될 만큼 비싸고 귀한 물품이었다.

설탕은 초기에 약으로 사용되었고 부를 과시하기 위한 도구 역할도 하였다. 중세 이후 유럽의 왕이나 귀족들은 파티 때 설탕으로 만든 장식물을 진열하고는 파티에 모인 사람들에게 이 비싼 장식물을 부수어 먹게 함으로써 자신의 부를 과시하였다. 이 관습이 오늘날도 남아 파티 같은 주요 행사에 케이크 형태로 등장하며 여전히 나누어 먹는다.

1600년대 후반 무렵 카리브해에서 생산량이 많아지고 가격도 낮아지는 설탕 혁명이 일어나면서 설탕 수입량이 늘어나기 시작하였다. 영국 홍차 역사 초기 단계에서 홍차와 설탕은 특별한 관련성이

카리브해 지역 사탕수수 농장을 그린 그림(출처: 구글)

있다. 홍차와 설탕은 둘 다 비쌌고 따라서 비싼 차에 비싼 설탕을 넣어 마시는 것은 부를 과시하는 상징이었다. 게다가 그냥 마시면 쓰고 떫은 홍차에 설탕을 넣으니 달고 맛있는 음료가 되었다. 홍차와 설탕의 공급량이 늘어나고 가격이 상대적으로 저렴해지기 시작하니 중류층까지 소비량이 늘어났다. 당시는 설탕을 많이 넣어 아주 달게 마시는 것이 전통이었다. 영국에서 홍차 소비가 늘어나면서 1700년대 후반 영국인들의 인당 설탕 소비량은 홍차 소비량이 적었던 프랑스인들과 비교해 10배나 되었다는 자료도 있다. 여기에 우유까지 더해지자 그 이전에 경험하지 못한 맛으로 영국 사람들의 입맛을 만족시키면서 홍차 음용 확산의 이유가 된다.

② 술 대신 홍차

1600년대 전반기만 하더라도 빈부에 따라 종류는 다르지만 영국인의 식사에는 대개 술이 포함되었다. 물이 위생적으로 안전하지 않았을 뿐만 아니라 대신해서 딱히 마실 것이 없었기 때문이다. 그러다 보니 계급의 상하, 남녀를 불문하고 대부분의 사람들이 취해 있는 경우가 많았고, 취하다 보니 점잖지 못한 행동을 하는 경우도 빈번하였다. 1600년대 후반기가 되면서 차, 커피, 핫초코 같은 음료들이 새로 개척한 식민지로부터 수입되어 유럽에 소개되기 시작한다. 그러면서 상류층부터 시작하여 점차로 이들이 술을 대신하게 된다. 영국 작가 아그네스 스트릭랜드(Agnes Strickland)는 영국 상류층에 차를 소개한 캐서린 브라간자에 대해서 다음과 같이 평하였다.

"남자뿐만 아니라 여자도 온종일 술을 마시던 시절에 취하지 않는 음료를 유행시키고 차와 커피, (마시는) 초콜릿 같은 보다 세련된 (술) 대체물의 필요성을 알게 하는 데 공헌하였다. 차를 마시게 되면서 술 취한 행동 대신 모든 사회 계층을 예의 바른 행동으로 이

18세기 런던의 진 샵을 묘사한 그림(출처: 구글)

끌고 어느 정도는 문명의 발전을 촉진하였다."

1700년대 후반 술의 폐해는 실로 말로 표현하기 어려울 정도로 심하였다. 술이 좋아서 마신 경우도 있겠지만, 가난에 굶주린 하층민들은 배고픔의 고통을 잊기 위해 술을 마셨다. 어른이고 아이들이고 할 것 없이.

뿐만 아니라 산업혁명이 본격화되고 기계가 돌아가는 공장이 증가하면서는 술보다는 차가 훨씬 더 안전하고 효율적인 음료임이 입증되기 시작하였다. 이렇게 술을 대신하는 음료로써 홍차 음용이 증가하게 된다.

③ 세금 인하

홍차를 마시는 사람들은 점점 늘어났지만, 과도한 세금으로 차 가격은 여전히 높았다. 그러다 보니 영국 내로 밀수되어 들어오는 물량이 엄청났다. 1780년 무렵 영국에서 판매되는 홍차의 절반 이상이 밀수품이었다는 통계도 있다. 그리고 당시 홍차 음용자들은 밀수된 홍차를 구입하는 데 전혀 거리낌이 없었다. 오히려 높은 세금을 부과하는 정부를 비난하는 분위기였다. 이에 당시 영국 홍차 단체의 장을 맡고 있었던 토마스 트와이닝의 손자 리차드 트와이닝이 수상 윌리엄 피트(William Pitt)에게 밀수 상황을 설명하면서 세금 인하가 합법적 수입을 증가시켜 오히려 세수를 증가시킬 수 있다고 설득한다. 정부 또한 높은 세금과 차별화된 세금으로 촉발된 1773년의 보스턴 티 파티 그리고 이어진 미국독립(1783년) 등의 영향으로 높은 세금에 대한 부담을 갖고 있었다. 마침내 1784년

119%의 세금이 12.5%로 큰 폭으로 인하되면서 홍차 가격 또한 낮아지게 되자 홍차 소비량이 급격히 증가하게 된다.

이상으로 1700년 후반 영국에서 홍차 음용이 확산하게 된 주요한 이유를 세 가지로 정리해 봤다. 이 시기를 앞에서 말한 것처럼 홍차 음용의 "1차 확산기"로 볼 수 있다. 2차 확산기는 거의 100년이 지난 1890년 무렵에 온다.

1차 확산기는 차를 몰랐던 사람들이, 즉 차를 마시지 않았던 사람들이 새롭게 차를 마시기 시작했다는 것이 특징이다. 2차 확산기 때는 차를 아껴서 마시던 사람들이 더 많이 더 자주 마시게 된다. 홍차 가격이 아주 저렴해졌기 때문이다.

그렇게 비쌌던 홍차가 어떻게 해서 싸지게 되었는지를 알아보기 전에 1차 확산기의 결과로도 볼 수 있고 2차 확산기의 촉진제로도 볼 수 있는 영국 홍차 역사에서 매우 중요한, 그리고 오늘날도 여전히 중요한 애프터눈 티(Afternoon Tea)에 관해서 알아보자.

우유와 설탕이 들어간 맛있는 홍차

2021년 조사 자료에 의하면 영국인이 홍차를 마실 때 음용자의 80% 정도가 우유를 넣고 설탕은 35% 정도가 넣는다고 한다. 7~8년 전의 조사에 의하면 음용자의 98%가 우유를 넣고 45%가 설탕을 넣었다.

영국인의 홍차 음용 방식은 녹차에 익숙한-비록 많이 마시지는 않지만-우리나라 사람들의 음용 방식과는 완전히 다르다. 음용량의

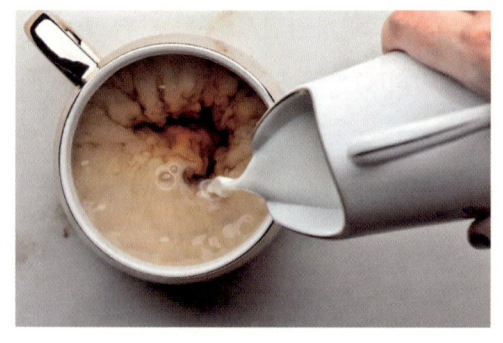

영국인 대부분은 오랫동안 우유와 설탕이 들어간 홍차를 마셔왔다.(출처: 구글)

95%가 티백으로 소비되는 것에서도 알 수 있듯이, 진하게 우린 홍차에 우유와 설탕을 넣어 마시는 것이 영국 스타일이다. 영국의 이런 음용 습관은 홍차 음용 역사 초기부터의 방식이다. 영국에서 홍차는 초기부터 에너지 공급을 위한 식사 대용 역할을 했기 때문이다. 먼 아시아에서 출발하여 바다 위에서 오랜 시간 보낸 후 도착한 홍차가 품질이 좋았을 리가 없다. 지금과는 비교할 수 없을 정도로 쓰고 떫었을 것이다. 이 같은 차에 우유와 설탕이 들어가면서 맛있어졌다. 인간의 역사를 돌아볼 때 음식으로 충분한 영양을 섭취하게 된 것은 놀랄 정도로 최근의 일이다. 아직도 아프리카 대륙에 있는 빈곤한 국가들에서는 대부분의 아이들이 영양실조에 놓여 있다.

선진국인 유럽 국가들조차도 18~19세기만 하더라도 국민들 대부분이 현재 기준으로 보면 영양이 부족한 상태였다. 이런 상황에서 우유와 설탕을 넣은 홍차는 단백질과 에너지를 공급하는 달콤하고 맛있는 음료가 되었다.

식량으로서의 홍차

이 같은 홍차 음용의 실질적인 효용성으로 인해 1700년대 후반기 1차 확산기를 거치면서 1800년대 전반기 무렵에는 빈곤층을 제외한 대부분의 국민들이 마시는 음료가 된다. 하지만 여전히 비쌌던 홍차는 식사 때나 마셔야 하는 귀한 식품이었다. 이 당시 영국에서의 홍차는 어떻게 보면 우리나라 사람들에게 쌀과 비슷한 존재였다. 식량으로 쌀을 먹은 역사는 오래되었고 대부분의 가정에서 쌀로 밥을 지어 먹었지만 쌀은 항상 귀하고 소중한 존재였다. 즉 쌀은 밥으로나 먹는 음식이지 과자나 막걸리 같은 기호식품으로 먹어서는 안 되는 것이었다. 실제로 식량으로 사용할 쌀이 부족하자 정부는 1965년부터는 곡물로 막걸리 만드는 것을 금지하기도 하였다. 다시 쌀 막걸리가 등장한 것은 1990년이 되어서였다. 쌀 생산량이 늘어나고 식량으로 소비되는 양이 줄어들면서 남기 시작했기 때문이다. 쌀 과자도 그 무렵에야 등장하였다.

영국에서도 1800년대 전반기만 하더라도 홍차는 기호식품, 즉 즐기기 위해 마시는 음료는 아니었다. 부자고 가난하고를 떠나 사회적 분위기가 그러했다.

애프터눈 티의 탄생

안나 마리아(Anna Maria)라는 공작부인이 애프터눈 티를 유행시킨 것은 1840년대였다. 이 무렵은 중산층도 대부분 아침과 저녁 하루

애프터눈 티를 유행시킨
안나 마리아(출처: 구글)

두 끼 먹는 시절이었다. 최상류층이 점심을 먹는다 하더라도 아주 간단히 먹었다. 점심을 제대로 먹어도 4~5시경이 되면 배가 출출해지는데 점심을 먹지 않던 이 당시에는 당연히 배가 고팠을 것이다. 하지만 그 당시는 대부분은 그러려니 하고 살았던 시대였다. 시대적 분위기와 사람들의 인식이 그러했으므로 안나 마리아를 포함한 최상층 귀족마저도 그랬다.

어느 날 오후 허기가 져서 축 가라앉는 느낌(Sinking Feeling)이 든 안나 마리아가 홍차 한 잔과 가볍게 먹을 음식을 하녀에게 요구한 것은 기존 사고의 틀을 깨는 큰 변화였다. 홍차를 식사 때 말고도 마실 수 있다는. 어떻게 보면 이 사고의 틀을 깬 것이 안나 마리아의 공헌일지도 모른다.

이러면서 최상층 귀족들 사이에서 허기를 덜기 위해 오후에 차와 가벼운 간식을 먹는 새로운 전통이 생겨나기 시작하였다. 빅토리아 여왕(Queen Victoria, 1819~1901)이 1865년에 버킹검 궁전에서 애프터눈 티 파티를 시작하면서는 전 귀족 계층에 확산되었다. 귀족들 사이에서 애프터눈 티 문화가 확산되면서 서민들도 애프터눈 티에 대한 선망과 기대를 가지게 되었다. 하지만 이때도 여전히 차 가격은 비쌌고 애프터눈 티가 서민들을 위한 것은 아니었다. 그렇지만 애프터눈 티 문화는 홍차가 식사 때나 마시는 식사 대용에서 즐거움을 위해서 혹은 사교를 위해서도 마시는 음료가 될 수 있다는 사고의 전환을 가져왔다. 이것은 앞으로 홍차 수요량이 얼마든

애프터눈 티 모습(출처: 구글)

지 늘어날 수 있다는 신호이기도 하였다.

인도와 스리랑카에서 홍차 생산

1650년대 처음 영국에 소개된 후 200년이 지난 1850년대에도 여전히 홍차는 비쌌다. 200년 전과 마찬가지로 차는 중국에서만 왔기 때문이다. 아시아 바다에 대한 지배력이 강화되는 것을 포함하여 항해기술의 향상, 선박 크기와 성능의 개선 등으로 200년 전보다야 수입량이 훨씬 늘어났지만, 그보다 더 빠른 속도로 소비량이 늘어났으므로 여전히 비쌀 수밖에 없었다. 게다가 중국과의 정치적인 문제(주로는 아편 공급으로 인한 것이었다)까지 겹쳐 홍차의 안정적인 수입이 불안해지고 있었다. 영국 입장에서는 중국을 대체할 혹은 보완할 새로운 홍차 공급처가 절실하였다.

식민지인 인도 아삼에서 영국인에 의해 차가 본격적으로 생산되기 시작한 것은 1860년 무렵이다. 1840년경부터 시작하여 많은 시행착오 끝에 이 무렵부터 의미 있는 물량이 생산되기 시작했다는 뜻이다. 물론, 1859년 중국에서 수입한 차가 3만 2,000톤이었는데, 1862년 영국이 아삼에서 생산한 양은 570톤에 불과한 것에서도 알 수 있듯이 농산물인 차가 갑자기 생산량이 늘어날 수는 없었다. 하지만 시간이 지나면서 아삼 생산량도 늘어나고 다즐링, 닐기리 지역에서도 생산하게 되면서 1888년경에는 인도 생산량이 3만 9,000톤 정도 되어 중국에서 수입되는 양을 능가하게 된다. 1900년이 되면 인도 생산량이 10만 톤에 이르고 1890년 무렵부터 토마스 립톤(Thomas Lipton)이 스리랑카에서 생산하기 시작한 홍차까지 더해져 영국은 홍차 수입에서 중국을 완전히 대체하게 된다.

대영제국의 음료가 되다

이 무렵의 영국은 역사상 최고의 전성기를 구가하면서 해가 지지 않는 대영제국이라 불리는 시절이었다. 산업화가 급격히 진행되면서 노동자 계층이 늘어나고 이들을 위한 값싼 홍차를 공급해야만 했다.

석탄으로 움직이는 증기선이 바람으로 움직이는 범선을 대신하고, 또 1869년 수에즈 운하가 개통되면서 운송에 걸리는 시간이 짧아진 것 역시 홍차 가격이 싸지는 데 일조를 하게 된다.

이러면서 1890년 전후로 하여 홍차 가격은 아주 저렴해져 홍차

제1차 세계대전 중 공장에서 일하는 노동자들의 티 브레이크 시간
(출처: 구글)

는 영국인들을 위한 진정한 국민음료가 된다. 아껴서 마시는 홍차를 마음껏 마시게 되었다는 의미에서 이 시기를 "2차 확산기"로 부른다.

2017년에 개봉한 영화로 빅토리아 여왕의 노년기가 배경인 《빅토리아 앤 압둘(Victoria & Abdul)》에 보면 즉위 50주년(즉 1887년) 행사로 "하이드 공원에서 3만 명의 어린이와 티타임이 있습니다." 라는 대사가 나온다.

1914년에는 노동자들을 위한 공식적인 휴식 시간으로 티 브레이크(Tea break)가 도입된다.

이런 역사를 거쳐서 드라마와 영화 《다운튼 애비》의 배경이 되는 1920년 무렵에는 홍차는 "누구나 마시는 음료가 되었다."

2시간 남짓 길이의 영화 《다운튼 애비》에서 차를 마시는 장면이 여덟 번이나 나온다. 적극적으로 차를 마시는 장면이라기보다는 내용의 흐름상 필요한 장면에서 차가 등장한다고 보는 것이 맞을 것이다. 영국인들의 일상에서 홍차가 그만큼 중요하다는 의미다.

고용인들의 티타임   백작 가족의 티타임

또 하나는 감독이 의도한 것인지 우연인지는 모르겠지만, 여덟 번 중 네 번은 귀족들이 마시는 장면이고 네 번은 고용인들이 마시는 장면이다. 이 시기에 차는 더 이상 계급과도 관련 없는 영국인 전체의 음료가 되었다는 표시다.

유럽 국가들 중 왜 영국인만 차를 많이 마실까

여기까지가 영국이 홍차의 나라가 되는 과정이었다. 그런데 일부 독자들은 의문이 들 수도 있다. 왜 유럽 국가들 중 유독 영국인만 그렇게 홍차를 많이 마시는 걸까? 영국은 1인당 차 음용량 세계 3위다(1위는 터키, 2위는 아일랜드). 2015년 기준 국가별 소비량을 보면 영국은 약 11만 3천 톤, 2위 독일은 1만 9천 톤, 3위인 프랑스는 1만 5천 톤으로 영국은 유럽 전체 소비량의 절반 이상을 차지한다.

1600년대 중반 무렵 유럽 각국들은 개척한 식민지들로부터 담배, 커피, (마시는) 초콜릿, 차 등을 수입하기 시작하였다. 특히 커피는 당시 새로운 세력으로 등장하고 있던 부르주아 계급에 환영받았다. 1650년 옥스퍼드, 1652년에는 런던에 첫 번째 커피 하우스가 생기면서 커피가 영국에서도 유행하기 시작하였다. 1700년경 런던에만 커피 하우스가 2~3천 개 있었다는 기록이 있을 정도로 유럽 최대 커피 소비국 중 하나가 영국이었다. 조금 늦게 소개된 차 역시 처음에는 커피 하우스에서 판매되었다. 그런데 어째서 영국은 다른 유럽 국가들과는 달리 커피에서 홍차로 전환했을까?

영국 동인도회사의 힘

여기에는 전쟁과 영국 동인도회사(The East India Company)라는 두 가지 변수가 있었다. 에티오피아, 예멘 등에서 생산된 커피는 당시 레반트(Levant)라고 불린 지중해 동부지역을 통해서 유럽에 공급되었다. 레반트는 현재 시리아, 요르단, 레바논 등 중동지역 일부를 가리키는 지리적 용어다. 1700년 무렵까지는 영국 또한 커피를 레반트 지역에서 가져왔다.

그런데 스페인 왕위계승 전쟁(1701~1714)이라는 유럽 정치사에서 매우 중요한 의미를 가지는 대규모 전쟁이 발발하고 영국과 프랑스는 각각 다른 편으로 나누어져 서로 싸우게 된다.

당시 레반트를 포함한 지중해 지역은 프랑스 우세지역으로 이 전쟁 여파로 영국은 커피 공급에 어려움을 겪게 되었다.

반면 이 무렵 영국 동인도회사는 아시

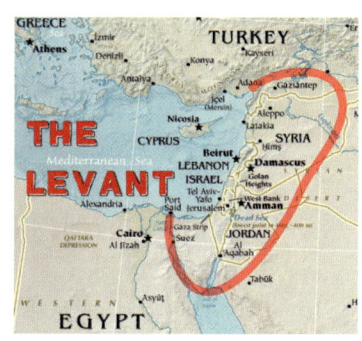

지중해 동부, 레반트 지역(출처: 구글)

영국 동인도회사 함대 (출처: 구글)

아 무역을 독점하면서 아시아 바다에서 그 영향력을 점점 확대하고 있었다. 커피 공급이 어려운 시기에 중국에서 차를 수입하면서 국민들의 취향을 커피에서 차로 점차적으로 전환시키기 시작하였다. 동인도회사는 말 그대로 돈을 버는 것이 목적인 회사였고, 또 엄청나게 큰 회사였다. 흔히 영국이 1750년경부터 약 200년 동안 인도를 식민통치한 것으로 알려져 있지만, 정확히 말하면 1857년까지 전반기 100년은 동인도회사가 지배하였다. 일개 회사가 군대도 가졌고, 심지어 화폐조차 만들었다. 영국 내 또 하나의 국가라고 불릴 정도였다. 이런 막강한 회사가 차를 독점 수입하고 있었고 차의 판매량이 많으면 많을수록 이익이 늘어나니, 당연히 동인도회사는 영국 내 홍차 소비량을 늘리기 위해 온갖 수단을 다 사용하였다. 이러는 과정에서 영국 사람들은 점점 홍차 맛에 익숙해지게 되었다. 다시 말하면 영국인들 DNA 속에 홍차와 맞는 특별한 무엇인가가 있어서 홍차를 많이 마시는 것이 아니라, 마실 기회가 점점 더 많아지다 보니 익숙해져서 많이 마시게 된 것이다.

《다운튼 애비》에서는 어떤 차를 마셨을까?

우리나라 홍차 애호가들이 홍차를 선택하고 마시는 수준은 상당히 높은 편이다. 아삼홍차, 기문홍차, 누아라엘리야홍차 등 각 지역에서 생산되는 다양한 홍차에 대한 선호가 있을 뿐만 아니라 다즐링 퍼스트 플러시, 세컨드 플러시를 구별하고 심지어 다원까지 선택해서 마실 정도다.

　다운튼 애비에 사는 사람들도 다양한 홍차를 마셨을까? 차(Tea)라는 단어 자체가 나오지 않는 영화에서 홍차 종류가 나올 리는 만무하다. 그리고 실제로 영화의 배경이 된 과거뿐만 아니라 현재도 영국에서 소비되는 홍차의 90% 이상은 블렌딩 홍차다. 블렌딩 홍차는 인도, 스리랑카, 케냐 등 여러 국가 혹은 아삼, 다즐링, 딤불라 같은 다양한 지역에서 생산된 홍차를 블렌딩해서 만든 것이다. 따라서 영국인은 자신들이 마시는 홍차의 생산국가나 산지에 별 관심이 없었고 지금도 없다. 우리나라 사람들 대부분이 밥을 먹으면서 이 밥을 만든 쌀이 어느 지역에서 생산된 것인지에 관심이 없는 것과 마찬가지다.

　영국인들이 가장 즐겨 마시는 블렌딩 홍차가 '잉글리시 브렉퍼스트(English Breakfast)'라고 불리는 것이다. 홍차에 별 관심이 없는 우리나라 사람들에게도 비교적 익숙한 이름이다. 그리고 홍차 이름에 '잉글리시(English)'가 들어 있어 홍차와 영국을 더욱 더 쉽게 연결시켰을지도 모른다.

해러즈의 잉글리시 브렉퍼스트

영국 홍차의 대명사, 잉글리시 브렉퍼스트

영국에서 아침식사 때 차를 마시는 관습은 이미 오래전에 시작되었으므로 '브렉퍼스트 티(Breakfast Tea)'라는 용어는 적어도 18세기 말 이후에는 사용되어 왔다. 반면 잉글리시 브렉퍼스트라는 명칭의 기원에 관해서는 몇 가지 주장이 있다. 1843년 뉴욕의 차 상인 리처드 데이비스(Richard Davies)가 몇 개 산지의 홍차를 블렌딩해서 '잉글리시 브렉퍼스트'라고 이름 붙여 판매한 것이 최초라는 주장이 유력하다. 혹은 1892년 스코틀랜드의 차 상인 로버트 드라이스데일(Robert Drysdale)이 아삼, 실론, 기문홍차를 블렌딩해서 만든 것이 최초라는 주장도 있다.

리처드 데이비스는 미국에서 미국 사람을 대상으로 홍차를 판매하면서 홍차의 나라 영국에서 영국 사람들이 아침식사 때 마실 정도로 좋은 차라는 이미지를 주기 위해 상품명을 '잉글리시 브렉퍼스트'라고 정했을 것이다. 사실 영국인이 영국인들을 위해 만들었다면 굳이 '잉글리시'라는 단어를 사용하지는 않았을 것이다. 실제로 영국을 대표하는 홍차회사인 포트넘앤메이슨은 잉글리시 브렉퍼스트라는 이름 대신 '브렉퍼스트 블렌드(Breakfast Blend)'라는 상품명을 사용한다.

포트넘앤메이슨의 브렉퍼스트 블렌드

리처드 데이비스의 아이디어는 성공적이었고 '잉글리시 브렉퍼스트' 홍차는 널리 알려졌다. 하지만 정작 영국에서 잉글리시 브렉퍼스트라는 이름을 사용하기 시작한 것은 빅토리아 여왕 통치 말 무렵인 1890년대부터다. 이 점에서 보면 1892년 스코틀랜드 차 상인 로버트 드라이스데일이 처음 만들었다는 주장도 상당히 설득력이 있긴 하다. 이렇게 유추해보면 《다운튼 애비》 영화 속에서 마신 홍차는 잉글리시 브렉퍼스트일 가능성이 높다.

홍차의 고급화

과거에도 그리고 현재도 영국인들이 잉글리시 브렉퍼스트 같은 블렌딩 홍차를 주로 마시는 이유는 앞에서도 언급된 것처럼 그들의 음용 방식과 깊은 관련이 있다. 진하게 우린 홍차에 우유와 설탕을 넣어 마시게 되면 홍차 자체의 맛과 향은 그렇게 중요하지 않고, 따라서 홍차 생산지에도 관심이 없을 수밖에 없다. 하지만 최근 들어 건강에 대한 우려로 설탕을 (우유도) 넣지 않는 경우가 많아지고 있다. 홍차만 마시는 음용자들이 늘어나면서 맛과 향이 좋은 고급 홍차에 대한 관심도 늘어나고 있다.

이런 추세는 우리나라 커피 음용 방식에서의 변화와 꼭 같다. 커피에 설탕과 커피 크림을 넣어 마실 때는 커피 자체의 품질이 그렇게 중요하지 않았다. 설탕과 커피 크림을 넣지 않게 되면서 커피 자체의 맛과 향에 관심을 가지게 되었고, 이로 인해 점점 고급화되고 있는 것이 오늘날 우리나라 커피 시장이다.

2000년까지만 하더라도 영국은 전 세계에서 차를 가장 많이 수입하는 국가였다. 근래 들어서는 수입 물량 면에서 보면 그 위상이 많이 약해졌다. 현재는 미국, 러시아, 파키스탄에 이어서 4위 정도다. 이들 국가의 인구가 영국과는 비교할 수 없이 많은 탓도 있지만 영국의 홍차 소비량이 지속적으로 감소하는 것도 사실이다. 대신 커피 시장이 성장하고 있다.

비록 홍차 소비량이 감소하고는 있지만, 그 속을 들여다보면 반드시 부정적이지만은 않다. 감소하고 있는 시장은 블렌딩 제품이 주로 들어 있는 값싼 티백 제품 시장이다. 대신 위에서 언급한 이유로 홍차 음용 방식이 변화하면서 고급 홍차 시장은 성장하고 있다.

지난 몇 년간 런던에는 고급 티룸이 많이 생겨났다. 마리아주 프레르, TWG 등 외국의 유명 홍차 회사뿐만 아니라 포트넘앤메이슨 같은 영국 홍차 회사도 새로운 매장을 오픈하고 있다.

TWG 런던 매장(출처: 구글)

영국을 대표하는 홍차 회사인 포트넘앤메이슨은 그동안도 비교적 고품질인 잎차(loose tea-티백이 아닌 것) 위주로 판매해 왔지만 지난 몇 년간은 판매하는 홍차 종류도 대폭 늘였다. 그만큼 수요가 새롭게 생기고 있다는 의미다.

차의 미래는 밝다

지금 우리나라 젊은이들 사이에서 유행하는 로얄 밀크티(Royal Milk Tea)는 홍차에 우유와 설탕을 (많이) 넣은 것이다. 하지만 필자를 포함한 대부분의 홍차 애호가들은 설탕과 우유를 넣지 않은 홍차를 주로 마신다. 영국을 포함한 주요 홍차 소비국 음용자들의 고급 홍차에 대한 수요 증가로 인도, 스리랑카, 케냐 등 주요 홍차 생산국에서도 점점 더 품질 좋은 홍차를 생산하고 있다. 홍차 애호가들에게는 반가운 소식이다.

지난 10년간 우리나라 홍차 시장은 질적, 양적으로 엄청난 성장을 했다. 물론 홍차 이외 차 시장도 크게 성장하였다.

지금 밀크티를 주로 마시면서 홍차 맛을 처음 접하게 된 젊은이들도 시간이 지나면서 홍차 자체의 맛과 향에 관심을 가질 수밖에 없다. 이런 추세는 커피 시장에서 본 것처럼 자연스런 현상이다. 그리고 맛과 향에 대한 이들의 거침없는 요구들을 충족시킬 수 있도록 홍차는 점점 더 고급화, 다양화되고 있다.

앞으로 올 10년은 지난 10년과는 또 다르게 전혀 다른 차원에서 크게 성장하는 차 시장이 될 것이다. 기대된다.

참고문헌

가와기타 미노루, 『설탕의 세계사』, 장미화 옮김, 좋은책 만들기, 2003.
쉬벨부쉬, 볼프강, 『기호품의 역사』, 이병련·한운석 옮김, 한마당, 2000.
시드니 민츠, 『설탕과 권력』, 김문호 옮김, 지호, 1998.
아사다 마노루, 『동인도회사』, 이하준 옮김, 파피에, 2004.
주경철, 『대항해시대』, 서울대학교출판문화원, 2008.
호혜네거, 베아트리스, 『차의 세계사』, 조미라·김라현 옮김, 열린세상, 2012.

Burgess, Anthony 외, *The Book of Tea*, Flammarion, 2005.

Fortnum & Mason, *Tea at Fortnum&Mason*, Ebury Press, 2010.

Griffiths, John, *Tea, A history of the drink that changed the world*, Andre Deutsch, 2011.

Laura C. Martin, *Tea, the drink that changed the world*, TUTTLE, 2007.

Pettigrew, Jane & Richardson, *Bruce, Tea in the City- London*, Benjamin Press, 2006.

_____, *The new Tea Companion*, Benjamin Press, 2008.

_____, *A Social History of Tea*, Benjamin Press, 2014.

Prratt, James Norwood, *Tea Dictionary*, Tea Society, 2010.

Stella, Alain, *Mariage Freres French Tea*, Flammarion, 2003/2009.

정조의 시대, 차향으로 기억하다

영화 《역린》

• 김세리 •

성균관대학교에서 철학박사 학위를 취득하고, 같은 대학 유학대학원 초빙교수, 한국차문화산업연구소 소장, 성균예절차문화연구소 고문으로 활동하고 있다. 저서로 『동아시아 차문화연대기-차의 시간을 걷다』, 『길 위의 우리 철학』, 『공감생활예절』 등이 있다. 월간 『다도』, 더칼럼니스트(www.thecolumnist.kr)의 필진으로 차 인문학에 관련한 글을 꾸준히 쓰고 있다.

역린

감독 이재규, 주연 현빈 정재영 조정석

한국, 2014

거꾸로 난 비늘 '역린'

역린逆鱗. 역逆은 '거꾸로', 린鱗은 '비늘'이란 뜻이다. 풀어서 설명하자면 '용'이라고 하는 상상의 동물이 있는데 그 동물 목덜미에 유독 방향이 거꾸로 난 비늘 하나가 있어 그것을 역린이라 하였다. 모든 비늘이 가지런한 방향을 하고 있는데 한 개의 비늘이 거꾸로 나와 있으니 얼마나 거슬릴까. 역린은 용의 약점이고 콤플렉스다. 용뿐 아니라 사람들은 저마다 약점을 가지고 있다. 남들은 별다르게 생각하지 않더라도 본인은 치명적이라고 생각하는 콤플렉스를 누구나 하나씩은 가지고 있을 것이다. 그런 약점을 누군가 함부로 건드린다면 큰 화를 입게 된다는 고사성어가 바로 춘추전국시대 『한비자韓非子』에 나오는 '역린지화逆鱗之禍'이다.

『한비자』의 〈세난편說難篇〉에 따르면 용이라는 동물은 부리는 사람의 능력에 따라서 얼마든지 온순하게 길들일 수도 있지만, 그 용의 목에 난 '역린'을 건드리면 반드시 죽임을 당하므로 조심해야 한다. 한비자는 이 이야기를 통해 왕과 신하의 관계를 서술하며 경고한다. 용의 몸에도 건드리면 안 되는 부분이 있듯이 군주에게도 절대 건드리지 말아야 할 '역린'이 존재한다는 것이 한비자의 주장이다. 그리고 영화 《역린》은 조선 제22대 왕 정조 이산의 역린에 관한 이야기다.

《역린》은 2014년 제작된 사극 영화로, 정조의 암살위협을 소재로 다루었다. 《다모》, 《패션 70's》, 《베토벤 바이러스》 등의 드라마로 이름을 알린 이재규 감독의 영화 데뷔작이기도 하다. 영화는 사도세자의 아들로 태어나 우여곡절 끝에 용상龍床에 앉은 정조(현빈 분)의 역린을 건드리는 내용으로 시작한다. 즉위 1년째에 접어든 어느 날 밤, 정조는 존현각에서 자객의 방문을 받고 즉시 수사를 지시한다. 《역린》은 그 격변의 하루 동안 홀로 살아남아야 하는 정조와 그를 살려야 하는 환관 상책(정재영 분), 그리고 왕을 죽여야 하는 청부살수 을수(조정석 분)의 운명을 다룬 이야기다.

영화의 주인공, 정조

조선의 성군으로 알려진 정조는 영조 28년(1752) 사도세자와 혜경궁 홍씨 사이에서 태어났다. 차남으로 태어났으나 출생 전에 형인 의소세손이 요절하여 실질적으로는 장남이 되었고 태어나자마자 곧바로 왕세손으로 책봉되었다. 이후 1762년에 임오화변으로 사도세자가 비극적인 죽음을 겪자 요절한 영조의 맏아들 효장세자의 후사가 되어 왕위를 이었다. 그는 11살의 어린 나이에 아버지의 죽음을 지켜봐야 했고, 그로 인해 치명적인 역린이 싹트게 된다. 왕위에 오른 뒤에도 반대파에 의해 그의 목숨은 항상 위험에 노출되어 있었다. 실제 정조는 수많은 암살위협이나 정치적인 견제를 받았다. 사도세자를 죽음으로 몰아갔던 것은 노론이었는데, 그의 아들이 정치적 실권을 잡았으니 노론의 입장에선 생존을 위해서라도 정조를 제거해야 했다. 그리하여 존현각에 정조를 겨냥한 암살 자객이 침투하는 사건이 발생하는데, 영화《역린》은 이 사건을 24시간의 전개로 긴장감 있게 펼쳐낸다.

하루하루 날 선 나날을 보내면서도 정조는 민국民國의 건설을 위한 꿈을 놓지 않았고 변화를 위해 끊임없이 노력하였다. 감독은 고전 『중용中庸』에서 정조의 핵심적인 정신을 뽑아내어 관객에게 선사한다.

"작은 일도 무시하지 않고 최선을 다해야 한다. 작은 일도 최선을 다하면 정성스럽게 된다. 정성스럽게 되면 겉에 배어나고, 겉으로 드러나면 이내 밝아지고, 밝아지면 남을 감동시키고, 남을 감동시키면 이내 변하게 되고 변하면 생육된다. 그러니 오직 세상에서 지극히 정성을 다하는 사람만이 나와 세상을 변하게 할 수 있는 것이다. 바뀐다. 온 정성을 다해 하나씩 배워간다면 세상은 바뀐다."

정조는 자신이 온 정성을 다해 노력하면 모두가 행복할 수 있는 그런 나라를 만들 수 있다고 믿었다. 그러기 위해서는 본인 자신부터 강인해야 했다. 문과 무를 모두 섭렵하여 정신과 몸을 무장하였다. 어릴 때부터 학문에는 이미 뛰어났고, 무예 연마에도 게으르지 않았다. 특히 세워둔 봉을 화살로 맞추거나 펼쳐진 부채를 화살을 쏴 접는 등 탁월한 궁술 솜씨를 보여 태조의 현신, 신궁이라는 소

영화 《역린》 中 자신과 백성을 지켜내기 위해 문무를 겸하는 고독한 군주 정조

리를 들었다. 또 현재 전해지는 정조의 어진에 따르면, 그가 상당한 무골武骨이었다는 것이 정론이다. 영화에서는 정조가 남의 눈을 피하기 위해 책을 읽는 척하면서 그 안에서 웨이트 트레이닝을 한 것으로 나온다. 그는 무예뿐만 아니라 의학도 공부하여 감기약 정도는 스스로 처방하기도 했으며, 정치력과 철학까지도 겸비한 성군이었다. 특히 신하들마저 정조의 비문 첫 구절에서 "아, 우리 임금께서는 진실로 성인이셨다."라며 이례적인 인증을 하였으니 그는 특별히 빼어난 인물이었음이 맞다.

지혜의 음료, 차 마시는 궁궐 사람들

영화 내에서 조선의 차문화를 직접적으로 언급하거나 강조하지는 않지만, 화면에는 다구(茶具, 차의 도구)들이 자연스럽게 자리하고 있다. 너무 자연스럽게 연출되기 때문에 등장인물들이 차를 마셨는지 안 마셨는지, 다구가 있었는지 없었는지도 기억이 나지 않을 정도다. 물론 관심이 있다면 매우 잘 보인다. 이 글을 읽고 영화를 본다면 차 마시는 다구들이 아주 잘 보이는 놀라운 경험을 하게 될 것이다.

조선 후기에는 청나라와의 교류로 문인 문화를 수용하여 그 영향을 많이 받았다. 사대부들의 취미 생활은 더 다양하고 고상해져서 원예와 정원, 산수 유람을 즐기는가 하면 문화 동호인 모임도 많았다. 동호인들은 시詩·서書·화畵 삼절三絶을 바탕으로 창작과 향유를 함께 나누며 풍류적인 모습의 시회詩會를 즐기곤 했는데, 이때에도 차는 빠지지 않고 등장한다. 물론 청의 영향을 받아 외국에서 유입된 차도 있었고, 국내에서 생산되는 차들이 애용되기도 하였다. 영화에 정순왕후(한지민 분)가 야외에서 찻자리를 가지며 쉬는 모습이 등장하는데, 이때 사용되는 다구들이 상당히 화려하고 이국적이다. 당시의 정황이라면 외국에서 들어온 차 문물이라고 보면 될 것이다. 다구의 질감과 분위기상 차는 향기가 뛰어난 계열을 담은 종류였을 것이다. 오후의 홍차 정도면 어떨까. 물론 유럽과 동양의 홍차문화는 매우 다르지만, 지금도 많은 이들의 사랑을 받는 달콤한 운남 홍차 전홍滇紅 한 모금이 잘 어울릴 듯하다. 글을 읽는 여러분의 옆자리에도 향기로운 차가 담긴 찻잔이 있으면 잘 어울리는 풍경이 될 것 같다.

사대부는 사대부대로, 종교는 종교대로, 민중은 민중대로, 각기 다른 차문화를 형성하였다. 지체 높은 사람들의 차는 격식을 갖추는 것을 좀 더 중요하게 생각했고, 불교나 도교 등 종교에서 다루는 차는 수행을 중심으로 이루어졌다. 민중에게 있어서 차는 생명

영화《역린》中 정순왕후의 야외 찻자리

을 지키는 약으로서의 기능이 중요하였다. 아무래도 영화가 궁궐을 무대로 이야기가 전개되다 보니, 등장하는 차의 기물도 정갈하고 고급스러운 느낌이 난다. 주로 백자를 사용하고 있으며, 차를 마시는 혜경궁 홍씨의 모습은 단아하고 기품이 있다. 조선시대 여성만의 문화를 규방 문화라고 하고, 차 마시는 여성의 문화를 규방다례閨房茶禮라 하는데, 오늘날엔 그러한 차문화가 복원·계승을 거쳐 전수되고 있다. 현재 규방다례는 인천광역시의 무형문화재로 지정되어 있다.

조선 후기의 차문화에서 중요한 인물 세 사람을 손꼽는다면, 다산 정약용(茶山 丁若鏞, 1762~1836), 초의 의순(草衣 意恂, 1786~1866), 추사 김정희(秋史 金正喜, 1786~1856)를 말할 수 있을 것이다. 물론

영화《역린》中 혜경궁 홍씨의 차마시는 모습

차를 마시고 즐기고 그에 관한 다양한 활동을 한 사람들은 이 외에도 많겠지만, 가장 부각된 인물로 이들을 논하는 데 이의를 제기하는 사람은 없을 것이다. 그런데 여기 특별한 게스트(guest)로 한 명을 초대한다면 정조를 위한 자리를 하나 마련하고 싶다. 물론 정조가 유명한 차인은 아니었지만, 조선 후기 차를 즐긴다는 유명한 차인들의 네트워크를 연결하다 보면 그 중심에는 늘 정조가 자리하고 있음을 확인할 수 있다.

영화에서 정조는 야심한 밤에도 잠 못 이루며 나랏일로 늘 고민과 생각이 많다. 문무文武를 겸했던 정조는 세손 시절부터 방대한 양의 서적을 통달하였다. 늦은 밤 외로움과 두려움을 독서로 이겨냈기에, 경서부터 선현들의 문집 등 수많은 서적을 독파하였다. 암기 능력도 대단하여 구결(口訣, 한문을 읽을 때 그 뜻이나 독송讀誦을 위하여 각 구절 아래에 달아 쓰던 문법적 요소를 통틀어 이르는 말)을 줄줄 외울 정도였고, 경연에서 신하들의 질문에 답할 때면 그 내용이 어떤 책의 몇 권에 있는지까지 정확히 알려줄 정도였다.

영화《역린》中 백자 다구에 차를 마시며 밤늦도록 정사를 보고 있는 정조

하루는 정조가 조회를 파한 뒤에도 밤까지 종일 책을 읽고 있으니, 건강을 해칠까 염려하는 말을 신하들이 하였다. 이에 정조는 "예로부터 궁중에는 시간을 보낼 만한 일들이 꽤 있지만 나는 천성적으로 그런 것을 좋아하지 않는다. 그리고 환관이나 궁녀들은 부리기나 하면 되지, 그들과 수작하는 것이 무슨 의미가 있겠는가. 그러므로 때로 신하들을 불러 글 뜻을 토론하기도 하고 고금의 일을 헤아려보기도 하는데 심신에 유익할 뿐만 아니라 매우 즐겁다. 그렇지 않으면 조용히 앉아서 책을 보는데 그 맛이 매우 깊다. 때로 마음에 꼭 맞아서 흔연히 자득함이 있는 듯하여 해가 저물었는지 밤이 깊었는지 모르기도 한다. 옛사람이 '내가 좋아하면 피곤하지 않다'고 한 말이 빈말이 아니다."라고 하였다. 공부하기를 즐기는 정조의 성정이 그대로 드러나는 대답이다.

늦은 시간까지 공부하거나 수행하는 사람들, 맑은 정신이 필요한 이들에게 꼭 맞은 음료는 바로 차였다. 실제로 궁에는 차를 마시는 특별한 시간인, 다시茶時가 존재하였다. 물론 지금처럼 일하다가 남는 시간이나 여유로울 때 차를 마시는 티타임과 같은 개념은 아니었다. 고려 때부터 시행된 국가 제도로서 공무에 들어가기 전에 다례茶禮 의식을 통해 차를 마시는 것이다. 국가 중대사를 처리하기 전에 차를 마시는 일이 정례화되었다는 것에 주목할 필요가 있다. 조선의 문신 서거정(徐居正, 1420~1488)의 『사가문집四佳文集』에 이에 대한 언급이 있다.

"사헌부의 청사廳事는 둘이 있는데, 다시청茶時廳과 제좌청齊坐廳

이다. '다시茶時'라는 것은 다례茶禮의 뜻을 취한 것이다. 고려 때와 우리나라 초기에 대관臺官은 말하는 책무만 맡고 다른 여러 직무를 수행하지 않았기 때문에 날마다 한 번씩 모여 다례를 행하고는 마쳤다. 국가의 제도가 점차 갖추어져 대관도 송사를 청리聽理하는 직무를 수행하게 되어 다스려야 하는 일이 많아지자, 그곳은 드디어 항상 출근하여 직무를 처리하는 장소가 되었다. 그러나 정식 아문衙門은 아니었다."

사헌부의 다시청, 제좌청에서 다시, 즉 차 마시는 행례가 이루어지고 있었다. 날마다 한 번씩 모여서 차 마시는 의례를 진행한 것이다. 사헌부가 어떤 곳인가? 백관을 규찰하고 풍속을 교정하며 이상적인 정치를 구현하는 냉철한 이성이 요구되는 감찰 기관이다. 지혜로운 액체인 차를 주기적으로 마시며 공정한 판단을 내리기 위해 마음을 다잡고 또 다잡았다. 그들에게 차를 마시는 시간은 지혜를 빚는 시간이기도 하였다. 지혜로운 선조들의 면모이다. 그들은 여유를 즐기기 위해 차를 마신 것이 아니라 지혜로워지기 위해 차를 선택하였다. 궁궐의 사람들은 지혜로움이 필요할 때 차를 마셨고, 현명한 군주 정조도 다르지 않았을 것이다.

정조의 남자, 정약용의 차

조선 후기 대표 차인 3인방 중의 한 사람인 다산 정약용은 정조의 최측근이었다. 조선 후기 실학을 집대성한 정약용은 정조 시대 청년기에 벼슬에 나가 정조의 깊은 총애를 받았으나 보수 집권 세력인 노론 벽파僻派의 공격에 시달리며 힘든 관료기를 보내게 된다. 그를 신임했던 정조의 갑작스러운 죽음과 함께 그의 정치생명도 끝나고, 서학 문제에 연루되어 1801년 신유사옥辛酉邪獄으로 18년간의 유배 생활을 하게 된다. 유배의 시작과 함께 정약용의 삶도 360° 달라진다. 공간도, 관계도, 그리고 삶을 살아가는 방식도.

정약용이 정조를 처음 만난 것은 22세에 회시會試에 생원으로 합격한 후 창덕궁 선정전宣政殿에 나가 임금에게 사은謝恩의 예를 올릴 때였다. 그리고 정약용이 정조의 눈에 든 것은 성균관 태학생 시절이었다. 정조가 성균관 유생에게 제시한 『중용』에 관한 70개의 질문에 대해 정약용은 이벽(李檗, 1754~1785)과 토론을 거쳐 '중용강의中庸講義'라는 답안을 제출하였고, 정조는 경연에서 이를 극찬하였다. 정조가 친히 낸 과제마다 우수한 답안을 제출한 정약용은 정조로부터 많은 칭찬을 받았고, 왕은 규장각에서 찍은 서적으로 최고 수준의 문장을 모은 『팔자백선八子百選』, 국가의 기본법전인 『대전통편大典通編』, 국왕의 행적을 기록한 『국조보감國朝寶鑑』과 『병학통兵學通』 등을 상으로 기쁘게 선물하였다.

일찍이 정약용을 인재로 알아본 정조는 정약용이 과거에 합격한 해에 그를 초계문신에 임명하였고, 정약용은 규장각에서 내준 과제에서 여러 차례 장원하였다. 정약용은 '문체책文體策'에서 패관잡설稗官雜說의 폐단을 지적하며 개혁을 요구하였고 '인재책人才策'에서는 신분과 지방색에 따른 인재등용의 제한을 비판했으며, 인재 사용에서 전문성과 자질의 중시를 요구하는 등 혁신적 정책을 제시하여 정조의 기대에 부응하였다.

정약용은 종7품 희릉직장禧陵直長으로 관료 생활을 시작하여 여러 내직을 거쳤다. 정약용을 깊이 신임하고 총애한 정조는 정조 19년(1795)에 그를 승정원 동부승지에 임명하여 정3품 당상관으로 승진시켰으며, 같은 해 2월에는 다시 병조 참의에 임명하여 화성의 현륭원 행차에 배행하게 하였다. 또한 정조 13년(1789) 현륭원 능행을 위해 한강에 설치할 주교(舟橋, 배다리) 가설에 대

다산 정약용의 초상화(김호석 作)

한 설계를 정약용에게 명하였고 이에 정약용은 자신이 제출한 제안이 그대로 시행되는 성과를 이루게 된다.

정약용의 기술적 역량은 화성 축성에서 다시 발휘되었다. 정조는 정조 17년(1793)에 화성 설계를 정약용에게 명령하여 정약용은 독창성을 발휘한 선진화된 성제를 지어 올렸다. 아울러 정조로부터 하사받은 『도서집성圖書集成』과 『기기도설奇器圖說』을 연구하여 『기중가도설起重架圖說』을 지어 올렸고, 화성 축조에 기중기를 사용하여 4만 냥이라는 공사비를 줄이기도 한다.

이렇듯 다산과 정조는 학문과 정치에 있어서 서로 꼭 맞는 소울메이트(soulmate) 관계였다. 하지만 그런 일들이 쉽게 이루어졌을 리 없다. 정약용이 정조의 깊은 신임을 받으면 받을수록 반대파로부터의 공격도 심해졌다. 그가 남인 출신이었고, 정조의 친왕 세력의 대표자이자 정약용의 정치적 후원자였던 채제공蔡濟恭과 통혼

다산 정약용 생가와 묘소, 경기도 남양주

관계(채제공의 서자 채홍근과 정약용의 누이가 혼인하였음)에 있었으며, 그를 포함한 그의 집안이 서학과 밀접한 관련을 맺고 있었기 때문이었다. 이런저런 사건 사고들에 지친 정약용은 1800년 봄 벼슬을 버리고 마재로 낙향하였으나 동년 6월 정조의 갑작스러운 서거로 그의 정치적 생명도 끝나게 된다. 결국 서학 문제와 순조 1년(1801)의 신유사옥辛酉邪獄으로 정약용은 끝을 알 수 없는 유배 생활을 시작하게 된다.

다산의 걸명乞茗

잘 만들어진 차는 물과 만나 좋은 향기를 뿜내는 지혜의 액체가 된다. 그리고는 찻잔에 담긴다. 찻잔에 담긴 차는 다시 누군가의 손안에서 향기를 피운다. 선비의 손안에서는 머리를 맑게 하여 글을 읽기 좋게 하는 차 한 잔이 되고, 승려의 손안에서는 부처에게 올리는 정화의 차 한 잔이자 선을 수행하는 한 잔이 된다. 그리고 아픈 백성에게는 귀한 약으로서의 한 잔이었다. 정치적인 이유로 몰락하

약도 되고 위로가 되는 한 잔의 차

여 유배를 떠난 정약용은 찻잔을 놓지 않았다. 반역자로 몰리고 집안은 폐족이 되는 상황에서도 차 마시는 일을 버리지 못하였다. 오히려 차를 더 필요로 했으며, 차를 나누어 달라고, 애절하게 구걸하였다. 그에게는 차가 너무나도 절실하였다.

'유배流配'란 죄인을 섬이나 먼 지방으로 보내 돌아오지 못하게 하는 형벌로, 목숨은 유지할 수 있으나 매우 치욕스러운 감금이다. 시대마다 유배를 가는 대상이나 내용은 달라졌는데, 조선시대 유배의 대부분의 원인은 지식인의 정치적 당쟁黨爭이었다. 당쟁을 통해 정권 장악에 성공한 자들이 정치권력을 유지하기 위해 상대 파벌과 핵심 인물을 멀리 유배 보내버리는 일은 흔하였다. 유배의 징벌에 처한 이들은 이전까지 경험하지 못했던 절망, 고립, 고독과 빈곤을 경험하게 되었다. 가족과는 생이별을 해야 했고, 가지고 있던 모든 부와 권력, 명예는 물거품이 되었다. 이 험난한 시기를 겪는 정약용에게 유일한 위안이 된 것은 차였다. 그는 차가 떨어지면 그 고통을 호소하며 차를 구걸하였다.

유배를 떠난 이들은 정신적, 육체적으로 매우 피폐한 상태였다. 건강이 좋을 리 없었다. 없던 속병이 생기고 울화가 불쑥불쑥 치솟았으며 소화도 잘 안 되었다. 정신적인 스트레스가 극도로 강해지면 몸에는 없던 병도 생기기 마련이어서, 유배자들은 대부분 병자가 되었다. 강진으로 간 다산 정약용도 마찬가지였다. 증세는 각기 달랐으나 유배자들은 유배 내내 혹독한 지병에 시달렸다. 지금이야 병원, 약국이 흔하니 치료라도 가능하지만, 당시는 병을 치료하기 어려운 환경이었으며 죄인의 신분이라면 더욱 그러하였다. 그나마 차를 마시면 한결 나아지니 차에 의존할 수밖에 없었다. 자존심 강하고 깐깐하기로 유명했던 정약용도 차를 구하는 데만큼은 애절하였다. 다산초당과 이웃해 있는 만덕사에 차 구하는 글을 수시로 보냈다. 그곳에는 다산의 유배지에서의 벗이자 차 만드는 자인 아암 혜장 스님이 있었다.

차를 보내달라고 요청하는 '걸명乞茗'에 관한 글은 주로 차를 만들던 스님들에게 선비들이 보내는 편지글로 시의 형식도 있었다. 그중엔 대놓고 요구하는 장문의 요청서도 있다. 한편 '사다謝茶'는 보내준 차를 받고 고맙다고 답장한 것이다. 중국의 차에 관한 시 중 사다는 수없이 등장하지만, 걸명 시문은 거의 찾아보기 힘들다. 우리나라의 경우 차가 워낙 귀하여 구하기 어려웠던 데다 차를 만드는 사람도 몇 안 되던 당시 상황으로 인해, 다산이 아암에게 보낸 걸명글 외에도 걸명에 관한 글들이 많이 남아 있다. 다산은 1805년 봄, 아암에게 차를 구하는 애절한 마음을 시로 적어 보낸다.

전해 듣자니 석름봉 아래서	傳聞石廩底
예로부터 좋은 차가 난다던데	由來産佳茗
지금은 보리 익을 계절인지라	時當晒麥天
기旗도 피고 창槍도 돋아났겠네	旗展亦槍挺
궁한 살림 굶는 것이 습관이라	窮居習長齋
누리고 비린 것은 비위가 상해	羶臊志已冷
돼지고기와 닭죽 같은 음식은	花猪與粥鷄
호사로워 함께 먹기 어렵고	豪侈邈難竝
더부룩한 체증이 아주 괴로워	秖因痃癖苦
이따금 술 취하면 깨지 못한다네	時中酒未醒
스님의 숲속 차 도움받아	庶藉己公林
육우의 차 솥을 좀 채웠으면	少充陸羽鼎
보시하여 병만 낫게 만들면야	檀施苟去疾
물에 빠진 자 건져줌과 뭐가 다르겠는가	奚殊津筏拯
불에 쪄 말리기를 법대로 해야	焙晒須如法
우렸을 때 빛깔이 해맑으리라	浸漬色方瀅

_정약용, 《여유당전서與猶堂全書》中

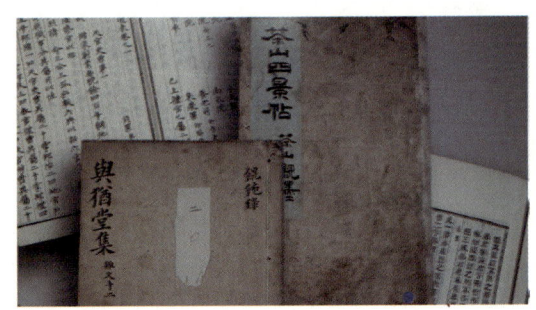

다산 유적지의 여유당집

초의선사, 《다산초당도》(개인 소장)

　석름봉은 만덕산의 서쪽 봉우리로 정약용이 지냈던 유배지에 있는 산이다. 주변에 차나무가 많아 사람들은 다산이라 불렀고, 정약용의 호 역시 여기에서 기인하였다. 마음에 맺힌 울결로 그는 심한 체증에 내내 시달렸다. 비위가 좋지 않아 기름진 음식은 가까이할 수 없었고, 잘 마시지 않는 술이라도 마시게 되면 좀처럼 취기에서 깨지 못하고 두통을 겪었다. 속은 늘 더부룩하여 불편하니 차를 마셔야 그나마 숨통이 트였다. 아암이 자신에게 차를 보내 병세를 낫게 한다면 그것은 물에 빠져 죽을 위기에 놓인 사람을 구하는 것과 같은 것이라며 다산은 애잔하게 차를 구걸한다.

　같은 해 겨울, 다산은 또다시 차를 청하는 호소의 글 〈걸명소乞茗

疏)를 보낸다. 글의 서두부터 익살맞다. 스스로 다도茶饕가 되었다고 표현하였다. 도饕는 고대 상상의 동물 도철饕餮을 말하는데, 탐욕이 많고 흉악한 성질을 가졌다. 다산 스스로 차에 대한 욕심이 많다는 것을 인정하는 대목이다. 숫누에도 자신을 뜻하는 것인데, 최면기에서 깨어난 상태의 누에는 극도로 굶주려 있기 때문에 주변 뽕잎을 정신없이 갉아 먹는다. 여름날 소낙비 오는 소리에 누에가 뽕잎을 먹어치우듯, 다산 또한 찻잎을 찾는다는 뜻이다. 그의 걸명소 내용을 살펴보자.

나그네는 요즘 들어 다도茶饕가 된 데다,
겸하여 약으로 삼고 있소.
글 가운데 묘한 깨달음은 육우의 『다경』 세 편과 온전히 통하니,
병든 숫누에는 마침내 노동盧仝의 일곱 사발 차를 다 마셔버렸다오.
비록 차가 정기를 고갈시킨다는 기모경의 말을 잊지는 않았으나,
마침내 막힌 것을 뚫고 고질을 없앤다고 한 이찬황의 벽癖을 얻었다 하겠소.
아침 해가 막 떠오르매 뜬 구름은 맑은 하늘에 환히 빛나고,
낮잠에서 갓 깨어나자 밝은 달빛은 무른 냇가에 흩어진다네.
잔 구슬 같은 찻가루는 눈발처럼 흩날려, 산 등불에 자순紫筍의 향을 날리고,
숯불로 새로 길은 샘물을 끓여, 들에서 백토차의 맛을 올린다네.

꽃무늬 자기와 붉은 옥으로 만든 그릇의 화려함은 비록 노공潞公만 못하고,
돌솥 푸른 연기의 담박한 운치는 한유韓愈보다 많이 부족하다네.
해안어안蟹眼魚眼을 즐김은 옛사람과 한결같이 깊은데,
귀한 용단봉단龍團鳳團은 궁궐에서 나눠줌을 이미 다했소.
지금 몸에는 병이 있어,
오직 차를 청하는 마음을 편다오.
고해苦海를 건너가는 비결은 보시를 가장 무겁게 치고,
명산의 고액膏液은 상서로운 풀의 으뜸인 차만 한 것이 없다고 들었소.
애타게 바라는 마음 마땅히 헤아려,
아낌없이 은혜를 베풀어주기 바라오.

_정약용,〈걸명소〉

같은 해에 두 번씩이나 차를 구걸했을 정도로 다산은 차에 있어서만큼은 욕심이 있었다. 차가 몸에 해롭다고 주장했던 당나라 기모경의 말도 알고 있으나, 자신은 차가 체증을 낫게 한다는 당나라의 이찬황(이덕유)의 입장에 서 있으며, 송대의 문언박처럼 화려한 찻그릇도, 한유 같은 운치도 없지만 차를 끓이는 해안어안(蟹眼魚眼, 물이 끓는 모습)을 즐김은 옛사람과 같으니, 스님이 나를 위해 아낌없는 차 보시를 하라는 애절한 글이다.

다산은 유배 시기 이전부터 차를 마셨다. 홀로 마시기도 하였고, 때로는 가족들과 때로는 벗들과 어울려 마시기도 하였다. 경치 좋

은 정자에서도, 유람을 떠날 때도 행장에는 차가 빠지지 않았다. 성균관 시절에는 물론이며 창덕궁 후원의 부용정芙蓉亭에서도 왕과 함께 차를 마시며 군신君臣의 정을 나누었다. 유배를 떠나기 이전까지는 다산도 그렇게, 여느 선비들이 차를 즐기듯 차를 즐겼다. 차 마시는 정취와 그것을 함께 나누는 벗들이 있으니 차향은 더욱 향기로웠다. 그러나 유배 이후 그에게 있어 차는 즐기기 위한 이유보다 병을 치료하는 약으로의 비중이 높았다. 그의 건강이 좋지 않았고 고단한 유배 생활에서 몸과 마음을 치유하기 위해서는 차가 꼭 필요하였다.

정약용은 직접 차를 만들기도 하였고, 제자들에게 차 만드는 법을 알려주기도 하였다. 당시 다산은 잎차도 마셨지만 주로 떡차를 마셨다. 떡차는 다병茶餠이라 하였는데, 찻잎을 세 번 찌고 세 번 말려서 빻아 만들었다. 집 옆으로 흐르는 돌샘물로 반죽한 뒤 진흙처

작은 떡 모양의 떡차

럼 완전히 뭉크러지도록 찧어, 동그랗고 작은 떡모양으로 만들었
다. 모양틀을 사용하기도 하였으며, 가운데에 구멍을 내어 꿰어 보
관하기 쉽도록 하였다.

 이렇듯 다산은 강진에서 긴 시간 유배 생활을 하면서 많은 서적
을 편찬하는 일에 매진하였지만, 그동안 병약해진 그의 심신을 붙
잡아주는 역할은 차가 담당하였다. 사실 조선의 차문화는 다산이
유배를 떠나기 전후로 굉장히 달라진다고 볼 수 있다. 다산의 영향
력은 이미 지역성을 뛰어넘었기 때문이다.

정조의 사위, 홍현주의 차 마시는 가족

어느 저녁, 흩어져 있던 온 집안 식구들이 오랜만에 모여 다회(茶會,
찻자리)를 마련하느라 분주하다. 달빛이 유난히 좋은 저녁 모임에
맛있는 음식이 빠질 수 없다. 가족들은 예전에 즐겨 먹던 추억 담
긴 음식을 마련한다. 집안 대대로 전해 내려오는 비법으로 빚어 놓
은 술은 마시기 딱 좋게 익어 있다. 식구들이 다 함께 모였을 때 마
시려고 남겨두었던 귀한 차도 끓일 준비가 다 되었다. 기분 좋은 자
리니 거문고 연주 한 자락도 빠질 수 없다. '우리는 문장 짓기를 좋
아하는 가족들. 붓글을 쓰려면 먹도 미리 갈아 두어야겠어. 오늘 쓸
화선지는 어디에 두었더라.'

 이곳은 조선의 문신 족수거사足睡居士 홍인모(洪仁謨, 1755~1812)
의 집이다. 그는 성품이 소박하고 강직한 문장가로, 그의 저서 『족
수당집足睡堂集』에 고문과 시 2,000여 편을 남겼다. 그의 부인과 자

『족수당집』 표지(한국학중앙연구원) / 『족수당집』(출처: 한국고전데이터베이스)

녀들도 글 쓰는 데 있어서는 빼어난 능력자들이었다. 부인은 조선의 대표 여류시인인 영수합令壽閤 서씨徐氏이고, 『유한당시고幽閒堂詩稿』를 지은 유한당 홍씨가 이 집안의 큰딸 홍원주다. 그리고 차 마시는 왕의 사위, 홍현주가 이 댁 셋째 아들이다. 홍현주는 정조의 딸 숙선옹주(淑善翁主, 1793~1836)와 혼인하였다. 정조 주변에는 유독 차를 즐기는 차 마니아가 많았는데, 그의 사위인 홍현주가 차에 대해 상당히 해박했으며 딸인 숙선옹주도 차를 즐겨 다시茶詩를 남겼다. 홍인모의 맏아들과 둘째 아들인 홍석주, 길주도 당대 대단한 문장가였다. 여러모로 자랑거리가 많은 집안이지만 가족 모두의 공통점이 있다면 차 마시기를 특별히 좋아하는 차인들이라는 점이다. 그래서 차와 관련된 기록이 문헌에 남아 있다.

특이한 점은, 개인 단독 기록뿐 아니라 여러 사람이 한 구句씩 지어 이를 모아 만든 한 편의 시인 '연구聯句'가 있다는 점이다. 쉽게 생각하면 가족들이 시짓기 릴레이를 한 것이다. 연구는 옛날 중국에서 시를 짓던 방법 중 하나이다. 두 명 혹은 그 이상의 사람들이 각자 한 구절 또는 몇 구절을 이어서 짓는 방식으로 한 편의 시를 완성하는 것이다. 전하는 바에 따르면 한나라 무제武帝가 여러 신하들과 합작하여 백량시柏梁詩를 지은 데서 비롯되었다고 한다. 이런 형태의 글은 친목의 계회나 풍류의 자리에서 지어지는데, 가족 모임 자리에서 지어진 경우는 매우 드물다. 지금 이 글을 읽는 독자도 가족의 일원이 되었다고 상상하여 아버지 족수당 혹은 아들 홍석주가 되어 감상해 보자.

아버지 족수당 : 비 갠 후 떠오른 달 밝으니.
어머니 영수합 : 성긴 발에 구름 그림자 어리고,
　　　　　　　 멀리서 온 손님은 흥에 겨워.
큰아들 석주 :　 맑은 달빛 좋기도 하네,
　　　　　　　 허공이 밝아지니 하늘은 넓고 넓어.
둘째 아들 길주 : 이슬 내려 꽃을 적시네, 누각은 허공에 솟았고.
큰딸 원주 :　　 뾰족한 산봉우리엔 달이 걸렸네,
　　　　　　　 구름 걷힌 하늘엔 고요함만이.
셋째 아들 현주 : 별들은 나무 사이에 걸렸네,
　　　　　　　 걸어 놓은 등잔에 밤은 깊어지고.
족수당 :　　　　 바람 소리 피리 소리 뚜렷이 들리는데,
　　　　　　　 서로 만나 기뻐 환하게 웃고.
영수합 :　　　　 둘러앉아 서로에게 취해 즐거워하네.
　　　　　　　 붓들 들어 좋은 시 짓고.
석주 :　　　　　 이루지 못하면 벌주를 마셔야 하네.

	계단 둘레엔 아름다운 나무 둘렀고.
길주 :	갖추어진 음식들은 옛 맛 그대로네.
	차가 익으니 시심(詩心, 시 쓰는 마음)이 일고.
원주 :	거문고 맑은 소리 고운 손에 울린다. 가족들의 이 즐거움.
현주 :	세월이 흐를수록 더욱 젖어 드는데.
	하늘 쳐다보니 은하는 기울었는데.
족수당 :	이 기쁨 영원하길 달 보고 빈다네.

_홍인모, 『족수당집』 3권

　지금 이 가족들 마음이 얼마나 행복하고 풍요로운지가 시 속에 고스란히 녹아 있다. 돌아가며 시를 짓고, 짓기를 놓치면 벌주를 마시게 하면서 서로 깔깔거리며 웃었을 것이다. '행복은 어디에 있는가? 서로의 웃음 속에 있지.'

　음식을 먹으며 옛 추억을 떠올리고, 흥겨움 중에 향기롭고 따뜻한 찻잔을 중간중간 기울인다. 차를 마시면 배불리 먹은 음식이 잘 소화되고 머리는 한결 맑아지니 좋은 글귀가 자연스럽게 떠오를 것이다. 숙취 해소의 기능까지 있으니 차가 가지고 있는 효능이 동시다발적으로 빛을 발한다. 거문고 소리는 분위기를 더욱 그윽하게 만들고, 가족의 정은 차곡차곡 깊어지는 중, 그야말로 차로 소통하는 차통茶通한 가족이다. 요즘처럼 가족이 하나로 모이기 어려운 시대에 찻자리로 가족이 한자리에 모여 보는 건 어떨까.

누가 당신의 '역린逆鱗'을 건드리는가

우리는 용이 아니라서 하늘을 날지도 못하고 불을 뿜지도 못한다. 하지만 각자만의 거꾸로 난 비늘 하나쯤은 품고 있다. 현대인으로 살아가기가 어디 만만하던가. 경쟁의 시대, 물질의 시대에 뒤처지지 않기 위해 얼마나 많이 노력하고 치열하게들 삶을 사는가. 내면의 치유되지 않은 상처가 바로 각자의 역린이다. 누군가 한번 건드리면 빵하고 터질 것 같은 저마다의 이유들을 갖고 있을 것이다. 터지기 전에, 터지지 않도록 돌보아주어야 한다. 여러 방식이 있겠지만 필자는 따듯하고 향기로운 차 한잔을 권하고 싶다. 차 한잔은 별 거 아닌 것 같아도, 찻물을 끓이고 차를 우려내는 동안의 고요의 시간. 그리고 향기가 가득한 차 한잔이 내 손안에 쏘옥 들어와 있는 동안 우리는 알게 모르게 치유의 시간을 갖게 된다. 내면이 치유되

차가운 겨울바람을
이기는 차꽃

고 점점 단단해지면 당신의 거꾸로 난 비늘-역린도 어느 순간 소리 없이 사라지는 날이 올 것이다.

　차꽃은 작게 피어나서 잘 드러나지 않지만, 자세히 보면 그 고귀함이 천천히 드러난다. 한송이의 차꽃은 향이 은은해서 강렬하게 당신의 후각을 매혹하지 않지만 은은하게 그 생명력은 수천 년을 이어져왔다. 따듯한 한잔의 차와 한송이의 차꽃을 오늘을 살아가는 당신에게 권한다.

참고문헌

김세리·조미라,『차의 시간을 걷다』, 열린세상, 2020.
백민정,「정약용 철학의 형성과 체계에 관한 연구」, 연세대학교 박사논문, 2007.
안효성,「정조 탕평론의 정치철학적 의미」, 한국외국어대학교 박사논문, 2016.

끽다거 喫茶去, 차 한 잔 하고 가세

영화 《경주》

• 김경미 •

성균관대학교에서 철학박사 학위를 취득하였으며, 현재 성균관대학교 학부대학·대학원 강사, 한국지역사회교육협의회 수석강사, 더나은세상을위한인문학연구원 이사로 활동하고 있다. 저서로 『모태미인』과 『태교신기』(역서)가, 논문으로 「자녀인성함양을 위한 부모교육프로그램연구」, 「유학의 태교에 관한 연구-〈태교신기〉를 중심으로」 등이 있다.
대학과 대학원 등 여러 교육기관에서 다양한 차茶 교육으로 지역사회 구성원들이 차를 접할 기회를 넓혀 나가고 있다. 앞으로 가정에서 부모와 자녀가 차와 함께하는 시간을 통해 관계를 회복하고 인성교육과 가치관을 확립하는 데 도움이 되는 역할을 하고자 한다.

경주
감독 장률, 주연 박해일, 신민아
한국, 2014

영화 《경주》

영화 《경주》는 친한 형의 장례식에 참석하기 위해 오랜만에 한국에 온 북경대 교수 최현이 문득 7년 전 본 춘화春畵를 떠올리며 경주로 향하는 1박 2일간의 일상을 담은 이야기이다.

  춘화가 있던 경주의 한적한 변두리 찻집을 다시 찾아간 최현은 그곳에서 찻집 주인 윤희를 만난다. 윤희는 춘화의 행방을 묻는 최현을 변태로 오인하게 되고, 쫓겨난 최현은 옛 애인 여정을 경주로 불러 재회한다. 그러나 둘의 만남은 어색하게 끝나고, 과거에 자신이 여정에게 남긴 상처를 알게 된다. 최현은 여정과의 짧은 만남 후 다시 윤희의 찻집을 찾는다. 두 번째 방문에서 윤희는 첫인상과 달리 순수한 최현의 모습에 호기심을 보이고 점차 호감을 갖게 된다. 윤희는 최현을 자신의 계모임 저녁 술자리에 초대하고, 술자리와 노래방, 그리고 윤희의 집까지 함께하게 된 둘 사이에는 기묘한 기류가 흐른다.

  2014년에 개봉한 《경주》는 장률 연출, 박해일·신민아 주연의 영화로, 그 제목답게 배경 전체가 경주이며 경주의 아름다운 풍경을 아낌없이 보여준다. 아주 느린 템포로 이야기를 엮어나가기 때문에 답답함과 지루함 그리고 무거운 느낌을 가질 수도 있지만, 중간

중간 웃음을 짓게 만드는 코믹한 몸짓과 언어유희, 그림처럼 아름다운 풍경, 그리고 정밀하게 계산된 플롯이 흥미로운 영화다.

삶과 죽음, 그리고 욕망

경주라는 도시는 많은 사람들에게 수학여행 장소로 기억되는 곳이다. 그러나 경주는 어쩌면 수학여행지로 어울리지 않는 곳일지도 모른다. 아무리 천년고도 신라인의 삶이 숨 쉬고 불국사와 석굴암이라는 역사책 단골 메뉴가 존재하는 곳이라 해도 그곳은 오래된 왕릉, 무덤으로 가득 찬 공간이기 때문이다. 영화 《경주》는 무덤으로 가득 찬 경주, 이 공간 안에서 인간의 삶과 죽음, 그리고 욕망을 이야기한다.

영화 《경주》에서 최현은 선배의 죽음, 옛 애인의 임신과 태어나지 못한 생명, 그리고 택시 정류장과 보문호수에서 만났던 모녀의 자살, 오토바이 폭주족의 죽음 등 유독 많은 죽음과 마주한다. 그러나 윤희의 "경주에서는 능을 보지 않고 살기 힘들어요."라는 말처럼, 경주는 누군가에게는 죽음을 마주하는 공간이지만 다른 누군가에게는 삶의 터전이기도 하다. 경주는 이렇게 대치되는 개념일 것 같은 삶과 죽음의 경계가 무너지는 공간이다.

삶과 죽음이 공존하는 공간 안에서 죽음과 공존하는 삶이 불편하지 않은 이유는 무엇인가? 그것은 삶과 죽음이 단절된 것이 아니라 연결되어 있기 때문이다. 죽음은 인간이라면 누구나 피하고 싶어 하는 두려운 대상이다. 그러나 우리는 태어나면서부터 죽음에

영화《경주》中 죽음의 공간, 경주의 능에서 주인공 현과 윤희의 모습

다가가고 있다. 그것을 평소에 잊고 살아갈 뿐이지 죽음은 항상 내 주변을 맴돌고 있다. 그렇다고 무서워하지만은 말자. 스티브 잡스가 "죽음은 삶이 만든 최고의 발명품이다."라고 말한 것처럼 우리는 죽음을 통해 지금 이 순간들이 가장 값지다는 것을 인식하고 있다. 삶과 죽음의 공존을 발견함으로써 우리는 삶에 활력을 불어넣고 삶의 의미를 찾으며, 항상 감사하는 마음을 갖게 된다.

그렇다면 철학적 관점을 통해 삶과 죽음의 의미를 이해하고, 어떻게 잘 살다가 어떻게 잘 죽을 것인가를 생각해보기로 하자.

죽음이란 노년 시기에 국한된 문제만은 아니다. 우리와 죽음은 태어나면서 죽는 순간까지 항상 함께하는 관계이다. 따라서 죽음의 전제 없이 삶은 논의될 수 없다. 그렇지만 우리는 삶과 죽음을 분리하고 이원적으로 이해하는 데 익숙해져 있다. 삶의 뒤에 죽음이 오는 것 같지만, 삶과 죽음은 끊임없이 변화하는 순환의 고리와 같다. 마치 우리가 마주하고 있는 자연의 변화와 순환의 과정과 같은 것이다. 우주자연의 변화를 원元·형亨·이利·정貞이라 한다. 원·형·이·정이라는 말이 어려울 수도 있지만 전체 우주자연의 변화를 포괄하는 개념이라는 정도만 이해하고 넘어가자. 우주자연의 변화라는 큰 개념을 설명하기 위하여 광범위하고 포괄적인 언어를 사용하는 것이다.

원형이정이라는 전체 우주자연의 변화를 계절의 변화로 부분적으로 표현하면 봄·여름·가을·겨울이다. 원元은 봄으로 싹이 움트는 시기이며, 형亨은 여름으로 만물이 쑥쑥 자라고 꽃을 피우는 시기, 이利는 가을로 수확하고 거두어들이는 시기, 정貞은 겨울로 저장하고 다시 봄을 준비하는 시기이다. 사계절인 봄·여름·가을·겨울은 끊임없이 변화하고 순환하여 매년 반복되면서 불변한다. 우주자연이 이처럼 순환하고 불변한다는 것을 알기 때문에 우리는 봄이 지나면 여름이, 여름이 지나면 가을과 겨울이 온다는 것을 알 수 있다.

인간도 자연의 일부이기 때문에 인간의 인생도 원·형·이·정으로 설명할 수 있다. 원元은 어머니의 배 안에서 태어난 이후부터 유년기와 청소년까지의 시기, 형亨은 청년 시기, 이利는 중년 시기, 정貞은 노년의 시기이다. 원元의 시기는 인생의 싹을 키우기 위해 기반을 다지는 시기이고, 형亨의 시기는 열심히 일하고 노력하여 인생의 꽃을 피우는 시기이다. 이利의 시기는 노력한 인생의 결과물을 거두어들이는 시기이며, 정貞의 시기는 다시 또 다른 봄이 오도록 준비하는 시기이다.

또 다른 봄을 준비한다는 것은 무엇을 말하는 것인가? 나라는 인간 하나를 생각하면, 내가 죽는다는 것은 내가 없어짐을 의미하기 때문에 순환하고 연속하는 과정과는 거리가 멀어 보인다. 그러나 거시적인 입장에서 인간세계를 바라보면, 나의 죽음은 또 다른 생명의 탄생으로 이어진다. 그래서 태고부터 지금까지 인간세계는 훌륭히 유지되고 있는 것이다. 나는 죽음을 맞게 되지만 나의 자식, 손주들이 나를 대신하여 삶을 연결해 나간다. 따라서 삶과 죽음이 연속되는 과정 중 정貞의 시기는 자신의 삶과 죽음을 잘 마무리하고 나의 자손들이 잘 살아갈 수 있도록 준비하는 시기라고 할 수 있다.

유학에서는 삶을 음과 양이 조화롭게 유지되어 기氣가 모인 것으로, 죽음을 음과 양이 조화를 이루지 못하고 기가 흩어져 사라지는 것으로 설명한다. 이처럼 유학에서 삶과 죽음은 자연의 음양 법칙에 근거하고 있다. 음과 양의 조합으로 세상과 인간의 길흉화복을 설명하는 『주역』은 삶과 죽음을 대대對待관계로 표현한다. 대대관계란 서로의 관계 속에서 상대되는 짝이면서 동시에 상호 전제를 통해서만 존재하여 서로 영향을 주고받는 관계를 말한다. 예를 들면, 사물과 그림자, 동전의 앞과 뒤, 선과 악 등이 그것이다. 사물과 그림자는 분리할 수 없고 동전의 앞과 뒤도 분리할 수 없는 것처럼 삶과 죽음도 결코 분리하여 설명할 수 없다. 그래서 『주역』의 대대인식은 삶 속에서 죽음의 문제를 분리하지 말고 직면하여 살아갈 것을 요구한다. 그렇기 때문에 오늘을 살아가는 우리는 웰빙(well-being, 아름다운 삶)과 웰다잉(well-dying, 아름다운 마무리)을 반드시 함께 생각해야 한다.

  삶과 죽음의 본질을 깨닫게 되면, 의미 있는 삶을 산다는 것이 곧 좋은 죽음을 맞이하는 것이라는 것을 알게 된다. 이처럼 죽음에 대한 성찰은 곧 삶에 대한 성찰로 이어져 죽음을 맞이하기 전에 어떻게 살 것인지를 살피게 한다. 즉, 삶과 죽음은 어느 한 쪽으로 치우침 없이 균형의 조화를 추구하고, 서로 영향을 주고받으며 존재한다.

  삶과 죽음의 가운데에서 인간의 욕망, 욕심이 자란다. 영화《경주》는 일상 속에 감춰진 인간의 욕망을 보여준다. '경주의 여신'으

영화《경주》中 옛사랑과의 재회, 그리고 윤희를 사랑하는 형사와 어색하게 앉아 있는 모습

영화《경주》中 찻집에서 현과 윤희가 춘화를 찾고 있는 모습

로 불리는 아름다운 윤희를 둘러싼 남성들(대학교수, 교사, 형사)은 모두 처음 만난 최현과 윤희의 관계를 불편해한다. 그리고 옛사랑과의 만남, 최현의 아내의 외도, 윤희를 사랑하는 형사, 만난 지 하루 만에 윤희의 집에서 자게 된 최현 등 다양한 욕망과 욕심이 영화 곳곳에 퍼져 있다.

인간이 욕망에 갇히게 되면 욕심의 노예가 되어 여유가 없어지고 급해지며, 남과 경쟁한다. 욕심을 채울 수 있다면 무엇이든 하려고 하기 때문에 여유가 없고, 다른 사람보다 많은 것을 얻기 위해서 경쟁하고 투쟁한다. 그러나 이렇게 욕심을 채운다고 해서 행복해지지는 않는다. 100만 원이면 행복할 것 같다고 생각해도 100만 원을 채우면 다시 1,000만 원을, 1,000만 원을 채우면 1억 원을 채우고 싶은 욕망과 욕심이 끊임없이 생긴다. 욕망과 욕심에 취한 인간은 그것을 더 많이 더 빨리 채우고자 하기 때문이다. 그래서 물질적으로 여유로울지 몰라도 마음엔 여유가 없고 행복하지 않다.

우리는 '잘 산다', '잘 살고 있다'는 것을 성장과 확장으로만 생각한다. 그렇게 삶을 살아가는 우리는 어떠한가? 행복한가? 경제적으로 물질적 성취를 이룬 우리나라는 성장과 확장이라는 단어와 아주 잘 어울리는 것처럼 보인다. 그러나 우리나라는 OECD 국가 중 자살사망률 1위를 기록할 만큼 행복을 느끼지 못하며 살고 있다. 증가하는 소득이 우리 삶의 의미와 가치를 높여주지 못하는 현실에서 이제 우리의 냉철한 판단과 비판적 성찰이 요구된다. 그러면 어떻게 해야 행복해질까? 가장 빨리 행복해지는 방법은 욕심과 욕망을 버리는 것이다. 버려야 비로소 얻게 된다는 것은 어쩌면 삶

영화《경주》中 현이 경주의 옛 찻집을 찾아 윤희를 만나는 모습

을 사는 우리가 항상 죽음과 함께 살아간다는 아이러니와 같은 것이 아닐까? 윤희의 남편이 죽기 전날 집 안에 걸었다는 그림 속의 글귀는 욕망과 욕심을 버리고 드러나는 아름다운 삶의 모습을 보여준다.

人散後一鉤新月天如水
"사람들 흩어진 후에 초승달 뜨고 하늘은 물처럼 맑다."

최현과 윤희가 만나는 찻집, 차를 마시는 공간은 영화《경주》에서 중요한 공간이다. 차茶라는 것이 단순한 마실 거리가 아니라 도道와 선禪의 의미를 가지고 있는 것이기 때문이다. 찻집에 붙어 있던 춘화의 '한잔 하고 가세'라는 글귀는, 찻집이라는 공간 속에서 '무엇을 마시고 무엇을 할 것인가'를 생각하게 한다.

차茶란 무엇인가?

오랜만에 만난 지인이나 개인적으로 만난 사람에게 "다음에 같이 차나 한잔 해요."라는 말을 많이 한다. 여기서 말하는 차는 어떤 차일까? 우리나라 국민들이 많이 즐긴다는 커피일 수도 있고, 최현이 윤희의 찻집에서 마신 황차나 보이차일 수도 있으며, 일상에서 흔히 접할 수 있는 보리차나 유자차일 수도 있다. 오늘날 일반적으로 사람들이 인식하는 '차'라는 것은 식사 후나 여가 시간에 즐겨 마시는 기호음료의 수준을 벗어나지 못하고 있기 때문이다.

그러나 '차'라는 말은 본래 차나무의 순이나 잎을 재료로 가공하여 만든 것만을 가리키는 말이다. 그래서 차나무의 잎이 아닌 다른 나무의 잎이나 열매, 뿌리, 가지 등을 재료로 가공하여 만든 것은

곡성 차밭과 찻잎

'차'가 아니라 '대용차'라고 부른다. 커피는 커피나무의 열매를 가공하여 만든 것이고, 유자차는 유자나무의 열매, 보리차는 보리 곡식의 알맹이를 가공하여 만든 것으로 이것들은 모두 대용차다. 그 외에 대추차, 생강차, 허브차, 율무차, 꽃차, 루이보스, 코코아 등도 대용차에 속한다.

그러면 차나무의 잎을 가공하여 만든 '차'에는 어떤 종류가 있을까? '차'의 종류는 여섯 가지로 나누어 분류하고 있는데, 이 분류법을 차의 6대 다류라고 한다. 이는 차를 만드는 방법, 즉 가공 방법에 따라 여섯 가지로 차를 분류한 것으로 녹차, 백차, 황차, 청차, 홍차, 흑차가 있다. 그러면 차를 만드는 방법(가공공정)은 어떻게 진행되는지 알아보자.

6대 다류에서는 차의 종류를 크게, 산화효소를 억제하는 방법인 살청殺靑으로 시작되는 차류(녹차, 황차, 흑차)와 산화효소의 활성을 높이는 방법인 위조萎凋로 시작되는 차류(백차, 청차, 홍차)로 나눈다.

*살청 공정으로 시작되는 차류

살청殺靑	유념揉捻	민황悶黃 악퇴渥堆 ⇨	건조乾燥	녹차綠茶 황차黃茶 흑차黑茶

*위조 공정으로 시작되는 차류

위조萎凋	주청做靑 유념揉捻 유절揉切	살청殺靑 ⇨	유념揉捻 발효醱酵	건조乾燥	백차白茶 청차靑茶 홍차紅茶

솥에서 찻잎에 열을 가하는 살청 과정   손으로 모아 굴리고 비비는 유념의 과정

먼저 살청으로 시작되는 녹차와 황차, 흑차의 각 공정을 알아보자.

녹차綠茶는 우리나라의 대표적 차로 살청, 유념, 건조의 과정을 거쳐 완성되는 차이다. 살청殺青은 찻잎에 열을 가해 찻잎 속의 효소가 활성화되지 못하게 하여 더 이상 산화발효가 일어나지 않도록 하는 과정이다. 유념揉捻은 살청된 찻잎을 모아 손으로 굴려주면서 찻잎의 모양을 만드는 공정이다. 건조乾燥는 찻잎 속의 수분을 제거하고 건조하여 차의 외형을 완성시키는 단계이다.

황차黃茶는 살청, 유념, 민황, 건조의 과정을 거쳐 완성되며 민황이라는 아주 독특한 공정을 가지는 차이다. 민황悶黃의 민悶은 '답답하다'는 뜻을 가진 한자로, 민황이란 찻잎을 답답하게 만드는 것을 말한다. 찻잎은 산소와 만나려는 시도를 끊임없이 하게 되는데, 민황은 찻잎이 일정량의 산소만 접하게 하는 방법이다. 예를 들어 우리가 일정한 한 공간에 갇혀 있는데, 외부의 산소가 더 이상 유입되지 않는다고 가정해 보자. 공간 안의 산소가 모두 없어지면 우리는 더 이상 숨을 쉬지 못하게 되어 답답함을 느낄 것이다. 이처럼, 민황의 공정도 일정량의 산소만 공급하고 그 이상은 산소가 공급되지 않는 상황을 만들어 차를 답답하게 만드는 공정이라 할 수 있다. 민황의 공정으로 인하여 경輕발효된 황차는 황색의 차색을 가지며 물로 우리면 연한 황색의 찻물을 띤다. 맛이 산뜻하고 달며 부드러운 향미를 형성하는 차이다.

흑차黑茶는 살청, 유념, 악퇴, 건조의 공정을 거치는 차이다. 공정 중 악퇴渥堆는 퇴적발효를 의미하는 말로, 차를 쌓아두고 발효의 시간을 가지는 공정이다. 차를 쌓아두고 충분한 수분을 공급하면 찻잎에서 열이 발생하면서 발효가 진행된다. 검은색의 차색을 가지며 물로 우리면 짙은 갈색의 수색을 띠고, 발효공정에서 생성되는 독특한 향을 가지는 차이다.

다음은 위조로 시작되는 백차, 청차, 홍차의 각 공정에 대해 알아보자.

실외에서 시들리는 위조 과정

백차白茶는 위조와 건조의 공정을 가진다. 위조萎凋는 시들시들 말리는 공정이다. 초겨울 할머니 댁에 김장을 하러 가면 할머니는 직접 기른 무의 줄기인 무청을 하나하나 엮어서 지붕 아래 처마에 매달곤 하셨다. 그렇게 며칠이 지나면 무청은 시들시들 말라 부드러워졌다. 위조는 무청을 처마에 걸어 말리듯이 차를 실외와 실내에서 말리는 공정이다. 이렇게 말리면 차의 수분이 빠져나가면서 잎은 부드러워지고 잎의 주변은 붉은색으로 변하며 발효가 진행된다. 백차는 약弱발효차로 차의 싹은 하얀 솜털로 덮여 있다. 그래서 솜털 향과 솜털 맛이 나고 찻물색은 담황색을 띠어 맑고 산뜻하다.

청차青茶는 위조, 주청, 살청, 유념, 건조의 공정을 거치며, 발효 정도에 따라 다양한 맛을 내는 차이다. 특히 청차 공정에만 존재하는 주청做青은 위조된 찻잎과 찻잎을 서로 부딪치는 공정으로 차의 향기를 생성시킨다. 주청 가공을 통해 완성되는 천연의 꽃향과 과일향은 청차가 가지는 매력 중의 하나이다.

홍차紅茶는 위조, 유념 혹은 유절, 발효, 건조의 공정을 거치는 차이다. 유절揉切은 잎을 잘라 주무르는 유념공정을 말한다. 홍차의 주요 생산국들인 인도, 중국, 스리랑카, 케냐 등은 주로 더운 지역의 나라들이다. 이 지역의 차나무들은 잎의 크기가 매우 커서 잎 전체 그대로 유념하기에 적합하지 않기 때문에 찻잎을 잘라 가공한다. 발효醱酵는 홍차의 품질을 형성하는 데 중요한 공정으로, 산소와의 접촉을 통해 산화발효를 거친 홍차는 차색이 검으며 물로 우리면 붉은색을 띤다.

비행기 안에서 여러분들은 차를 서비스 받은 경험들이 있을 것이다. 만약 "tea or coffee?"라고 건네는 승무원의 말에 "tea, please."라고 답한 경험이 있다면, 어떤 차를 건네받았는가? 앞에서 보았던 것처럼, 차에는 여러 종류가 있으니 "tea, please."라고 대답하면 다시 어떤 차를 마실 것인지 물어봐야 하지 않는가? 그러나 이것을 물어보지도 않은 채 승무원이 나에게 건네주는 차는 홍차이다. 그렇다면 왜 tea가 홍차가 되었을까? 차를 여섯 가지로 분류하기는 했지만, 전 세계적으로 차의 주류를 이루는 것은 녹차와 홍차이다. 동양에서는 녹차를, 서양에서는 홍차를 주로 마신다. 그런데 세계 전체를 놓고 보면 약 7 : 3 정도로 녹차 인구보다 홍차 인구가 더 많다. 그래서 tea의 대표 음료를 홍차로 생각하는 것이다.

근래 들어 손님들의 다양성과 기호를 존중하면서 항공사에서도 다양한 차의 종류를 구비해 놓기도 한다. 만약 6대 다류에 해당하는 차가 구비되어 있다면 나는 어떻게 차를 주문할까? 영어가 세계 공통어로 쓰이고 있으니, 각각의 영어식 표기를 알아두면 도움이 되겠다. 녹차의 영어식 표기는 푸른색의 찻잎과 수색을 그대로 반영한 'Green tea'이다. 백차는 'White tea', 황차는 'Yellow tea'로 한자의 뜻을 그대로 가져다 영어로 표기하였다. 청차는 한자의 뜻으로 보면 Blue tea일 것 같다. 그러나 영어식 명명은 'Cyan tea' 혹은 'Oolong tea'이다. Cyan은 청록색을 의미하는 것으로, 발효도에 따라 차이는 있으나 일반적인 청차의 차색과 수색을 의미하는 이름이다. 낯설지 않게 들리는 Oolong은 오룡차의 영어식 표기이다. 청차가 서양에 처음 소개된 것이 오룡차로부터 시작되었기 때문에 많은 사람들이 청차를 오룡차로 인식한 데서 붙여진 이름이다. 홍차도 Red tea로 불릴 것 같으나, 홍차의 영어식 표기는 'Black tea'이다. 홍차가 처음 유럽에 소개될 때 이 차를 처음 본 사람들은 검은색의 차색을 그대로 차 이름으로 삼았다. 발효도가 높았던 홍차의 차색이 검은색을 띠고 있었기 때문이다. 그렇다면 검은 차색을 가진 이 차를 중국인들은 왜 흑차라고 하지 않고 홍차라고 한 것일까? 차의 외관은 검지만 차를 우려 놓으면 붉은 수색을 띠기 때문이다.

여기서 동양과 서양의 세계관 차이를 엿볼 수 있다. 서양 사람들은 눈으로 보이고 검증 가능한 것을 중요하게 여긴다. 차도 안의 내용물보다는 외관을 보았기 때문에 Black tea라고 한 것이다. 동양 사람들은 밖보다는 안을, 형식보다는 내용을, 형이하학보다는 형이상학적인 것을 가치 있게 여긴다. 그렇기 때문에 밖으로 보이는 색보다 우리고 난 후의 색인 붉은색을 차의 색이라고 여겨 홍차라고 명명한 것으로 여겨진다.

그렇다면 마지막으로 흑차는 어떻게 부를까? 영어식 그대로 표현하면 Black tea가 되어야 하는데 이미 홍차에 그 이름을 사용했으니 다른 이름을 찾아야 한다. 그래서 흑차의 이름으로 생각해 낸 것이 바로 'Dark tea'이다. '어둡다'라는 뜻으로 차의 어두운 색의 깊이를 표현하였다. 이제 6대 다류의 영어식 이름을 알았으니, 혹시 외국에서 차를 즐길 기회가 생긴다면 당황하지 말고 여유롭게 차를 주문해보자.

윤희의 찻집, 그리고 황차黃茶

최현이 윤희의 찻집에서 마시는 차는 황차黃茶이다. 최현과 황차는 어떤 관계가 있을까? 김난도 선생은 『아프니까 청춘이다』라는 책에서 인생을 시계로 표현한다. 사람의 전체 인생을 80세로 보고 인생시계를 계산한다. 하루 24시간은 1,440분이고, 1,440분을 다시 80으로 나누면 1년은 18분이 된다. 18분에 자신의 나이를 곱하고 다시 60으로 나누어 시간을 계산한다. 계산을 하다 보니 어려워지는 것 같지만, 80년을 24시간이라고 생각하고 지금 내가 몇 시쯤 되었는지 보는 것이라 생각하면 된다. 20세는 새벽 6시, 40세는 정오 12시, 60세는 오후 6시이다. 이제는 120세 시대도 멀지 않았으니 인생시계 계산법에도 수정이 필요하겠지만 오전을 인생의 전반기, 오후를 인생의 후반기로 삼으면 될 듯하다.

녹차, 백차, 황차, 청차, 홍차, 흑차의 6대 다류는 만드는 공정에 따라 차를 분류한 것이다. 그런데 각 차는 서로 다른 발효도를 가진다. 녹차는 발효가 되지 않은 비발효차, 백차는 약 5~10%의 발효도를 가지는 약발효차, 황차는 약 10~15%의 경輕발효차이다. 청차는 15~70%의 다양한 발효도를 가지며, 홍차는 80% 이상의 발효도를 가지는 완전발효차, 그리고 흑차는 차를 만들고 난 후에도 계속 발효가 진행되는 후발효차이다. 6대 다류를 발효도 순으로 대략 나열해 보면 녹차, 백차, 황차, 청차, 홍차, 흑차가 된다. 차의 발효도에 따라 인생 시계를 만들어 보자. 녹차는 20대, 백차는 30대, 황차는 40대, 청차는 50대, 홍차는 60대, 흑차는 70대 이후. 최현이 찻집에서 마신 황차는 40대라는 그의 나이를 의미하는 것은 아니었을까? 40대, 인생을 알기에는 아직 어리고, 그렇다고 풋풋한 삶을 그리기에는 사회의 때가 묻은 나이. 최현과 윤희는 황차의 색과 맛에 제법 어울린다.

　황차에 대해 좀 더 알아보도록 하자. 먼저 중국의 경우 고전문헌에 황차가 등장하는데, 황색의 어린 찻잎으로 만들거나 찻잎을 찌는 방법으로 만든 것을 황차라 하였다. 이 황차는 찻잎을 증기에 찌고 절구에 찧은 다음 틀에 넣어 굳혀 떡 모양 형태로 만들거나 복잡한 여러 공정을 거치지 않고 찻잎을 찐 후에 바로 건조해서 산차散茶의 형태로 만들어 일반 사람들도 마실 수 있을 정도로 저렴하게 판매했다고 한다. 그런데 차를 제조하는 기술이 발전하면서 민황이라는 발효 공정을 통해 황색의 수색과 부드러운 맛, 향을 가진 황차가 관심을 받게 되었다. 이것이 6대 다류 중의 하나이며 발효차로 분류되고 있는 황차이다.

　우리나라의 황차는 조선시대 다산 정약용의 황차 만드는 방법을 통해 살펴보도록 하자. 다산은 차가 가지고 있는 차고 강한 기운을 제거하여 차의 향과 맛을 부드럽게 하기 위해 아홉 번 찌고 말리는(구증구포 또는 삼증삼쇄) 과정을 거쳐 차를 건조하였다. 그리고 건조된 찻잎은 곱게 가루 내고 물로 반죽하여 작은 형태의 떡차로 만들어 황차를 완성하였다. 다산의 황차는 그의 다우茶友 초의로 이어져 근대까지 강진과 장흥, 나주 지역에 전승되어 만들어지고 음용되었다.

　다산의 황차와 오늘날 6대 다류의 하나인 황차는 차의 수색이 황색이라는 공통점을 가지고 있기 때문에 조선시대의 황차를 발효차로 생각하기도 한다. 그러나 다산이 만든 황차는 발효 공정을 통해 발효가 진전된 차가 아니고, 찻잎을 찌는 과정 중 열에 의해 차색이 황색으로 변한 것이다. 그래서 발효차로 볼 수 없다. 즉, 오늘날 6대 다류의 하나인 황차는 경발효차이지만, 조선시대 다산의 황차는 발효차가 아니기 때문에 서로 구분될 필요가 있다.

그런데 황차는 후대로 내려오면서 발효차로 오인되어 발효차를 대신하는 차 이름으로 쓰이게 되었다. 우리나라 전통 발효차인 '정동차'는 하동의 정동 지역에서 만들어진 것으로 '작살' 혹은 '잭살'이라는 이름으로 불리는 발효차이다. 찻잎을 그늘에서 시들린 후 반복하여 비비고, 따뜻한 곳에서 발효시킨 후 말린다. 만드는 방법은 집집마다 조금씩 차이가 있기는 하지만 찻잎을 발효시켜 만든다. 그런데 정동차를 소개하는 과정에서 이 차를 황차에 분류하면서 우리나라의 전통 황차가 발효차인 것으로 인식되었고, 차를 생산하는 농가에서도 발효차에 '황차'라는 이름을 사용하게 되었다. 그러나 발효차인 작살 혹은 잭살과 전통 황차는 구분되어야 한다.

그렇다면 찻집에서 윤희가 최현에게 우려 주었던 황차는 어떤 차였을까? 최현이 황차를 주문하자 윤희는 차를 잘 아느냐고 묻는다. 찻집에 와서 차를 마시는 사람 중에 황차를 알고 주문하는 사람은 거의 없기 때문이다. 최현이 일반사람들은 잘 알지 못하는 황차를 주문할 수 있었던 것은 중국에서 황차를 마신 경험이 있었기 때문이다. 그가 중국에서 마셨던 황차는 6대 다류 중 하나인 경輕발효차 황차였을 것이다. 하지만 윤희가 차를 우리면서 망월사 주지 스님이 주신 황차를 처음 우린다고 말한 것을 보면 아마도 최현에

영화《경주》中 찻집에서 윤희가 현에게 황차를 우려 주는 모습

게 우려 준 황차는 우리나라 전통 황차였을 것이다. 스님들은 전통적인 황차 제다법을 계승하여 익히고 만들어 선가에서 사용하는 경우가 많았기 때문이다. 황차는 스님들이 좋아하는 차이면서 수도하는 스님들에게 꼭 필요한 것이었다.

끽다거喫茶去, 차 한잔 하고 가세

과거 선조들의 차문화를 살펴보면 사원에서 스님들이 즐긴 차문화를 간과할 수 없다. 그만큼 스님들의 차 생활은 다반사茶飯事였다. 차를 밥처럼 즐기고 마시면서 스님들은 차의 맛보다 자신의 '깨어 있음'에 집중하는 선禪을 생활화하였다. 그래서 스님들에게 차는 세속적 삶의 공간에서 즐기는 음료라기보다는, 사색을 즐기고 마음을 들여다보는 공간으로 이동하게 만드는 매개체이다. 사색과 참선을 위한 공간에서 차는 자신의 마음 깊은 곳을 들여다볼 수 있도록 도움을 준다.

중국의 조주화상이 관음사에 있을 때 객승이 방문하였다.
그중 하나가 절을 올리고서는 이렇게 물었다. "불법의 큰 의미는 무엇입니까?"
이에 조주선사가 되물었다. "일찍이 여기에 온 적이 있는가?"
한 스님이 답하였다. "일찍이 온 적이 있습니다."
선사가 말하였다. "차나 마시게(喫茶去)."
곁에 있던 스님이 물었다. "달마대사가 서쪽으로 오신 큰 뜻은 무엇입니까?"
다른 스님에게 조주선사가 물었다. "일찍이 여기에 온 적이 있는가?"
그 스님이 답하였다. "일찍이 온 적이 없습니다."
선사가 말하였다. "차나 마시게."
이것을 옆에서 듣고 있던 원주스님이 조주선사에게 물었다. "스님께서는 어찌하여 일찍이 온 적이 있다고 해도 '차나 마시게'라고 하고, 일찍이 온 적이 없다고 해도 '차나 마시게'라고 말씀하십니까?"
이런 원주를 조용히 바라보며 조주선사가 말하기를 "자네도 차나 한잔 마시게." 하였다.

위의 이야기는 조주종심趙州從諗 선사의 '차나 마시게(喫茶去)'라는 화두이다. 조주선사는 세 사람에게 똑같은 말로 '차나 마시게'라고 하면서 차를 권하고 있다. 그의 '차나 마시라'는 말은 무엇을 뜻하는 것일까? 차를 마신다는 것은 단순히 자신의 목마름을 해결하거나 차맛을 탐하여 마시는 행위를 말하는 것이 아니다. 조주선사가 권하는 차는 '지금 여기'에서 '알아차림'으로 '깨어 있음'을 동반한 차이다. 차를 마시며 자신의 생각과 분별, 의혹과 의심, 근심과 망상을 없애고 지금 여기에서 그대로 깨어서 보게 되면 마음이 평온해져 사물을 있는 그대로 보게 된다. 차를 마시며 평상심을 갖게 되면 세상을 보는 통찰이 생긴다.

불가에서 선禪 공부를 위해 차를 마신 것처럼 옛 선조들은 차를 마시며 자신을 수신修身하였다. 수신의 공부 방법은 바로 경敬 공부법이다. 우리나라를 대표하는 학자인 퇴계 이황도 경 공부법을 최고의 공부 비결로 삼았다. 경 공부법은 정제엄숙整齊嚴肅, 주일무적主一無適, 상성성常惺惺, 기심수렴불용일물其心收斂不容一物의 네 가지로 정리할 수 있다. 정제엄숙은 자신의 외면을 단정하고 엄숙하게 하는 것이다. 머리부터 발까지 몸을 가지런하게 하는 몸 공부이다. 주일무적은 마음이 흩어지지 않게 집중하는 일이다. 생각에 이끌려 마음을 하나로 모아 집중하지 못하는 것을 경계한다. 상성성은 정신이 맑고 또렷하여 항상 마음이 깨어 있는 상태를 말한다. 기심수렴불용일물은 마음을 모아 어떠한 잡념이나 욕망, 욕심도 용납하지 않는 것으로 마음을 다잡는 공부이다. 이렇게 경 공부법은 일상생활 속에서 안으로는 마음을, 밖으로는 몸을 절제하고 검속하는 일이다. 선비들의 공부법으로 미루어보았을 때 많은 유학자는 실상 차인茶人이었다고 볼 수 있다. 수신에 목표를 두고 경 공부를 하였던 선조들은 자신을 알아차리고 항상 깨어 있는 생활을 하기 위해 자신의 곁에 차를 두고 차를 음용하였기 때문이다.

다양한 사람들과 살아가면서 우리는 소통疏通보다 불통不通을 자주 경험한다. 소疏는 막혀 있던 것이 터지는 것으로, 소통이란 꽉 막혀 답답했던 것이 터져 서로 통하게 되는 것이다. 소통하기 위해 가장 먼저 행동으로 옮겨야 할 것은 자신의 선글라스를 벗는 일이다. 빨강 선글라스를 끼면 세상이 빨간색으로 보이고, 파랑 선글라스를 끼면 파란색으로 세상이 보인다. 제 색깔대로 세상을 보려면, 소통하려면 자신이 가진 편견과 부정적인 생각의 선글라스를 벗어야 한다. 당신은 지금 어떤 선글라스를 쓰고 있나?

욕망과 편견, 부정적인 생각에서 벗어나기 위해 차를 마시는 것은 더할 나위 없는 선택이다. 차를 마시기 위해 다구를 준비하고 차를 고르고 물을 끓인다. 다구에 차를 넣고 끓인 물을 담아 우려낸다. 한 잔의 차를 만들기 위해 몸을 집중하고 마음을 한 곳으로 모은다. 지금 여기, 알아차리고 깨어 있음을 경험한다. 내 앞에 놓인 한 잔의 차를 대하면 마음이 편안해지고 느긋해진다. 현실 생활 속에서 급해지고 모든 것을 빨리 채워야 하는 인간이 느긋하게 기다려 차 한 잔을 마셔야 하는 이유다.

초의선사는 『동다송』에서 차 마시는 사람의 숫자에 대해 언급한다. 혼자 마시는 것을 신(獨啜曰神), 둘이 마시는 것을 승(二客曰勝), 셋이나 넷이 마시는 것을 취(三四曰趣), 다섯이나 여섯이 마시는 것을 범(五六曰泛), 일곱이나 여덟이 마시는 것을 시(七八曰施)라 하였다. 홀로 마시는 차는 신령스럽고, 둘이 마시는 차는 좋은 정취가 있어 빼어나며, 셋이나 넷이 마시는 차는 즐겁고 유쾌한 아취가 있다. 그리고 다섯 이상이 마시는 차는 평범하고 사람들에게 나누어 베푸는 것이다. 다섯 가지 중에 가장 좋은 찻자리는 홀로 마시는 신神의 자리이다. 홀로 마실 때 비로소 마음을 하나로 집중하여 분주한 일상에서 고요함을 찾을 수 있다. 그리고 고요함 속에서 내면의 나, 본래의 나를 깨우는 차는 선禪이다. 차를 마시며 알아차리고 깨어 있는 것, 그것이 바로 차와 선이 하나인 다선일미茶禪一味의 경지이다.

7년 전 찻집 벽에 그려져 있던 춘화 속 글귀, '한잔 하고 하세'라는 구절처럼 우리는 차 한잔 하며 자신을 알아차려야 한다. 차 한잔 하고 항상 깨어 있어야 한다. 영화《경주》가 인간의 욕망을 걷어내어 진정으로 아름다운 인간의 삶을 이야기하고 싶어 했듯,《경주》에서의 황차 한 잔, 한 모금은 일상을 사는 우리들에게 어떻게 하면 자신의 욕망을 알아차리고 깨어 있는 아름다운 삶을 살 수 있을 것인지를 보여준다.

"끽다거喫茶去, 차 한잔 하고 가세."

영화《경주》中 춘화를 배경으로 한 자리에 모인 사람들

참고문헌

김난도, 『아프니까 청춘이다』, 쌤앤파커스, 2010.
유동훈, 「조선시대 황차의 음용 양상과 전승연구」, 목포대학교 석사학위논문.
장효은·조기정, 「한국 전통 발효차의 전승양상과 소비형태」, 『비교민속학』, 제51집.
이광모, 「『주역』, 대대원리로 본 삶과 죽음 관계의 본질」, 『대동철학회』 제88집.
정순일, 「조주화상 '끽다거'의 의미」, 『한국차학회지』, 제20권, 제3호.

우리는 왜 차를 마시는가

영화 《자산어보》

· 김용재 ·

서울대학교 정치학과에서 학부와 석사를 마치고 현재 유엔협회세계연맹에서 파트너십 담당관을 맡고 있다. 1994년 부터 유홍준 교수와 답사를 다니며 차문화에 눈을 떴고, 2004년 서울대 다향만당에 발을 들이면서 해마다 전국으로 차밭 나들이를 다니고 있다. 공군사관학교 교수요원을 역임하고, 한중일협력사무국 대외협력팀을 이끌면서 국내외에서 다양한 차문화행사를 기획해왔으며, 차문화 동호회 청년청담을 운영하면서 지속가능한 차문화를 만들어가고 있다.

자산어보
감독 이준익, 주연 설경구 변요한
한국, 2021

영화 《자산어보》, 그리고 차

《자산어보玆山漁譜》, 이 영화는 차에 관한 영화가 아니다. 'The Book of Fish'라는 영문 제목처럼 물고기에 관한 책을 집필하는 과정을 담아낸 영화다. 주인공 정약전은 주야장천 술을 마실 뿐, 그가 차를 마시는 장면은 영화에서 찾아보기 힘들다. 찻자리는 긴 서사의 한 귀퉁이에 잠시 비춰질 따름이다. 좀처럼 찾기 어려운 차 마시는 장면처럼, 영화는 처음부터 마지막 장면 직전까지 흑백으로 이어진다. 조선 후기의 세계관에서는 세상의 끝이나 다름없었던 흑산도 바닷가에서 시작한 이야기는 큰 반전 없이 바닷가에서 끝을 맺게 되지만, 마지막 장면에서 힘차게 날아오르는 파랑새 한 마리가 영롱한 푸른빛을 내뿜으며 영화는 색을 되찾는다.

이 영화는 정약전과 정약용이라는 두 실학자의 유배 생활을 통해서 조선 후기의 참혹한 현실을 적나라하게 드러낸다. 담담하게 그려나가는 흑산도와 강진의 일상에는 '정치란 무엇인가'라는 이준익 감독의 질문이 짙게 배어 있다. 관객의 선입견 부수기를 즐기는 감독답게 그는 한국인이 가장 존경하는 위인으로 손꼽는 다산 정약용을 주인공이 아닌 조연으로 세운다. 그리고 정약용의 학문과 주장이 당시 백성들의 처절한 삶과는 괴리되어 있었음을 가감

영화《자산어보》中 정약용의 모습

없이 보여준다. 여유롭게 백련사 누마루에 앉아 차를 마시면서 유교적 통치 철학의 재편을 논하고, 제자들과 시를 겨루는 다산의 모습은 손에 비린내 묻는 것을 두려워하지 않은 채 백성의 삶에 다가서는 책, 『자산어보』 집필에 18년 세월을 보낸 손암 정약전의 모습과 대조적으로 그려진다. 뇌물로 바칠 재물을 모은다고 가가호호 걸린 가마솥을 빼앗고 초가 앞에 돋아난 작은 해송 한 그루에도 세금을 매기는 탐관오리가 두려워서 싹이 보이는 대로 꺾어버리는 백성들의 처절한 삶을 마주하고서, 그들에게 무엇이 도움이 될지 고민하는 영화 속 정약전의 모습에서 우리는 진정한 정치란 무엇인가 라는 감독의 질문을 마주하게 된다.

생각은 꼬리를 물고 찻자리로 이어진다. 다산茶山은 그 이름에서 잘 드러나듯 조선 후기에 차문화가 다시금 중흥기를 맞이하는 데 중추적인 역할을 한 인물이다. 그가 강진에 자리를 잡고, 혜장선사를 만나서 차를 배우고, 초의선사, 추사 김정희의 차연을 이어주지 않았다면 한국 차문화사는 지금보다 훨씬 빈약했을 것이다. 감독에게 찻자리는 대조를 위한 하나의 소품이었을지 모르겠지만,

영화《자산어보》中 정약전의 모습

차인의 관점에서 그 장면이 남긴 인상은 웅장하였다. 다산과 혜장의 찻자리는 차문화가 산사의 수행 도구에 그치지 않고 새로운 문화의 트렌드로 자리를 잡아가는 과정을 상징적으로 보여주기 때문이다.

영화《자산어보》를 보면서 차에 관한 이야기를 떠올린 것은 단지 다산 때문만이 아니다. 오히려 조선 후기의 부조리를 해결하기 위한 정약용과 정약전 형제의 대조적인 접근을 보면서, 70년대 시작된 한국의 차문화 운동이 떠올랐다. 지난 50년간 여러 선배 차인들의 노력으로 정립된 한국의 다법과 차문화는 과거 다산이 무너지는 성리학 질서를 재정립하기 위해 집필한 『여유당전서』에 비견할 만큼 풍부하고 체계적이며, 특히 예절과 명상 교육, 그리고 전통공예의 재발견에 이르기까지 적지 않은 성과를 거두었다. 그렇지만 2000년대 이후 세계여행을 통해 각국의 다양한 차문화를 접하는 사람이 늘어나고 집에서도 커피를 내려 마시는 문화가 일상화되면서, 한국 차문화의 입지는 점차 좁아졌다.

젊은 사람들이 차를 외면하고 커피만 마셔서 그런 것 아니냐는

강진 다산초당 풍경

반문도 존재하지만, 도리어 중국차, 일본차, 그리고 홍차를 즐기는 인구가 늘고 있다는 걸 고려한다면 원인은 한국 차문화 자체에 있다고 보는 것이 합리적이다. 필자는 한국 차문화가 마치 조선 후기의 성리학이 그러했던 것처럼 본질에서 벗어나 형식에 지나치게 의존하게 되면서 사람들의 마음에서 점점 멀어진 것이 아닌가 생각한다. 우리가 차를 마시는 데는 다양한 이유가 있기 마련인데, 한국의 차문화는 그러한 다양한 이유를 포용하고 충족시켜주는 대신, 기존의 틀을 강요하는 데 그치고 말았다는 것이다. 마치 조선이 쏟아져 들어오는 서양의 문화와 기술을 수용하지 못하고 쇄국으로 일관하다가 무너져버려졌을 때의 상황처럼 말이다.

대학 신입생 시절부터 20년 가까이 차를 마시고 차문화를 즐기는 모임을 통해 다양한 젊은 세대와 교류하면서 느낀 것은, 바로 영화 속 정약전의 『자산어보』처럼 날것으로의 차를 사람들에게 보여주고 경험하게 하는 것이 중요하다는 것이다. 함께 차밭을 거닐고, 직접 찻잎을 따서 차를 만들어본 사람에게는 다른 잔소리가 필요하지 않았다. 물론, 『자산어보』가 조선 백성 모두의 삶을 바꿀 수 없었던 것처럼, 이러한 접근으로 한국 차문화를 오롯이 바꾸길 기대하는 것은 아니다. 그렇지만 근본으로 돌아감으로써 그것을 재고하기에는 부족함이 없다고 생각한다.

다산의 시대와 마찬가지로 오늘날에도 차를 마시는 문화가 청년들 사이에 새로운 트렌드로 떠오르고 있다. 차 마시는 젊은이를 찾아보기 어려워서 차문화의 명맥이 끊어질까 걱정하던 게 불과 몇 해 전인 것을 떠올리면 격세지감이 아닐 수 없다. 이러한 변화가 지

덴마크에서 한국 차문화 워크샵을 개최한 청년청담

나가는 유행으로 그치지 않고 한국 차문화가 새로운 단계로 나아가는 기점이 되기 위해서는, 우리에게 차는 무엇인지 그리고 우리는 왜 차를 마시는지 되물어볼 필요가 있다.

이 글에서는 필자와 함께 차를 마셔온 청년들의 이야기를 중심으로 우리가 차를 마시는 이유를 되짚어보고, 차에 관심을 가진 분들이 다녀올 만한 차밭을 소개하고자 한다. 그 과정을 통해서 한국 차문화도 흑백에서 벗어나 파랑새 같은 빛을 다시금 되찾을 수 있지 않을까 하는 기대를 품으며 말이다.

우리는 왜 차를 마시는가

누구에게나 시작이 있다. 차에 매력을 느끼고 차에 빠져든 순간. 내게 그 순간은 대학에 들어가서 교내 전통 찻집을 처음 찾아갔을 때였다. 고등학생 시절 독특한 차 공간을 소개하는 중앙일보 기사를 접하고서 가봐야지 결심한 지 꼬박 2년 만이었다. 차 향기가 가득한 집(茶香滿堂)이라는 이름의 이 찻집은 부담 없는 가격에, 제대로 된 차도구로 차를 마실 수 있는 공간이었다. 주머니 가벼운 학생들을 위한 떡과 오색 다식은 학생식당 라면만큼 저렴하였다. 처음 찾아온 이도 따스하게 맞아 차를 내주는 선배들 덕분에 이곳은 어느새 내가 참새방앗간처럼 자주 찾는 공간이 되었다.

다향만당이 특별했던 이유는 그뿐만이 아니었다. 연초에 열리는 다도 특강을 듣고 나면 5월 중순 남도의 차밭에 내려가 찻잎을 따고 덖어볼 수 있는 1박 2일 차밭 나들이가 기다리고 있었다. 다향만당을 만들고 운영하셨던 故 류정호 선생님은 차를 우리고 마시는

서울대학교 다향만당

데서 차 공부를 끝낼 게 아니라 차가 자라는 땅을 밟고 차의 온기를 느껴봐야 한다고 말씀하시곤 했다. 지금 생각해보면 꽃 피는 봄을 맞아 한창 바쁠 새내기들에게 차 따러 가자고 권한 선생님도 보통 분이 아니지만, 따라나선 학생들도 기특하다 하지 않을 수 없다. 마르셀 프루스트의 말처럼 새로운 관점을 가질 수 있어서든, 그저 아름다운 풍경을 마주할 수 있어서든 세상에 의미 없는 여행은 없지만, 내 취미를 주제로 여행을 떠나는 건 더없이 설레는 일이다. 게다가 한창 차에 관심이 생겼을 때 떠나는 차 여행이라니, 요즘 말로 하면 덕질과 일이 일치한다는 덕업일치 같은 느낌이었다.

그렇지만 차밭 나들이가 쉬이 할 수 있는 여행은 아니었다. 그저 차밭을 구경하는 것은 사시사철 어려움이 없지만, 돋아난 새순을 따고 차를 만들어보려면 때를 잘 맞춰야 하기 때문이다. 나는 보이지 않는 곳에서 이러한 조율을 맡아주신 선생님과 선배들 덕분에 전국 각지의 차밭을 구경할 수 있었다. 2005년 정읍을 시작으로 하동·나주·산청·남원·곡성의 차밭에서 차를 따고, 각자의 방식으로 만드는 우리 녹차와 발효차를 경험할 수 있었다. 사회에 나와서도 그 싱그러운 기억을 잊지 못해 차를 같이 마시는 친구, 후배들과 함께 해마다 순천·보성·장흥·강진·제주 등에 보석처럼 숨겨져 있는 전국의 차밭을 돌아보고 있다.

십여 년째 해마다 통과의례처럼 차밭에 가는 걸 보고 친구가 진지하게 물어왔다. 직접 만든 차가 더 맛있어서 그러냐고, 주문만 하면 집에서 받을 수 있는 차를 뭐 하러 고생해서 만드느냐는 타박이었다. 틀린 말은 아니었다. 서당 개가 풍월을 읊어도 훈장 선생님만

2011년 나주 금성산 차밭 나들이

큼 유창할 수 없듯이 내가 만든 차가 사서 마시는 차만큼 좋을 수 없었다. 그런데도 해마다 차밭에 가는 것은, 더 나아가 차를 시작하는 이들에게 차밭 나들이를 권하는 것은, 직접 차를 따고 그 잎을 덖어 볼 때에야 비로소 느낄 수 있는 그 무엇이 있기 때문이다.

   차밭에서 경험할 수 있는 가장 특별한 것은 바로 향기다. 차는 세 번 향을 전한다는 말이 있다. 차나무에서 찻잎을 딸 때 퍼지는 내음이 그 첫 번째요, 가마솥에서 찻잎을 덖을 때 올라오는 내음이 그다음이고, 마지막은 예열한 차도구에 차를 담고 끓은 물을 부을 때 올라오는 내음이다. 평양냉면의 심심한 국물에 한번 맛을 들이면 그 맛을 잊지 못하듯, 이 청량한 향기는 마음을 잡아당기는 힘이 있다. 또한, 차를 우릴 때 느껴지는 다양한 허브 향, 꽃 향이 어디서 왔는지 알 수 있게 된다는 장점도 빼놓을 수 없다. 나주 금성산 야생차밭에서 차나무와 뒤엉켜 자라는 찔레 덩굴이 두물차 딸 때쯤 만발하는 풍경을 마주하고 나면 금성명다원 황차에서 달큰한 향기가 올라올 때마다 고개가 절로 끄덕여지는 것처럼 말이다.

차밭을 다녀오는 또 하나의 의미는 바로 차가 갖는 가치를 다시 한 번 생각해보게 된다는 것이다. 그저 봉투를 뜯어서 소비할 때는 차 또한 하나의 음료에 지나지 않는다. 그렇지만 겨우내 움츠렸던 차나무가 애써 올린 새순을 하나씩 따서 손도 못 댈 만큼 뜨거운 가마솥에 넣을 때면 차마 어찌하지 못하는 마음이 들기 마련이다. 이렇게까지 해서 차를 마셔야 하나 싶은 마음이 드는 것이다. 이런저런 생각이 오가는 동안 차가 완성되고, 그 차를 잔에 담아 뜨거운 물을 부어보면 영원히 시든 줄 알았던 찻잎이 되살아나는 것을 보게 된다. 차밭에서 마주친 싱그러운 찻잎을 언제든 만날 수 있게 된 듯한 기분이라고 할까? 차나무에 대한 미안한 마음을 대신할 수는 없겠지만, 그만큼 차를 귀히 여기는 마음을 갖게 되니 이 또한 차밭 나들이가 주는 덤 같은 선물이라 하겠다.

이렇듯 차에 담긴 풍성한 이야기에 반해서 차를 시작하게 되었지만, 정작 차가 내 삶에 뿌리내리게 된 계기는 차를 통한 소통이었다. 26살이라는 어린 나이에 교수요원으로 부임하게 된 공군사관학교에서 처음 맡은 강의에는 고작 네 살 밖에 차이가 나지 않는 사관생도들이 앉아 있었다. 아무리 계급이 깡패라지만 생도들과 마음으로 교류할 방법이 필요했고, 그때 생각난 게 바로 차였다. 연구실 방문을 상시 열어두고 찾아오는 생도들에게는 차 한잔을 편안

운경고택에서의 차담
(출처: 운경재단)

하게 우려서 내주었다. 노교수님 같은 학식이 없었기에 선택한 방법이었지만 효과는 기대 이상이었다. 이듬해 졸업하는 생도들이 후배들에게도 차를 계속 내주셨으면 좋겠다며 차를 한 통씩 들고 찾아왔으니 말이다. 군문을 떠나 한국, 중국, 일본 외교관과 함께 근무하는 국제기구에서도 차는 서로의 입장 차이를 넘어서 소통을 가능하게 하는 윤활제 역할을 톡톡히 해주었다.

어느덧 차가 단순한 취미를 넘어서 일상에 없어서는 안 되는 무엇인가로 자리를 잡았지만, 막상 사회에 나오니 편안하게 차를 마실 수 있는 곳을 찾기는 어려웠다. 차를 배우거나 살 수 있는 곳은 있었지만 자유롭게 서로의 의견을 나누면서 차를 탐구할 수 있는 자리는 드물었기 때문이다. 같은 문제의식을 느낀 다우들이 하나둘 모이게 되면서 2016년, 청년청담이라는 월례 모임을 시작하였다. 서로의 취향을 존중하면서 함께 차와 문화를 향유하는 공간이 만들어진 것이다.

공간이 마련되니 차에 관심을 가진 사람을 만날 기회가 늘어났다. 그러면서 알게 된 것은 사람마다 차를 마시는 이유가 다 같지는 않더라는 사실이었다. 차를 단순하게 기호음료로서 편안하게 즐기는 사람이 있는가 하면, 어떤 사람은 건강상의 이로움 때문에 차를 마셨고, 또 정신을 가다듬고 마음을 다스리는 일종의 의식으로 차를 즐기는 이도 있었다. 더 흥미로운 점은 각자 차를 마시는 이유나 상황에 따라서 어울리는 차나 다법이 다를 수 있다는 점이었다. 공부를 위해 차를 마시는 이들은 화려한 차보다는 차분한 차를 선호하고, 기호이자 놀이로서 차를 마시는 이들은 더 향기롭고 개성이 강한 차에서 매력을 느끼듯 말이다.

안타깝게도, 이런 차이를 서로의 취향으로 받아들이는 대신 무지 혹은 고루함으로 여기는 경우도 때때로 마주하게 된다. 우리가 왜 차를 마시는가에 대한 대답은 하나로 정해져 있어야만 한다는 강박이라도 있는 것처럼 말이다. 어떤 방향이 되었든 이런 편협한 시각은 위험하다고 생각한다. 차가 가진 매력을 제대로 발견하지 못하거나 차문화 자체를 회의적으로 보게 될 수 있기 때문이다. 그래서 이야기하게 된다. 같이 차밭으로 떠나자고. 함께 차나무 곁을 거닐다 보면 그런 작은 차이는 기억조차 나지 않을 거라고 말이다.

뒤에서는 정읍 황토현, 순천 대광사지, 그리고 남원 매월당까지 세 곳의 차밭을 소개하려고 한다. 세 곳 모두 보성이나 하동만큼 차의 고장으로서 널리 알려진 곳은 아니다. 그렇지만 차 씨가 떨어져 싹이 돋고 나무가 되는 시간을 지켜본, 마음의 고향 같은 곳이기에 그 이야기를 전하고 싶다. 고향을 그리는 마음을 담는다면 읽는 이도 기꺼이 발걸음할 생각이 들지 않을까 하면서 말이다.

청년청담 남원 차밭 나들이

이외에도 우리가 꼭 가봐야 할 차밭은 전국에 산재해 있다. 앞서 언급한 찔레꽃향 가득한 나주 금성산 차밭, 가락국 김수로왕의 아내 허황후가 인도 아유타국에서 가져온 차가 뿌리를 내렸다는 김해 장군 차밭, 신라 시대 김대렴이 중국의 차 종자를 심었다는 지리산 자락, 천년고찰을 둘러싸고 있는 장흥 보림사 차밭, 그리고 다산과 제자들의 속 깊은 정이 이어져 오는 강진 월출산 차밭까지 수백 년 세월을 이어온 차밭이 남도 곳곳에 펼쳐져 있다. 게다가 요즘에는 강원도 고성은 물론, 휴전선 이북 황해도 강령에서도 차가 생산되고 있으니, 지리 시간에 배운 차나무 재배 북방한계선이라는 표현은 이제 어색할 따름이다.

거센 불길에도 살아남은 차나무, 정읍 황토현

2005년, 다향만당 선후배들과 함께 떠난 첫 나들이로 찾아간 곳은 전북 정읍 황토현 야산에 펼쳐진 야생차밭이었다. 황토현, 언젠가 들어본 이름이라 생각했는데, 마을 초입에 들어서자 황토현 전투를 기리는 동학농민운동 전적비가 우뚝 서 있었다. 그리고 어쩐지 낯설지 않은 이름도 하나 눈에 띄었다. 고부군수 조병갑. 조선 왕조 500년 동안 지방 수령을 역임한 이가 족히 수천은 넘고, 그중 청백리보다는 탐관이 더 많았을진대, 탐관오리 하면 다들 조병갑과 변학도를 떠올리니 이들도 억울할지 모르겠다.

그렇지만 『춘향전』 소설 속 인물인 변학도보다 더 소설 같은 조병갑의 행적을 보면 핑계 없는 무덤 없다는 말이 절로 생각난다. 백성들을 강제 동원하여 만석보를 쌓고서는 물세를 걷고, 불효를 포함한 온갖 죄목으로 수탈하는가 하면, 대동세를 돈으로 걷어 조정에는 하품의 쌀을 바치는 착복도 일삼았다. 게다가 본인 모친상에 부조를 강제로 걷고 진상품까지 현물로 징발하니 농민들은 이래 죽으나 저래 죽으나 죽창을 들 수밖에 없지 않았을까.

우리를 차밭으로 안내해주신 황토현 덖음차연구소 김정환 선생님 말씀에 따르면 죽창을 든 농민들이 관아로 향하면서 차밭에도 불을 질렀다는 이야기가 동리에 전해진다고 한다. 차밭이 없어지면 더는 공물로 바칠 차를 만들어내라고 못할 테니 아예 불을 냈다는 것이다. 인간의 탐학에 차나무는 불에 타고 동학군은 총칼에 쓰러졌으나, 이 사단의 원흉인 조병갑은 고금도로 유배 간 지 1년 만에 풀려나 몇 해 뒤 법부(오늘날의 법무부) 민사국장으로 영전하고, 고등재판소 판사를 겸임하면서 안락한 노후를 누렸다고 하니 비분강개한 결말이 아닐 수 없다.

한 가지 위안이 된 것은 불에 탄 차밭에서 차나무가 다시 자라났다는 것이다. 지금으로부터 십수 년 전, 동리에서 택견을 수련하다 전해지던 이야기를 들은 청년들이, 이제는 수풀이 우거져 야산으로 변해버린 옛날 차밭에서 차나무 군락지를 발견하였다. 동학농민운동은 결실을 보지 못했어도 그 정신이 3.1운동과 독립군으로 이어진 것처럼, 차나무 또한 강인한 생명력으로 되살아난 것이다.

숲속 반음지에 무심하게 펼쳐진 야생차밭이었지만 가슴 절절한 이야기를 들은 뒤라 그런지 그저 숙연한 마음이었다. 이윽고 이곳에 온 본연의 목적을 떠올리고 다들 열심히 차를 따기 시작했으나

2005년 5월 정읍 황토현 차밭

가뜩이나 밭일이 서툰 학생들인데 마음까지 무거우니 속도가 날리 없었다. 십여 명이 두 시간을 꼬박 찻잎을 따고선 제다소製茶所로 내려와서 솥에 덖고 나니 해는 이미 서쪽을 향하고 있었다. 제법 한 광주리 수북이 딴 찻잎을 보며 각자 한 해 마실 차는 되겠다 싶었는데, 이게 웬걸, 완성된 차는 몇 줌 되지 않았다. 차는 덖고 나면 수분이 날아가서 중량이 1/5 이하로 줄어든다는 걸 미처 몰랐던 것이다.

귀한 손님 왔다고 지역 특산 더덕 막걸리를 동이째 마련한 제다소 형님들이 준비한 안주는 폭 삭은 흑산도 홍어였다. 서울에서 온 학생들이 이 맛을 알겠냐는 어른들의 채근 속에 한 점, 두 점 집어 먹다가 기어이 코가 뚫린(?) 사람도 여럿이었다. 술이 얼큰하게 오르자 잔이 바뀌었다. 술이 한 순배 돌고 나서 마시는 차 맛이 진짜라는 옛 말씀은 한 치 어김이 없었다. 차를 마신 김에 들차회를 나가자는 형님들의 말씀에 보온병에 물을, 상자에 다구를 담아 랜턴 불빛에 의지하여 찾은 곳은 황토현 전적지였다. 어둠이 내려앉은 산 아래 널찍한 공터에 둘러앉아 말없이 마신 중작中雀 덖음차의 맛은 십여 년 세월이 흐른 지금도 잊지 못할 만큼 훌륭하였다. 다식은 물로 다린 차가 무슨 맛이었을까 싶지만, 인간의 뇌가 기억하는 맛은 미각이 홀로 결정하는 것은 아니니 말이다.

차와 관련해서 정읍에 얽힌 이야기는 20세기로도 이어진다. 다른 고장의 유명세에 묻혀 정읍 차는 널리 알려지지 않았지만, 역사적으로 이곳이 정말 차나무 재배에 적합하긴 했던 모양이다. 경상, 전라 지역에 차 산지가 35곳 있었다는 『세종실록지리지』(1454)는 물론, 그로부터 100년 뒤에 편찬된 『동국여지승람』(1530)에도 정읍현에서 나는 차는 공물로, 고부군에서 나는 작설차는 약재로 바쳤다는 기록이 남아 있다. 『세종실록지리지』 편찬 당시에는 토산으로 작설차가 난다고 명시되어 있던 함양군의 경우 그로부터 20년이 흐른 1471년, 김종직이 군수로 부임했을 때는 이미 고을 안에서 차가 생산되지 않아 다른 고을에서 사서 공납으로 바쳐야 했다고 한다. 이런 기록을 참고할 때 정읍에서 조선 전기부터 후기에 이르기까지 차가 계속 생산되었다는 사실은 그 자체로 특별한 일인 셈이다.

앞서 이야기한 것처럼 조선 말에 차밭이 대거 불타 없어졌음에도 불구하고 정읍에서는 일제강점기에도 차 생산이 이어졌다. 기록에 따르면, 1913년 오가와(小川)라는 일본인 교사가 정읍 입암면 천원리 일대에서 자생하는 차나무를 발견하고 천원다원(川原茶園)을 조성했고, 차나무가 자리 잡은 1923년부터는 발효차를 연간 7천 근 이상 생산해서 전량 오사카로 수출했다고 한다. 비슷한 시기 역시 일본인인 오자끼(尾崎) 씨가 광주에 무등다원을 조성하여 차를 생산했고, 강진에서는 다산 정약용이 유배 시절 조직한 다신계(茶信契)와의 약속으로 만들어온 차를 이한영 선생이 백운옥판차라는 이름으로 출시해서 물산장려운동에 힘썼다고 한다.

총독부의 후원 아래 상품화되고 일본으로 판매되던 천원다원의 차는 비벼서 발효시키고 다시 덖어낸 발효차 종류였다고 한다. 1945년 해방 직전까지 생산을 이어오던 천원다원은 대상그룹의 전신 미원의 임대홍 사장이 인수했으나, 차 사업의 장래가 불투명

2021년 강진 이한영 차문화원

하다고 판단하여 수만 평의 차밭을 베어내고 과수원을 조성했다고 하니 아쉬운 마음을 감추기 어렵다.

2000년대 이후 정읍의 자생차는 시 차원의 적극적인 후원으로 다시금 그 생산량이 늘고 있다. 보성, 제주, 하동 등 남녘의 주요 차 생산지보다 20일가량 차 수확이 늦기에 조금 더 늦게까지 덖음차 제다 체험을 할 수 있고, 옥정호 근방에서 나는 홍차는 대만에서 유명한 일월담 홍차에 비할 만큼 그 풍미가 두텁다. 작은 초가 몇 채에서 이제는 마을 규모로 커진 송참봉 조선 동네에서 토종닭 백숙을 한 마리 뜯으면서 하룻밤 쉬어가는 나들이를 꼭 권하고 싶다.

수달이 뛰노는 곳에서 이어지는 우리 차의 전통, 순천 모후산

서울에서 꼬박 네 시간, 남쪽으로 내려가면 모후산 자락 주암호에 다다른다. 인접한 무등산과 지리산의 유명세에 묻혀 있지만 1361년, 홍건적을 피해 남쪽으로 피난한 공민왕이 가궁假宮을 짓고 1년을 살았을 만큼 산세가 수려한 곳이다. 공민왕은 이 산이 어머니 품

속 같다고 해서 원래 나복산에서 모후산母后山으로 이름을 바꾸라고 했다고 전해진다. 산 남쪽으로는 보성강을 통해 보성을 적시고, 산 동쪽으로는 섬진강으로 이어져 구례, 하동을 적시니 과연 그 넉넉한 품이 어머니 산이라는 이름에 손색없다.

주암호를 거슬러 올라가면 포장도로 끝자락에 생태보전구역 간판이 나타난다. 주암댐을 건설하면서 수몰 지역과 그 상류 지역 2,300여 가구를 이주시키고 상수원 보호를 위해 설정된 곳이다. 육중한 철문을 지나 비포장도로로 들어서면 이윽고 별천지가 펼쳐진다. 이주민의 마음을 달래고자 세워진 비석 너머로 철 따라 개나리, 철쭉, 작약이 만발하는 동리. 인적 드문 계곡에는 수달이 헤엄치고, 대밭 아래 차나무는 철없이 싱그럽다. 이곳이 바로 동아시아차문화연구소의 박동춘 이사장이 차를 기르고 만들어온 곳이다.

2017년부터 해마다 이곳을 찾으며 가장 인상 깊게 여겼던 것은 바로 불이었다. 우리가 한잔의 차를 오롯이 다려내기까지 흙, 물, 불, 나무, 금속 어느 하나 필요치 않은 게 없지만, 불이 찻잎에 숨결을 불어 넣는 장면은 좀처럼 마주하기 쉽지 않기 때문이다. 게다가 조선 후기 차문화를 중흥시킨 초의선사의 제다법을 이어서 40년째 차를 연구해온 박 이사장이 차를 덖는 불에는 사람의 마음을 끄는 특별한 힘이 있었다.

먼저 여린 불로 덖어서 부드럽게 하고,	先用文火焙軟
다음에 센 불로 향기를 열어준다.	次用武火催之

(중략)

그 불은 오직 맹렬함을 피하고,	然火雖忌猛
더욱이 솥이 식는 것을 조심하지 않으면,	尤嫌鐺冷
찻잎이 익지 아니하기에,	則枝葉不柔
그리하여 불이 세고 여림을 살피기가,	以意消息
가장 어렵고도 어렵다.	最難最難

_허차서(許次, 1549~1604), 『다소茶疎』 中 〈차덖기(炒茶)〉

    차 따기만 수십 년, 눈빛부터 예사롭지 않은 아랫동네 할머니들이 동틀 녘부터 딴 찻잎이 광주리에 담겨오면, 지푸라기와 묵은 잎을 골라내고 줄기를 잘라내는 작업이 시작된다. 모두가 집중해서 찻잎을 고르는 동안 불을 담당한 이들 또한 분주해진다. 아궁이에 불을 지피고 솥을 깨끗하게 닦아내는 작업이 끝나야 본격적으로 차를 덖을 수 있기 때문이다. 이윽고 선별을 마친 찻잎이 쟁반에 담기고, 솥 온도가 300℃ 안팎에 이르면, 대나무 가지를 엮어 만든 솔을 든 박 이사장이 차 덖기(殺靑)에 몰입한다.
    이때 아궁이 불 조절은 오래 합을 맞춘 동리 분들이 담당하는데, 그 움직임이 자못 신기하다. 박 이사장이 오직 솥 안의 찻잎에 집중하면서 '뜨거워요', '조금 더 높여주세요', '온도 유지해주세요' 하고 신호를 주면, 말이 끝나기 무섭게 불이 달아오른 아궁이 속 장작을 꺼내거나 던져 넣기도 하고, 때로는 반으로 쪼갠 대나무를 국자로 활용해서 물을 끼얹기도 한다. 찻잎이 600g가량 담긴 쟁반 하나를 덖어내는 4~5분 동안 온도 얘기가 대여섯 번은 나오니 정신이 없을 법도 한데, 그 모두가 익숙한 듯 불도 사람도 침착하게 따라간

차를 덖는 박동춘
이사장

다. 허차서가 말한 "어렵고도 어려운" 것이 이 흐름 아닐는지. 문화文火와 무화武火, 즉 여린 불과 센 불의 흐름 속에서 어미 나무에서 떨어져 나온 찻잎은 새로운 생명을 얻는다.

　초벌 덖음을 마친 찻잎은 곧장 아랫동네 할머니들이 둘러앉은 왕골 돗자리로 향한다. 덖은 찻잎을 돗자리에 비비는 유념揉捻 과정이다. 노동요 대신 바깥양반이 젊은 시절 속 썩이던 이야기, 바람났던 이야기로 단전에서부터 기운을 끌어올린 할머니들의 손길에는 부쩍 힘이 들어간다. 저렇게 세게 밀고 당기며 비벼도 괜찮을까 싶을 강도지만 유념을 깊이 해야만 찻잎 조직이 적당히 파괴되어서 그 진액이 표면에 고르게 묻고 향과 맛이 잘 우러난다고 하니, 베테랑의 손길에는 다 이유가 있구나 싶다. 이 과정을 마친 찻잎은 갈대를 엮어 만든 발 위에 한지를 깔고 뭉치지 않도록 잘 흩어 놓은 다음, 다시 한지를 한 겹 덮어서 유념 과정에서 나온 진액이 잎 표면에 엉길 수 있도록 두어 시간을 둔다. 이때 올라오는 청량한 향기는 말로 표현하기 어려운 매력을 지녔다.

마지막 단계는 바람에 수분을 어느 정도 날린 찻잎을 다시 솥에 덖어서 건조하는 재건再乾 과정이다. 솥 온도는 80~100℃로, 초벌 때보다 낮지만 향을 보듬어 담는 공정이기에 불 조절은 더 예민하다. 아궁이 불의 미묘한 변화에도 차를 덖는 이들의 오감이 곤두서고, 불을 맡은 이의 등줄기에는 땀이 흐른다. 그러기를 30여 분, 피어오르는 향기는 두어 차례 그 결을 바꾸다가 마침내 바티칸 콘클라베에서 피어오르는 흰 연기처럼 제다의 끝을 알리는 차향이 올라온다. 풋풋한 봄날의 잎사귀가 불과 만나서 정갈한 차로 재탄생한 것이다.

박동춘 이사장에 의하면, 차문화가 쇠락한 조선 후기에도 불가佛家에서 명맥을 이어온 우리 차의 원형은 잘 익힌 차라고 한다. 우리 차는 마시는 방법도 다소 차이가 있다. 차를 넉넉히 넣고 여러 차례 우려 마시는 방법이 일반화된 중국과 일본의 차와 달리 차를 적게 넣고 한 번 우려 마시기를 기본으로 하기에 첫 탕에 정수가 우러나올 수 있도록 차를 만들었다는 것이다. 조선시대 추사 김정희, 다산

2018년 순천 모후산 차밭

정약용의 큰 뜻을 북돋고 아쉬움을 달래주던 초의선사의 차가 긴 세월의 강을 건너 이렇게 이어진다고 생각하면 차 한 모금에도 감회가 새롭다.

신선의 꿈이 서린 차밭에서 익어가는 차의 정신, 남원 매월당

다사다난했던 2020년 8월, 집중호우로 인해 섬진강 제방이 무너지면서 남원·순창·곡성·구례·하동 등 강 하류 지역은 역대급 물난리를 겪었다. 하동 화개장터가 물에 잠기고, 물살에 속수무책으로 떠내려가는 소가 뉴스에 실시간으로 보도되었다. 안타까운 마음으로 지켜보던 중 자막에 익숙한 지명이 눈에 띄었다. '남원시 금지면 일대 9개 마을 침수'

금지면이면 신목 오동섭 선생의 제다소가 있는 곳인데 싶어서 급히 전화를 거니 수화기 너머로 다소 잠긴 듯한 목소리가 들려온다. 괜찮으시냐는 물음에 매월당은 지대가 높아서 침수 피해는 없는데 아침에 큰 돌이 굴러 내려와서 담벼락이 무너져졌다고 한다. 담이야 다시 쌓으면 되는데 세간살이 다 버리고 망연자실 대피하신 주변 마을 어르신들이 걱정이라는 목소리엔 근심이 가득하였다. '우리 땅에도 수백 년 세월을 살아낸 차나무가 산야에 가득하다'며 늘 유쾌하고 자신감 넘치던 신목 선생에게서 들어본 적 없는 목소리였다.

이제는 억새 지붕 곱게 이은 집들이 돌담을 경계로 어깨를 맞댄 고즈넉한 마을을 이뤘지만 2014년, 만학동 계곡으로 오르는 시골

길을 따라서 이곳을 처음 찾았을 때만 해도 살림집을 제외하면 매월당과 향원익청香遠益淸 두 채가 전부였다. 무인 찻집으로 누구나 들어와 5,000원만 함에 넣으면 이곳에서 만드는 차를 종류별로 우려 마실 수 있는 찻집에는 매월당이라는 김시습의 호가 걸려 있고, 그 우측에 자리한 제다소 문에는 향기는 멀수록 더욱 맑다는 주돈이周敦頤의 문구가 새겨져 있었다.

내가 유독 연꽃을 사랑하는 것은	予獨愛蓮
진흙에서 나왔으나 그에 물들지 아니하고,	之出於泥而不染
맑은 출렁이는 물에 씻겼으나 요염하지 않고	濯淸漣而不夭
속은 비었고 밖은 곧으며	中通外直
덩굴을 뻗거나 가지 치지 아니하며	不蔓不枝
향기는 멀수록 더욱 맑으며,	香遠益淸
오롯이 꼿꼿하고 깨끗하게 서 있어	亭亭淨植
멀리서 바라볼 수는 있으나	可遠觀
함부로 가지고 놀 수도 없음이니라.	而不可褻翫焉

_ 주돈이(周敦頤, 1017~1073), 『애련설愛蓮說』

여느 기와집이나 콘크리트 집에 걸려 있었다면 이 문구가 이토록 절절하게 와 닿지는 않았을 것이다. 검소하나 누추하지 않은 동리의 풍광은 고구려 석성을 재현하듯 아귀가 딱 들어맞는 담벼락의 돌덩이 하나부터 지붕에 올린 억새 한 줄기까지 모두 신목의 손길을 거쳐 완성된 공간이기에 자아낼 수 있었던 것이리라. 억만금을 준다 해도 고개가 저어질 고된 작업을 한세월 이어온 것은 그의

남원 매월당 향원익청

고집스러운 성미 때문 아니었을까.

 그 공간에서 만들어지는 차 또한 그의 고집을 닮았다. 초암 뒤편으로 이어지는 홍송 숲과 만학동 계곡에 산재한 야생 차나무에서 딴 찻잎은 자연의 바람을 이용한 신목 선생의 키질로 골라진 뒤에야, 반질반질 잘 닦인 솥에 들어가서 잘 마른 소나무 장작불을 만난다. 차는 도끼 끝에서 시작된다는 정신으로 잘게 패서 쌓아둔 장작더미는 향원익청의 상징이 되었고, 옳은 차를 만들어야 한다는 집념은 여러 해 동안 만든 차를 통째로 텃밭 거름으로 향하게 하기도 하였다. 제다에 관해 우리 조상이 남긴 글을 읽으며 차를 만들기 시작했지만, 이제는 쇄청과 위조, 긴압 등 중국차에서 많이 사용되는 제다법을 활용하여 우리 차의 지평을 넓히고 있는 그의 자유로운 정신은 유불도에 얽매이지 않았던 매월당 김시습을 떠올리게 한다.

 매월당은 행정구역상으로는 남원이지만 산천경개를 따르자면 곡성, 순창, 구례로 펼쳐지는 매화 가지의 분기점에 앉아 있다. 소백산맥에 앉아서 태백산맥을 바라보는 영주 부석사처럼 이곳은 너른 평야 너머로 지리산을 마주하고 있기도 하다. 이런 위치 때문일까, 보통 차를 하는 사람은 그 공간에 갇히기 마련인데, 신목 선생은 산줄기를 따라 곡성부터 나주까지 야생차 군락지를 제집처럼 드나든다. 그 결과물이 바로 그가 만든 고려단차에 붙은 남원 연지암, 나주 식산, 곡성 설산, 임실 백련산, 해남 두륜산 같은 이름들이다. 일분일초가 바쁜 제다 철에 각지를 다니는 이유를 묻자 우문현답이 이어진다. 와인에서 포도나무가 자라는 떼루아(terroir)를 강조하듯 차나무의 생장 환경 또한 차 맛에 영향을 많이 미친다는 것이었다. 예를 들면, 곡성 설산의 야생차밭은 바위산에 햇볕이 60% 이하로 차광되는 환경이고, 나주 식산은 차광률이 80% 이상 되는 그늘진 환경이나 차나무가 황토층 위에서 자라고 있다는 것이다. 보이차는 차산茶山별로 그 맛을 따지면서 우리 차에 대해서는 왜 그런 생각을 못 했을까. 차의 생장 환경은 다서茶書마다 도입부에 늘 언급되는 사항이기에 부끄러움이 더했다.

> 제일 좋은 것은 푸석푸석한 돌밭에서 난 것이고,
> 중간은 자갈에서 난 것이고,
> 제일 못한 것은 황토에서 난 것이다.
> (其地上者生爛石, 中者生礫壤, 下者生黃土)
> _육우, 『다경茶經』

차를 심는 땅은 벼랑이면 반드시 양지여야 하고, 밭이면 꼭 음지여야 한다. 대개 돌은 성질이 차기 때문에 잎은 생육이 억제되어 파리하며 맛은 변변치 못하고 싱거운 법이니, 반드시 볕을 받아 기운을 펴야 한다. 흙은 성질이 넓으므로 잎은 성기면서 거칠고 맛은 뻣뻣하면서 가벼운 법이니, 반드시 그늘을 받아 기운을 조절해야 한다. 음양이 서로 조화되면 차가 자라는 것이 마땅함을 얻는다.

(植産之也 崖必陽陰 圃必陰 蓋石之性寒 其葉抑以瘠 其味疏以薄 必資陽和以發之 土之性敷 其葉疏以暴 其味强以肆 必資陰蔭以節之 陰陽相濟 則茶之滋長得其宜)

_서유구(徐有榘, 1764~1845)『임원경제지林園經濟志』中〈대관다론大觀茶論〉

2017년 봄, 떼루아의 차이를 직접 경험해보자며 다우들과 함께 곡성과 남원 일대 차산을 답사하고서 함께 마셔본 산지별, 시기별 (곡우/입하) 단차團茶는 실제로 우리 차의 새로운 가능성을 엿보여주기에 충분하였다. 이런 찻잎이 있다면 우리나라에서도 스페셜티 커피처럼 특별한 차를 만들 수 있으리란 생각이 절로 들었다. 『춘

2017년 곡성 설산 차밭

남원 매월당 차밭 나들이

향전』으로만 알려진 남원이 차의 고장으로 이름을 알리는 날이 올 수 있지 않을까 하는 기대와 함께 말이다.

  그의 도전은 오늘도 계속되고 있다. 남원에서 이어져 오던 초암의 차문화를 복원하고, 어린아이부터 커피 바리스타들까지 누구나 차밭을 경험할 수 있도록 문호를 개방한 것이다. 기행을 일삼았던 김시습의 신선의 꿈을 사표師表로 삼는 그의 도전이 어떤 결과로 이어질지는 아무도 모를 일이지만, 경계에 갇히지 않은 것이 신선이라면 매촌마을 매월당에는 신선이 산다.

참고문헌

류정호, 『여행길에 찻집』, 인문산책.
박동춘, 『박동춘의 한국차 문화사』, 동아시아.
박동춘, 『맑은 차 적멸을 깨우네』, 동아시아.
박동춘·이창숙, 『초의 의순의 동다송 다신전 연구』, 이른아침.
김세리·조미라, 『차의 시간을 걷다』, 열린세상.
서유구 저, 박순철 옮김, 『임원경제지 만학지』, 소와당.
육우 저, 김진무 옮김, 『육우 다경』, 일빛.
류건집, 『다소 주해』, 이른아침.
김창환 편, 중국의 명문장 감상, 한국학술정보
국사편찬위원회, 조선왕조실록 웹사이트 데이터베이스

일본다도:
리큐의 차,
그리고 무사

영화《리큐에게 물어라》

• 노근숙 •

원광대학교 대학원(일본차문화사)과 원광디지털대학교에서 일본차문화론을 담당하고 있다. 또한 일본의 차문화를 공부하고 연구하는 연함학당을 개설하여 운영하고 있다.
저서로는 『일본차문화론』, 『일본 차문화체험』(원광디지털대학교 교재), 『홍차레슨』(공저)이 있고, 번역서로 『티·스토리텔링-세시풍속과 일본다도-』(공역)가 있다.

리큐에게 물어라

감독 타나카 미츠토시

주연 이치카와 에비조, 나카타니 미키

일본, 2015

영화《리큐에게 물어라》

일본은 우리와 아주 가까운 나라이지만 일본 차문화는 낯선 분야라서 영화《리큐에게 물어라》이야기는 상당히 의미가 있지 않을까 한다. 이 영화를 통해서 일본 차문화에 한걸음 다가갈 수 있는 계기가 되기를 바란다.《리큐에게 물어라》는 역사적 내용과 허구를 섞어서 만들어낸 작품으로, 차노유를 깊이 연구한 리큐의 인생과 그 미의식을 표현한 영화이다. 이 영화의 원작은 야마모토 겐이치(山本兼一)가 쓴 일본 역사소설로, 제140회 나오키(直木)상을 수상하였다. 오늘의 주제는 센노리큐(千利休)가 추구했던 미의식을 중심으로, 무사들과 얽힌 일본 차문화에 관한 내용으로 진행하고자 한다.

본론에 앞서 '차노유(茶の湯)'라는 다도용어에 대해 알아보자. 일본 차문화에서 아주 중요한 키워드인 차노유는 차를 마시는 전용공간, 즉 다실을 준비하고, 다구를 갖추고, 손님을 초대해서 차를 대접하는 전 과정을 말한

다실 안 모습

다. 간단히 설명하면 일본의 말차문화, 나아가 일본 다도 자체를 부르는 명칭이기도 하다. 차노유는 영화의 배경인 16세기에는 남성들의 문화로, 오늘날에는 전통문화로 자리매김을 하고 있다.

또 하나 중요한 점은, 차노유 문화는 19세기 메이지유신을 기점으로 일본이 근대화에 박차를 가할 때, 유럽과 미국에 일본이라는 나라를 각인시키고 국가의 위상을 높이는 데 중요한 역할을 담당했다는 것이다. 그리고 이 차노유 문화의 중심에는 영화의 주인공 센노리큐(千利休, 이하 '리큐'로 표기)가 있었다.

영화의 줄거리는 다음과 같다. 리큐는 사카이의 유명한 다인이었다. 그리고 100여 년의 전란 시대에 종말을 고하고 천하통일에 깃발을 꽂은 난세의 영웅 오다 노부나가의 다두가 되어 그를 섬기지만, 리큐는 당시 최고 권력자인 노부나가 앞에서도 아름다움을 정하는 것은 자신이라고 당당하게 대답한다.

이 영화를 이끌어가는 리큐에게 훗날 할복을 명하는 도요토미 히데요시(豊臣秀吉)는 영화 초반부에 등장하는데, 화면이 바뀔 때마다 그의 신분은 상승하고 그와 더불어 그의 위치와 의복도 달라진다. 처음에는 거리에서, 그다음에는 노부나가의 하위 무사로서 뜰에 부복하고 앉아 있던 히데요시는 어느 날 툇마루까지 진출한다. 이어서 그의 신분은 서양 선교사 두 사람을 리큐와 노부나가가 있는 다실로 안내하며 노부나가의 명을 기다리는 위치로 전환되어 있다.

어느 날, 승승장구하던 히데요시가 풀이 죽은 모습으로 리큐의 다실을 찾아온다. 히데요시는 죽기 전에 명성이 높은 리큐의 차 대

영화 中 閑

영화 《리큐에게 물어라》中 노부나가의 장례식

접을 받고 싶어서 방문했다고 하는데, 사실은 노부나가의 노여움을 사서 죽음까지 각오해야 하는 상황에서 리큐를 찾은 것이었다. 이러한 마음을 훤히 꿰뚫고 있던 리큐는 가이세키 요리를 대신해서 히데요시가 어린 시절 먹었던 죽을 손수 끓여 내온다. 그리고 도코노마의 족자에 '한(閑)'이라는 글귀를 걸어놓고, 마음을 편안히 하고 모든 짐을 내려놓으라며 차를 대접한다. 배려 깊은 리큐의 마음에 눈물을 흘리는 히데요시는 마음이 편안해진다. 리큐는 지금 살아 있는 기쁨을 차를 마시면서 음미하라고 하며 노부나가에게 히데요시의 마음을 전하는 역할을 해보겠다고 한다.

그리고 화면이 바뀌어, 혼노지에서 공격을 받아 죽은 노부나가의 장례를 주관하던 히데요시가 그의 뒤를 이어 최고 권력자가 된 모습이 그려진다. 노부나가를 섬겼던 리큐가 히데요시를 섬기는 다두가 되면서 두 사람의 관계는 역전되지만, 리큐는 차노유·정치·전략에 있어서 히데요시의 브레인 역할을 수행한다. 리큐의 조언 덕택으로 히데요시는 천하의 권력을 잡게 되고 리큐는 점점 중요한 존재가 되어 간다. 그러나 중용되는 리큐를 바라보는 날카로운 시선은 리큐를 궁지로 몰고 간다. 이시다 미츠나리를 비롯한 히데요시의 휘하 무장들이 불만을 품고 리큐를 제거해야 한다고 히데요시에게 진언하기에 이른다.

한편 천하의 권력자가 된 히데요시는 관백이라는 최고의 벼슬을 하사 받고 천황에게 차를 올린다. 황금 다실에서 흡족해하는 천황을 보고 히데요시는 천황까지 차노유에 몰입하는 이유를 리큐에게 묻는다. 리큐는 '사람을 죽여서라도 수중에 넣고 싶은 아름다움이 차노유에 있기 때문'이라고 답한다. 황금 다실의 이벤트도 리큐의 기획으로 진행되며, 리큐의 명성은 한층 더 높아진다. 권력은 히데요시의 전유물이지만, 차노유에서 발현되는 미의식의 권위는 리큐의 정신세계에서 시작이 되는 것이다.

이러한 가운데 대덕사의 주지 스님이 우려한 대로 히데요시는 리큐의 소중한 것을 빼앗으려고 작정한다. 결국 리큐에게 매우 귀중한 딸을 측실로 보내라고 하는데, 리큐의 아내 소온은 이 명을 거역하고, 딸은 고뇌하는 아버지를 위해서 자결을 선택하고 만다. 이에 히데요시는 리큐에게 칩거하도록 명하고, 소중히 간직하고 있는 향합을 보내면 머리를 숙인 것으로 간주하여 용서하겠다고 하며 조선 여인이 남긴 녹색 향합을 요구한다. 그러나 리큐는 한 치의 미련도 없는 듯 히데요시의 뜻을 거부하고 죽음을 선택한다. 리큐는 '아름다운 것에만 머리 조아린다'는 평소의 소신을 굽히지 않는다. 목숨 구걸을 하지 않겠다고 리큐는 이미 다짐했던 것이다.

하늘도 노한 리큐의 죽음

이 영화의 시작과 끝은 리큐의 죽음을 연출하고 있다. 그런데 이렇게 리큐의 죽음에 포커스를 맞추는 이유는 무엇일까? 영화는 리큐가 할복하기 전, 흰 기모노를 입고 툇마루에 앉아 있는 의연한 모습으로 시작된다. 비바람이 몰아치는 날씨가 화면을 가득 채우고 있는데, 이것은 죽음을 앞두고 너무나 고요히 앉아 있는 리큐의 보이지 않는 마음일 수도 있다. 아니면, 죽음을 받아들이고 담담해지기 전까지의, 리큐의 어지러웠던 마음일 수도 있을 것이다. 이러한 리큐의 마음과 죽음에 대해 기록한 글이 있는데, 바로 『북야사가일기北野社家日記』라는 문헌이다. 북야北野는 교토(京都)에 있는 지명이자 신사의 명칭이며, 사가社家는 신사의 신관 직분이 세습되는 집안을 말한다.

『북야사가일기』에는 리큐의 죽음에 관하여, 비바람이 몰아치는 날씨가 마치 리큐의 진노와 같다고 자세히 기록되어 있다. 기록에 따르면 그날은 천둥이 치고 우박까지 내렸으며 우박의 크기가 1.3cm였다고 한다. 이 우박의 크기는 『북야사가일기』의 기록자가

영화 《리큐에게 물어라》
中 리큐 할복 전

먹으로 우박을 그려둔 것을 측정하여 얻은 수치인데, 하늘도 리큐의 죽음에 노했던 것이 아닌가 싶다.

영화엔 리큐의 목상木像을 화형에 처하는 장면이 나오는데, 이를 본 군중들은 너도나도 한마디씩 여러 가지 이유를 열거한다. 그리고 또 한 남자가 그것은 윗전의 생트집이라는 반론을 제기하는 장면도 나오는데, 이 남자는 바로 리큐의 부탁으로 라쿠(楽)다완을 만든 죠지로다. 이처럼 리큐의 죽음에 관한 이야기는 그 옛날이나 지금이나 상당히 의견이 분분하다는 것을 알 수 있다. 그래서 리큐의 죽음의 원인을 둘로 나누고 있는데, 겉으로 드러나는 표면적 이유와 수면에 가라앉은 이면적 이유이다.

가장 큰 표면적 이유는 영화에서 군중들이 열거했던 내용으로, 대덕사 산문인 금모각 2층에 리큐의 목상을 세운 건과 관련 있다.

금모각

그 목상은 애당초 히데요시의 허락 하에 대덕사에서 설치한 것이었는데, 갑자기 괘씸죄를 걸어서 여론몰이가 시작된 것이다.

그다음 이유로는 차노유에 필요한 기물, 즉 다구 감정과 매매를 이야기할 수 있는데, 리큐가 추구하는 미의식과 관계가 있는 부분이다. 영화에서 다회를 준비하는 가운데 야마노우에 소지(宗二)가 소온에게 말하길, 차이레(茶入) 하나를 백만 석에 구입하고 싶어 하는 영주들이 많아서 놀랍다고 한다. 이 말을 고려하면, 리큐가 죽은 것은 그가 다구 매매로 부당한 이익을 얻어서였다기보다, 리큐의 다구가 사람들에게 절대적인 인기와 그 가치를 인정받았기 때문이라고 보는 것이 타당할 것이다. 따라서 매승이라는 이유는 견강부회가 아닐까 싶다.

이 외에도, 딸을 히데요시의 측실로 보내라는 명을 거부한 것과 조선 침략을 반대했다는 것이 표면적 이유로 거론되기도 한다.

스승을 닮은 제자 '소지(宗二)'

야마노우에 소지(山上宗二)는 사카이의 상인이며, 다인으로서 히데요시를 섬기는 다장이기도 하였다. 리큐에게 20여 년간 차를 배운 유일한 민간인 제자로 기록되어 있으며, 당시의 다회기에는 리큐와 함께 다회에 출석했다고 서술되어 있다.

소지의 강직하고 직설적인 성격은 스스로를 고달픈 인생역정으로 몰아넣었다. 1584년과 1586년 두 번이나 히데요시의 노여움을 사서 추방령을 받아 타향을 떠도는 신세가 된 것이다. 추방령으로 어려운 삶을 꾸려갔음에도 그의 성격은 변함이 없다고 리큐는 말하고 있다. 영화 속에서 소지는 오래간만에 어렵게 만난 스승 리큐에 대한 평가를 직설적으로 하고 있는데 그 내용은 『산상종이기山上宗二記』에 서술된 것으로, 다음과 같다. "리큐는 골짜기를 산으로, 서쪽을 동으로 바꾸는 것처럼, 차노유의 약속을 어기고, 다구를 자유롭게 변화시킨다."

이것은 소지가 새로운 미의식을 창조하는 스승에 대한 존경심을 표현하고 있는 대목이기도 하지만, 리큐가 급격히 와비차로 경도되어 가는 것에 대해 솔직하게 비평하는 장면이기도 하다. 이를 두고 양면적이라고 평가할 수도 있겠지만 그 이전에, 존경하는 스승과 당대의 권력자인 히데요시 앞에서도 꾸밈없이, 있는 그대로 자신의 소신을 솔직히 표현하는 소지의 성격을 먼저 이해해야 할 것이다.

스승에게도 직설적인 화법을 사용하는 소지의 성격은 최고 권력자인 히데요시 앞에서도 여지없이 드러난다. 히데요시의 추방령으로 호조(北条) 씨에게 의탁하고 있던 소지는 리큐의 중재로 사면을 받고 재등용될 기회를 얻었지만, 또다시 히데요시의 심기를 건드리는 말을 서슴지 않아서 코와 귀가 잘리는 형벌을 받고 결국 참수되고 만다. 리큐가 할복하기 1년 전인 1590년의 일이다. 완고한 성격의 소유자인 소지는 자신의 신념을 굽히지 않는 사람으로 평가받고 있으며, 소지의 죽음은 리큐의 죽음의 예고편 같다는 견해도 있다.

소지는 히데요시에게 참수되기 2년 전인 1588년, 자필 비전서 『산상종이기』 필사본을 여러 사람에게 전하기도 한다. 소지가 저술한 『산상종이기』는 사카이 차노유의 기본 자료이며, 차노유에서 자주 거론되는 일기일회一期一會의 전거가 되는 일기일도一期一度라는 말도 기록되어 있다.

리큐와 히데요시의 대립 양상

그렇다면 리큐에게 죽음을 내린 히데요시와 측근들의 진짜 속내는 무엇이었을까? 이것을 알려면 그 당시 차노유가 가진 문화적 위상을 먼저 살펴볼 필요가 있다는 것이 후대 학자들의 평가이다. 당시의 차노유는 통일 대업을 이룩한 '관백 히데요시(關白 秀吉)'를 상징하는 문화였다. 그러나 차노유 문화의 정점에 있던 사람은 히데요시가 아닌 리큐였으며, 그것을 만천하에 드러내어 공론화할 수 없다는 것이 더 큰 문제로 부각되고 있었다.

리큐가 차노유에 관하여 부동의 일인자 위치에 있었다는 것은 여러 자료로 미루어 짐작할 수 있다. 리큐의 제자 소지는 스승의 안목과 미의식에 대명(大名, 넓은 영지를 가진 무사)들이 열광하며 몰려들고 있다고 놀라워하며, 역시 세상을 움직이는 것은 아름다움이라며 스승에게 경외심을 표현하였다. 이는 차노유의 일인자가 리큐라는 점을 시사하며 당시 리큐의 미의식은 절대적이었다고 평가할 수 있을 것이다.

게다가 리큐와 히데요시는 미의식과 가치관에서도 많은 차이를 보이며 대립 구도를 형성하였다. 이를 간파하고 있던 히데요시의 최측근 미츠나리(三成)는 리큐를 위험한 인물로 간주하며, 그가 히데요시에게 중용되는 것에 대한 불만과 염려가 커진다. 미츠나리는 가신인 호소카와(細川)를 비롯한 여러 무장이 그의 제자임을 당당히 밝히고 있다는 점, 사람들의 마음이 리큐에게 기울어 천하가 빠르게 하나로 결속되어 가는 것이 리큐의 덕분이라고 세상에 회자되고 있다는 점을 강조하며, 리큐의 힘이 더 커지기 전에 그를 제거해야 한다고 히데요시에게 간언하기에 이른다. 그러나 히데요시는 미츠나리의 간언에, 리큐는 아직 이용 가치가 있는 인물이라며 두려워하지 말라고 답한다.

다인茶人 호소카와(細川)

호소카와 타다오키(細川忠興, 1563~1646)는 아즈치모모야마(安土桃山) 시대의 무장이자 리큐에게 차를 배운 다인으로 호는 산사이(三齋)이다.

그의 정실부인은 노부나가(信長)를 공격하여 혼노지변을 일으킨 아케치 미츠히데(明智光秀)의 딸로 통칭 '가라시야' 부인이라고 불린다. 두 사람의 혼인은 주군 노부나가의 명령으로 성사되었다.

산사이는 '리큐 7철'의 한 사람으로, 리큐의 차노유를 후세에 전하기 위해 노력을 아끼지 않은 인물이다. 그는 리큐의 차노유를 정통으로 계승하고자 애썼는데, 리큐의 인간성에 감복하여 그를 진심으로 존경했기 때문이라고 한다. 리큐가 히데요시에게 칩거를 명 받고 떠날 때 선착장까지 배웅을 나온 사람 중의 한 사람이기도 하다.

리큐는 할복하기 전, 두 개의 차작을 만들어 그중 하나를 산사이에게 주었고 산사이는 그 차작의 명칭을 '유가미'라고 명명하였다. 이 명칭은 매듭이 왼쪽으로 기울어져 있는 차작의 모습에서 유래되었다고 한다.

호소카와와 고동원高桐院

고동원 츠쿠바이

산사이가 부친을 위해 세운 고동원은 교토에 있는 대덕사 탑두로, 임제종 대덕사파의 사찰이다. 고동원은 83세에 타계한 산사이의 유언에 따라서 호소카와 일족의 보리사(조상의 명복을 비는 사찰)가 되었다.

   대덕사에는 24개의 탑두가 있는데 일반인에게 공개하고 있는 곳은 고동원을 포함해서 네 곳뿐이다. 대선원과 더불어 꼭 가보기를 추천하는 곳이 고동원인데, 고동원 앞뜰에는 조선에서 갖고 간 돌확이 하나 있다. 이것은 조선 침공으로 출병하였던 가토 기요마사(加藤淸正)가 산사이에게 진상한 것으로, 그가 매우 좋아했던 차노유 기물 중 하나이다. 산사이는 늘 이것과 함께 이동했고, 여든 살에 이곳 고동원으로 옮겨와 츠쿠바이로 사용했다고 한다.

미츠나리의 우려는 1587년 북야대다탕(北野大茶湯, 키타노 대다회)에서도 찾아볼 수 있다. 북야대다탕은 히데요시의 최대 이벤트라고 할 수 있으나, 이를 기점으로 두 사람의 밀월관계는 끝났다고 평가될 만큼 히데요시와 리큐는 소원해진다. 두 사람의 갈등이 표면화된 것은 조선 침략을 선언한 히데요시에게 전폭적인 지지를 보낸 하카타(博多) 상인의 대두로 리큐의 역할과 운신의 폭이 좁아졌기 때문이다. 히데요시에게 리큐를 대신할 인물, 리큐의 고향인 사카이를 대신할 지역이 생긴 것이다.

북야대다탕은 차노유를 좋아하는 사람이라면 신분과 국적을 불문하고 누구나 참석할 수 있는 큰 이벤트였다. 키타노 신사의 넓은 숲에서 히데요시와 리큐를 비롯한 많은 사람이 찻자리를 펼치고 차를 대접했던 이 행사는 영화 속에서 1,600여 개의 찻자리가 참석한 것으로 묘사되며, 히데요시의 가신들은 행사의 크기로 그의 위대함을 칭송하기도 하였다. 그러나 영화를 보면 인산인해를 이루는 리큐의 찻자리가 히데요시의 마음을 헤집어 놓으며 리큐의 죽음이 초래되는 실마리를 만들고 있음을 추측할 수 있다. 그런가 하면 '만인의 마음이 리큐 님과 함께하고 있다'는 사람들의 숙덕공론을 통해 리큐의 위기와 히데요시 및 측근들의 두려움이 복선으로 드러나고 있다.

리큐의 어록은 천하의 최고 권력자였던 히데요시가 무엇을 두려워했는지를 알려준다. 리큐는 죽기 전에 세상을 움직이는 것은 무력이나 금전만이 아니라고 말하며, 용서를 구하라는 제안에도 내가 머리를 조아리는 것은 아름다움밖에 없다며 구명운동을 거부하였다. 그리고 노부나가의 질문에는 아름다움의 가치는 내가 정하는 것이라고 대답하며, 그 가치의 기준을 묻는 선교사에게 '꽃봉오리의 생명력, 한 잔의 차에 마음이 고동치고 곳간의 토담조차 빛나고 있다는 것을 볼 수 있는 사람만이 아름다움 가치를 알 수 있다'고 대답한다. 즉, 그는 세상을 움직이는 것은 아름다움이며, 그 정점에 본인이 있고 최고의 권력자에게도 그 자리를 양보하지 않을 것이라는 의지를 천명한 것이다. 그리고 이런 리큐의 미의식을 초월한 자가 없다는 것이 작금의 평가이다.

차노유 세계의 일인자 리큐

리큐의 아명은 요시로(与四郎)이고 법명은 소에키(宗易)이다. 영화 속에서는 19세의 청년인 리큐가 조선 여인이 죽고 난 후 대덕사에서 소에키라는 법명을 받았다고 설정하고 있다. 리큐의 고향은 사카이인데, 16세기의 사카이는 일본 최대의 무역항으로, 무기 특히 소총을 취급하는 상인이 전국에서 모이는 상업도시였다. 따라서 전국시대라는 전쟁의 소용돌이 속에서 사카이는 다이묘들에게 경제적, 군사적으로 매우 중요한 장소였으며, 사카이를 수중에 넣는 자가 천하도 갖게 된다는 말이 회자될 정도였다. 그뿐만 아니라 당시 선교사의 기록은 일본 전국에 전쟁의 불꽃이 튀어도 사카이만큼은 안전을 보장받는다고 전하고 있다.

일반인에게는 소에키라는 법명보다 리큐라는 호가 더 친숙할 것이다. 그가 이 호를 받게 된 배경이 있다. 1585년 궁중에서 다회가

사카이의 남종사에 있는 리큐 일가의 공양탑

개최되었으나 일개 상인 신분이던 소에키는 대궐에 출입을 할 수 없었으므로, 이에 오기마치(正親町) 천황이 리큐라는 거사호를 하사했다는 것이다. 다만, 호의 작명은 대덕사 주지승이 했다는 것이 통설이다.

'리큐'라는 호의 의미는 명리名利, 즉 명예와 이익을 쉰다는 것이다. 리利의 또 다른 의미는 날카로운 칼날로, 날카로움에 '쉼'이 필요하다는 가르침이 들어 있는 것으로 해석할 수도 있다. 이렇게 호의 의미까지 다양하게 해석할 수 있는 다인인 리큐는 오다 노부나가(織田信長) 시대에는 차노유 3종장 중 한 사람이었고, 도요토미 히데요시(豊臣秀吉) 시대에는 천하제일의 차노유 종장으로 한 시대를 풍미하였다.

차와 권력의 듀엣

그럼 난세의 영웅인 오다 노부나가 및 도요토미 히데요시의 차, 그리고 리큐의 관계에 대해서 알아보자. 노부나가는 전국시대 3대 영웅 중 한 사람으로 1568년 아시카가 요시아키(足利義昭)를 막부의 장군으로 옹립하고 입경入京하였다. 노부나가의 입경은 100여 년의 전국시대가 막을 내리고 새로운 시대가 시작되는 것을 의미하였다. 그리고 이는 차茶가 권력과 인연을 맺게 되는 계기가 되었는데, 노부나가가 정치와 권력을 통제하는 어다탕 어정도(御茶湯 御政道)라는 정책을 취했기 때문이다. 그 내용을 간략히 정리하면, 명품 다구의 이용과 다회 개최권 부여라고 할 수 있다. 노부나가는 명품 다구가 경제적 가치가 있는 재화라는 것을 알고 이 점을 유용하게 이용하였다. 한계가 있는 토지를 대신해서 가신들에게 주는 하사품으로 권위와 권력을 과시하는 도구로서 다구를 이용하였고, 가신들이 다회를 열 수 있는 개최권을 허가제로 채택하기도 하였다.

오다 노부나가
(출처: 영화 DVD)

일본 전역에 있는 무장들에게서 다회 개최권을 달라는 요청이 쇄도했을 정도로 노부나가의 정책은 성공적이었다.

차노유를 정치에 이용한 오다 노부나가가 일인자가 된 배경에는 뛰어난 전술이 자리하고 있다. 그는 병농을 분리해서 용병을 고용하고 총포를 대량 사용하는 막강한 군대를 만들었다. 이것은 막대한 군비가 요구되므로 누구나 할 수 있는 전략은 아니었지만, 노부나가는 머니 전략으로 군비를 충당하였다. 머니 전략의 핵심은 성城과 사찰, 항구, 이 세 곳을 장악하여 막대한 군비를 조달하는 것이었다. 노부나가는 오늘날 우리가 신도시를 만드는 것처럼 새로운 성을 4개나 구축하였고, 따라서 부동산 기획자라고 해도 과언이 아닐 정도로 탁월한 경제 감각을 지닌 사람이었다. 당시엔 100여 년 동안 지속되는 전쟁의 소용돌이 속에서 성의 주인, 즉 영주가 자주 바뀌었다. 이러한 현실에서 세금 징수는 어려워지고 재정은 파탄에 이르는 상황이 이어졌다. 노부나가의 새로운 성 구축은 민중들에게 확실한 주인이 나타났다는 사실을 각인시키는 일이었다. 평화와 안정, 그리고 보호를 원하는 사람들이 노부나가가 구축하는 성으로 모이게 되니, 경제활동이 활발해지고 덩달아 세금 징수도 원활히 진행되었으며, 따라서 사람과 재화가 몰리는 것은 당연한 결과였다.

이렇게 경제의 중요함을 잘 알고 있던 노부나가는 사카이를 직할지로 만들고, 사카이의 상인들과 만나면서 차노유의 재화성을 확인하게 된다. 이후, 리큐는 차노유의 최고봉에 위치하게 되는데, 이러한 계기를 열어준 것이 바로 노부나가였던 것이다.

차와 권력의 듀엣

그럼 난세의 영웅인 오다 노부나가 및 도요토미 히데요시의 차, 그리고 리큐의 관계에 대해서 알아보자. 노부나가는 전국시대 3대 영웅 중 한 사람으로 1568년 아시카가 요시아키(足利義昭)를 막부의 장군으로 옹립하고 입경入京하였다. 노부나가의 입경은 100여 년의 전국시대가 막을 내리고 새로운 시대가 시작되는 것을 의미하였다. 그리고 이는 차茶가 권력과 인연을 맺게 되는 계기가 되었는데, 노부나가가 정치와 권력을 통제하는 어다탕 어정도(御茶湯 御政道)라는 정책을 취했기 때문이다. 그 내용을 간략히 정리하면, 명품 다구의 이용과 다회 개최권 부여라고 할 수 있다. 노부나가는 명품 다구가 경제적 가치가 있는 재화라는 것을 알고 이 점을 유용하게 이용하였다. 한계가 있는 토지를 대신해서 가신들에게 주는 하사품으로 권위와 권력을 과시하는 도구로서 다구를 이용하였고, 가신들이 다회를 열 수 있는 개최권을 허가제로 채택하기도 하였다.

오다 노부나가
(출처: 영화 DVD)

일본 전역에 있는 무장들에게서 다회 개최권을 달라는 요청이 쇄도했을 정도로 노부나가의 정책은 성공적이었다.

차노유를 정치에 이용한 오다 노부나가가 일인자가 된 배경에는 뛰어난 전술이 자리하고 있다. 그는 병농을 분리해서 용병을 고용하고 총포를 대량 사용하는 막강한 군대를 만들었다. 이것은 막대한 군비가 요구되므로 누구나 할 수 있는 전략은 아니었지만, 노부나가는 머니 전략으로 군비를 충당하였다. 머니 전략의 핵심은 성城과 사찰, 항구, 이 세 곳을 장악하여 막대한 군비를 조달하는 것이었다. 노부나가는 오늘날 우리가 신도시를 만드는 것처럼 새로운 성을 4개나 구축하였고, 따라서 부동산 기획자라고 해도 과언이 아닐 정도로 탁월한 경제 감각을 지닌 사람이었다. 당시엔 100여 년 동안 지속되는 전쟁의 소용돌이 속에서 성의 주인, 즉 영주가 자주 바뀌었다. 이러한 현실에서 세금 징수는 어려워지고 재정은 파탄에 이르는 상황이 이어졌다. 노부나가의 새로운 성 구축은 민중들에게 확실한 주인이 나타났다는 사실을 각인시키는 일이었다. 평화와 안정, 그리고 보호를 원하는 사람들이 노부나가가 구축하는 성으로 모이게 되니, 경제활동이 활발해지고 덩달아 세금 징수도 원활히 진행되었으며, 따라서 사람과 재화가 몰리는 것은 당연한 결과였다.

이렇게 경제의 중요함을 잘 알고 있던 노부나가는 사카이를 직할지로 만들고, 사카이의 상인들과 만나면서 차노유의 재화성을 확인하게 된다. 이후, 리큐는 차노유의 최고봉에 위치하게 되는데, 이러한 계기를 열어준 것이 바로 노부나가였던 것이다.

노부나가의 권력은 14년여의 짧은 세월 동안 유지되었고 그를 이어 히데요시가 일인자가 되는데, 그 계기는 혼노지(本能寺)변이었다. 1582년 노부나가가 가신인 아케치 미츠히데(明智光秀)의 공격을 받아 스스로 생을 마감한 사건이었다.

새롭게 정권을 장악한 히데요시에게 리큐는 없어서는 안 될 인물이었는데, 그 이유는 차노유가 정권을 장악한 권력자의 권위를 빛내는 데 절대적으로 필요한 문화였기 때문이다. 히데요시는 노부나가보다 명품 다구를 수집하는 일에 더욱더 열을 올렸고, 그 도구를 펼쳐 보이기 위해서 차노유를 자주 개최하였으며 그때마다 리큐의 힘이 필요하였다.

그리하여 차노유는 히데요시 시대에 이르러 정치화의 정점을 맞이하였다. 히데요시는 1585년 궁중 다회를 개최하여 만천하에 자신의 위상을 공고히 다졌으며, 2년 후인 1587년 북야대다탕을 기점으로 새롭게 권력구조를 재편하고자 하였다. 그리고 하카타 상인 가미야 소탄(神屋宗湛)의 전면 등장으로 리큐와 히데요시의 관계는 소원해지기 시작하였다.

가미야 소탄(神屋宗湛), 그는 누구인가?

가미야 소탄(神屋宗湛, 1551~1635)은 하카타(博多)의 상인이자 다인이다. 가미야 집안은 대대로 하카타의 무역상으로 중국, 조선, 남만 등과 교역을 하면서 많은 이익을 손에 넣기도 하였다. 가미야 소탄은 '하카타 3걸' 중 한 사람으로 소탄(宗湛)이라는 호는 차와 두터운 인연을 가진 대덕사에서 받았다.

소탄이 노부나가를 알현하기 위해서 혼노지를 방문했을 때 혼노지변이 일어나, 그는 노부나가의 몰락을 목격하였다. 그리고 혼노지에서 탈출할 때, 변란의 와중에도 노부나가의 애장품을 반출하는 치밀함을 보여주기도 하였다.

노부나가 사후 최고 권력자가 된 히데요시가 규슈를 평정할 때 소탄은 자금을 아낌없이 후원하였다. 그리고 1592년 조선 침략이 시작되자 후방 병참의 보급역을 담당하고, 리큐가 없는 만년의 히데요시의 측근으로 활약하면서 막대한 부를 축적하였다. 1598년 히데요시가 병사하고, 그 뒤를 이은 권력자 도쿠가와 이에야스(德川家康) 시대에 접어들면 차와 정치는 조금씩 거리가 생기기 시작한다.

가미야 소탄은 저서를 남기기도 했는데, 바로 다회기 『종담일기宗湛日記』이다. 이것은 히데요시 시대의 다회를 정리한 기록으로, 히데요시 정권의 내부를 들여다볼 수 있는 귀중한 자료이다.

북야대다탕은 히데요시가 정치무대를 장식하는 데 일익을 담당한 이벤트로, 이러한 이벤트에는 리큐의 미의식이 절대적으로 필요했다. 이제부터는 영화 속에서 나타난 리큐의 미의식을 살펴보자.

첫 번째, 리큐의 미의식… 칠기합이 달을 품다

노부나가와 리큐의 만남이 이루어지는데, 사카이 다인들에게 다구를 구입하는 바로 그 장면이다. 모든 사람이 이미 참석하여 노부나

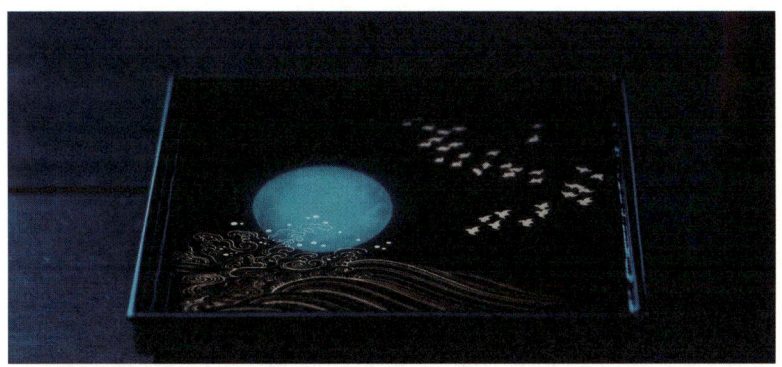
영화《리큐에게 물어라》中 칠기합과 물 위의 달

가를 기다리고 있는데, 리큐의 모습은 노부나가의 등장 후에도 보이지 않는다.

리큐의 지각에는 타당한 이유가 있었으니, 달이 뜨는 시각과 관련이 있었다. 리큐가 지참한 칠기합이 달을 품는 아름다움을 연출하기 위해서였고, 노부나가는 리큐가 만들어내는 아름다움에 한 자루의 금을 아낌없이 내어주고 칠기합을 구입한다. 리큐의 새로운 미의식을 인정하는 노부나가의 대단한 안목을 알 수 있는 대목이다. 노부나가가 다구에 눈을 돌린 것은 재화로서의 가치가 있다는 것을 인식하면서 시작되었다.

그렇다면 고대의 일본사람들은 달구경을 어떻게 했을까? 헤이안(平安, 794~1192) 시대의 달구경은 하늘에 뜬 달을 구경하는 것이 아니고 물 위에 뜬 달을 완상하는 것이었다고 한다. 요즈음도 일본에서는 배를 타고 차를 마시며 달을 구경하는 가을 계절의 차문화 세시 풍습이 있다. 계절과 자연을 알고 즐기는 풍류가 아닐 수 없다.

잠시 눈길을 돌려, 우리 선조들은 달구경을 어떻게 하였을까? 화림동 계곡의 농월정弄月亭으로 가보면 선비의 풍류가 그대로 드러나는 여유 있는 삶의 모습을 느낄 수 있다. 서쪽으로 지는 달의 길과 지붕 처마가 평행선을 이루고 있어 밤새도록 달을 볼 수 있는 곳이 농월정이다. 또한 소를 이루고 있는 계곡물 위에 뜬 달을 바라보며 시조를 음미하는 우아한 풍류의 세계가 있다. 이를 통해 우리 조상들은 풍류 이전에 천체에 대한 과학적 지식이 상당했다는 점을 알 수 있다. 이처럼 우리 선조들이 진정 자연을 아끼고, 자연을 벗 삼아 풍류를 즐겼다는 점에 관심을 두었으면 한다.

두 번째, 봄 풍경의 운치를 찻자리에 담다

말차 다완을 손님 앞에 놓고 장지문을 열자, 벚꽃이 바람에 휘날리며 꽃비가 내리는 장면이 연출된다. 벚꽃은 다완으로 내려앉는데, 다실 안으로 팔랑팔랑 날아드는 벚꽃이 장관이다. 생각지도 못한 봄 운치에 감탄하는 손님들과 주인의 마음에도 벚꽃이 피어난다.

영화 《리큐에게 물어라》 中 다실 안 매화

차 한 잔을 대접하는 자리에 계절감과 아름다움을 연출하는 리큐의 미의식을 엿볼 수 있는 찻자리이다.

세 번째, 촛불과 노니는 한 쌍의 새

영화《리큐에게 물어라》中 촛불과 새 그림자

흔들리는 촛불이 만들어내는 그림자로 매화 가지에서 노니는 새를 연출하는 장면이다. 촛불은 그림 속의 새에게 새로운 생명을 불어넣어 날아오르는 아름다움을 만들어낸다. 이런 아름다움을 찾아내어 미美를 창조하는 리큐의 미의식에서 생명력이 묻어나고, 후로사키(風炉先, 다실에서 다도구 뒤에 세우는 2쪽짜리 낮은 병풍)를 치우는 리큐의 아내 소온의 센스 또한 발휘된다.

소온은 리큐의 차를 가장 잘 이해한 동반자로서 리큐는 그녀의 섬세한 안목을 늘 즐기며 경청했다고 한다. 그러나 자신의 미의식에서 벗어나면 가차 없이 외면하고 잘라버리는 단호한 모습도 있었다. 이러한 면은 당대의 권력자 앞에서도 예외가 없었다는 점에서, 리큐의 할복과도 연관을 지어 볼 수 있다.

네 번째, 라쿠다완의 탄생

영화《리큐에게 물어라》中 죠지로와 리큐

리큐는 기와장이 죠지로(長次郞)에게 다완 제작을 부탁하고 다완이 마음에 들 때까지 그것을 다시 만들어 달라고 요구한다. 이렇게 자신의 미의식을 추구하기 위해서는 작은 틈새도 허용하지 않는 단호한 면모를 보여준다. 죠지로가 만든 다완의 이름은 라쿠(樂)다완으로 검은색(黑)과 붉은색(赤) 두 종류가 있다. 무늬가 전혀 없는 이 다완은 450여 년이 지난 지금도 그 명성이 자자하며 후손들이 15대를 이어 라쿠다완을 제작하고 있다. 교토의 라쿠 미술관에서 그 옛날 라쿠다완을 만날 수 있으니, 리큐와 다완에 관심이 있는 사람은 한 번쯤 가보는 것을 추천한다.

다섯 번째, 황금 다실과 아름다움의 가치

히데요시는 황금 다실에서 금으로 제작한 다구를 사용하여 직접 차(말차)를 쳐서 천황에게 올린다. 천황의 마음을 읽고 그 기쁨에 마음이 들뜬 히데요시가 '어찌 천황조차도 차노유에 몰입하는 것인가'를 리큐에게 묻는다. 리큐는 '사람을 죽여서라도 수중에 넣고

영화《리큐에게 물어라》中 천황에게 차를 올리다

싶은 아름다움이 차노유에 있기 때문'이라고 답한다.

  차茶가 사람을 죽인다는 말이 가지는 의미는 무엇일까? 이것은 차노유가 품고 있는 극한의 아름다움을 표현하는 것으로, 도구뿐만이 아니라 차노유의 작법이나 예법의 행동 하나하나가 아름다움을 품게 하려면 목숨을 걸고 절묘한 경지까지 수행하여 도달해야 한다는 의미이다. 예를 들면 새로운 차작을 만드는 일에도 자신의 마음을 다스리며 아름다움을 찾아야 하는 것이 이에 해당한다.

여섯 번째, 새로운 차작의 탄생과 리큐

리큐는 명품을 보는 안목도 탁월했지만, 일상 생활용품에서 다구를 선택하거나 생활 속에서 차노유와 어울리는 기물을 발굴하여 다구로 사용하기도 하였다. 이것을 미타테라고 하는데, 기물의 가치를 찾아내는 능력을 말한다. 또한 직접 다구를 만들어 아름다움을 창조하는 것이 다인의 소임이기도 하다. 다음은 젊은 날의 리큐

다케노 조오(武野紹鷗)의 공양탑

의 미의식에 대한 일화이다.

영화에서 리큐가 대나무로 차작을 만드는 장면이 나온다. 리큐는 차작을 만들 때 모두가 기피하고 꺼리는 대상이었던 매듭을 과감하게 한가운데에 놓는 기발한 형태의 차작을 만들어냄으로써 새로운 미의식을 창조한다. 그리고 그는 이것을 다케노 조오(武野紹鷗)에게 보이며 자신을 제자로 받아 주기를 간청한다. 아름다움을 겸비한 새로운 스타일의 차작을 본 다케노 조오는 리큐를 극찬하며 미래에 차노유의 일인자가 되는 그의 미의식을 인정한다.

브레인 리큐의 죽음과 의미

영화 속 리큐는 천하통일 과정에서 히데요시의 브레인 역할을 수행한다. 리큐는 자신의 거취를 고민하는 히데요시에게 노부나가의 장례식을 주관하라고 조언하며, 그것이 대내외에 히데요시가 후계자임을 알리는 상징적인 의례가 될 것이라는 의견을 제시한다. 그 결과 히데요시는 노부나가의 장례식 주관자에서 후계자로서의 위치를 확고히 다지게 된다.

이어서 리큐는 에치젠 시바타(柴田) 공격 여부에 대해 의견을 내고, 공격시일로 연일 초조한 히데요시에게 겨울철 대설이 내릴 때까지 차분히 기다리라고 조언하기도 한다. 리큐의 말을 받아들인 히데요시는 전투에서 대승을 거두고 명실공히 천하통일의 대업을 차근차근 쌓아간다.

그러나 세상이 안정되면 권력자는 모든 것을 하나의 질서와 조직에 편입시키기 위한 수순을 밟기 마련이다. 신분 질서를 확립하고자 하는 히데요시의 계획과 다실 안에서 평등을 구현하고자 했던 리큐의 사상과 미의식은 필연적으로 충돌할 수밖에 없었다.

리큐는 히데요시가 규슈를 평정하여 통일 대업을 완수한 뒤에도 히데요시의 질서에 편입되지 않는다. 오로지 차노유에서 자신의 미의식의 세계를 넓히고 펼쳐가는 데 진력할 뿐이었다. 그러나 차노유는 권력자의 권위를 빛나게 하는 데 필요한 문화였기에 신분제도를 정착시키기 위해 애쓰는 히데요시에게 리큐는 상당히 부담스러운 존재였고 이 사실은 거론할 필요조차 없는 뜨거운 감자였다.

많은 무사들이 리큐를 존경했고 그를 추종하는 무리도 많았지만, 미츠나리 같은 무장을 비롯하여 리큐를 거부하는 무리도 있었다. 리큐는 목상 및 여러 가지 빌미로 죽음의 문턱으로 이끌려 가는 순간에도 끝까지 자신의 신념을 지켰고, 그 결과 리큐 자신이 끊임없이 추구한 미의식의 세계와 차노유 문화를 남길 수 있었다.

리큐는 멈춤이 없는 아름다움(美)을 창조하는 사람이었다. 그는 그 자신이 말한 대로 '아름다움의 가치는 내가 정하는 것이고 내가 선택한 물건, 기물에 전설이 생긴다'는 말을 최고 권력자인 노부나가 앞에서 당당하게 피력하였다. 그렇게 리큐는 목숨을 걸고 자신의 미의식을 관철하였고, 최고의 명예인 다성茶聖으로 인정을 받아 그 이름을 길이길이 남겼다.

참고문헌

山本兼一,『利休にたずねよ』, PHP研究所, 2010年.
三浦綾子,『千利休とその妻たち』上, 新潮社, 2014年(改版).
三浦綾子,『千利休とその妻たち』下, 新潮社, 2014年(改版).
『茶道古典全集』第六卷,「山上宗二記」, 淡交新社, 1958年.

화 과 자
이 야 기

영화 《앙: 단팥 인생 이야기》

• 노정아 •

성균관대학교 유학대학원 생활예절 다도 전공 석사로 현재 차와 과자 전문 '차과자 사계' 대표이다. 다년간 국내 식품기업에서 프리미엄 브랜드 전담 마케터(PM, BM)로 재직했으며, 2008년부터 차 전문지 「차인」에서 객원기자 및 다과茶菓 전문 필자로 활동하였다.

일본 츠지제과학교(辻製菓專門学校)에서 화과자·양과자를 공부했으며, 히토츠바시대학(一橋大学) 대학원 언어사회연구과 교환학생으로 다과와 송宋시대 차문화를 연구하였다.

2006년 우라센케(裏千家) 다도에 입문하여 '차'와 '차 과자'의 마리아주 연구에 매진하고 있다.

앙: 단팥 인생 이야기
감독 가와세 나오미
주연 키키 키린, 나가세 마사토시
일본, 2015

영화《앙: 단팥 인생 이야기》

필자는 어린 시절부터 보이차에 밥을 말아 식사할 정도로 차와 친숙한 환경에서 자라, 자연스럽게 차에 흥미를 가지게 되었다. 학부 시절 교환 연수차 갔던 교토에서 우라센께 다도 은사님을 처음 뵙고, 이후 일본 3대 요리학교에서 전문적으로 화과자 공부를 하였다.

 정말 맛있는 차 한 잔과 맛있는 과자 한 입으로 느낄 수 있는 행복감을 각종 일에 치여 바쁘게 살아가는 현대들에게 휴식의 한 요소로 소개하고 싶다. 그리고《앙: 단팥 인생 이야기》라는 영화를 과자와 차라는 매개를 통해 이야기해 보고자 한다. 개인적으로, 일본에서 차와 과자를 공부할 때 친할머니처럼 필자를 돌보아주신 다도 은사님과의 기억이 떠올라 더욱 몰입해서 보게 된 영화이다.

영화의 줄거리

영화에는 어딘가 어두운 얼굴로 무심하게 도라야끼(팬케이크처럼 구운 반죽 사이에 팥 앙금을 채운 화과자)를 굽는 남자주인공 센타로와 해맑은 얼굴로 주인공의 일상에 스며드는 할머니 도쿠에, 그리고 고등학교 진학까지 만류 당할 정도로 가족의 보살핌을 받지 못하는 어린 소녀 와카나가 등장한다. 센타로는 손길이 매끄럽지는 않지만 묵묵한 태도로 작은 도라야끼 가게를 운영한다. 그는 꺅꺅대는 중학생 단골들도 귀찮아하며 그저 관성으로 일상을 이어가는 듯 보인다. 그러던 어느 날 만 76세라며 자신을 소개하는, 손이 불편한 할머니 한 분이 자신을 아르바이트로 써달라며 센타로를 찾아온다. 시급이 낮다고, 고령이라 어려우실 거라고 거절해도 계속 찾아오던 할머니는 자신이 만들었다는 단팥 앙금을 주고 간다. 센타로는 짜증을 내며 그것을 버렸다가 이내 도로 주워 맛을 보는데, 깜짝 놀라 연거푸 맛을 재확인한다. 장면은 전환되어 동네 이자카야에서 우연히 만난 단골 중학생에게 단팥 앙금이 굉장한 맛이었다며 읊조리는 센타로의 모습이 그려진다. 무심하고 담담한 남자 주인공으로서는 최고의 찬사를 표한 것이 아니었을까.

이후 도쿠에 할머니는 센타로의 가게에서 아르바이트를 하게 된다. 그녀는 진심으로 감사해하듯 미소 짓고 정성스레 작업 복장〔일본 할머니들이 주방일을 할 때 으레 입는 일본식 앞치마인 캇포기(割烹着)〕을 갖추며, 예를 다해 팥과 팥을 삶는 과정을 대한다. 팥은 마음으로 만드는 것이라면서 팥이 밭에서 긴 여정을 거쳐

도라야끼

이곳까지 무사히 도착한 것에 감사해하며, 놀라지 않도록 조심조심 물을 따르고 붓는다. 마치 우리네가 소중한 아기나 반려동물을 대하듯 정성을 쏟는 것이다. 자신이 만든 도라야끼를 한 개 그대로 먹어본 적도 없을 정도였던 센타로는 진짜 팥 앙금의 맛에 눈을 뜨게 된다. 손님들도 당연히 이 변화를 알아채고 연일 가게 앞에 줄을 서며 문전성시를 이루게 된다.

그러던 중 도쿠에 할머니의 불편한 손이 사람들의 눈에 띄게 되고, 그녀가 한센병 환자이며 시설에 산다는 사실까지 일파만파로 퍼지자 센타로는 어쩔 수 없이 그녀를 해고하게 된다. 그녀는 떠나는 순간까지도 웃으며, 정성을 다해 인사를 한다. 나중에야 밝혀지는 사실, 즉 센타로의 가게가 평생을 수용소에 격리되어 살았던 할머니가 일했던 곳 중 처음이자 마지막으로 '해가 드는 밝은 장소'였다는 것을 알고 나면 그 미소가 더더욱 처연하게 느껴진다.

센타로와 와카나는 할머니를 찾아 격리시설을 방문하고, 와카나는 자신이 더 이상 키울 수 없는 노란 카나리아 '마비'를 할머니에게 맡기고 돌아온다. 시설에서 평생 자유를 잃고 살아온, 완치된 이후에도 평생 사람들의 시선으로부터 격리되어 살아야 했던 할머니를 보고 눈물을 삼키며 마음을 연 센타로는 자신이 슬픈 눈을 한 이유를 편지로 털어놓는다. 그는 자신이 원하는 일(이자카야)을 했었지만, 시비에 휘말려 상대에게 나을 수 없는 상처를 남겨 교도소에 다녀왔고 그 와중에 부모님이 돌아가시고 빚까지 생겨 가게에 묶여 억지로 도라야끼를 굽고 있었던 것이라며 말이다.

센타로와 와카나는 도쿠에 할머니가 없는 가게에서 신메뉴를 개발하며 다시금 힘을 냈지만, 그마저도 조카를 내세운 집주인에 의해 무산되고 만다. 폐인처럼 지내던 센타로는 얼굴을 스치는 바람과 함께 보내져온 편지에, 와카나와 함께 다시 도쿠에 할머니를 찾아가고, 그곳에서 할머니의 죽음을 알게 된다.

"우리는 이 세상을 보기 위해서 세상을 듣기 위해서 태어났어. 그러므로 특별한 무언가가 되지 못해도, 우리는, 우리 각자는 살아갈 의미가 있는 존재야."

도쿠에 할머니는 카나리아가 자유를 원하는 것 같아 일찌감치 날려줬고, 우리는 특별하지 않아도 살 의미가 있는 존재라는 메시지를 센타로와 와카나 두 사람에게 남긴다. 여담으로 카나리아의 이름인 '마비(ma vie)'는 프랑스어로 '나의 인생'인데, 인생에 자유를 준다는 메시지로 다가왔다.

이후 한층 밝아진 표정으로, 작은 가게가 아닌 탁 트인 야외에서 있는 힘껏 '도라야끼 사세요'를 외치는 센타로와 책가방을 멘 밝은 표정의 와카나가 등장한다. 자신이 하고 싶은 일을 하며 자유롭게 살라는 할머니의 메시지를 받아 '치유'된 둘의 힘찬 발걸음으로 영화는 막을 내린다.

주인공과 차의 관계

단팥 앙금으로 만든 도라야끼와 함께 곁들이는 차 한 잔. 따뜻한 차를 두 손으로 마시며 담소를 나누는 센타로와 도쿠에 할머니는 한층 밝고 행복한 얼굴을 하고 있다. 상처를 품은 남자주인공과 한센병 때문에 평생을 편견 속에 격리당해 자유를 잃고 살아온 할머니. 너무나 슬픈 눈을 가진 센타로를 보고 본인과 동질감을 느꼈던 것일까, 그녀는 몇 번이고 거절당하면서도 단팥 앙금 만드는 법을 가르쳐주려 아르바이트로 고용해달라는 명목으로 그를 찾아왔다. 결과적으로 할머니

《앙: 단팥 인생 이야기》中 차가 나오는 장면(출처: http://an-movie.com)

본인은 평생 처음으로 햇빛이 비치는 밝은, 편견 없는 공개된 장소에서 일을 하는 소원을 이뤘고 센타로는 억지로 하던 일에서 의미를 찾고 마음의 치유를 얻는다.

영화 속 차의 상징, 그리고 그 차의 이야기

영화 속 인물들은 사람으로부터 상처를 받고 또 사람으로 그 상처를 치유해간다. 그 치유의 매개로서의 차와 과자. 상처가 있는 두 인간이 서로를 치유해준 이후에 마시는 차 한잔 속에서 피어오르는 밝은 미소가 이 영화가 전해주는 메시지의 정점이 아닐까 한다. 사실 이 영화에는 차가 그리 많이 등장하지 않는다. 그러나 '도라야끼', '단팥 앙금'이라는 매개와 차 한잔은 센타로와 도쿠에 할머니가 만나 서로를 돕고 상처를 나누는 과정을 보여주며, 결국엔 두 사람이 마음을 열고 치유에 이르는 상징이 되기도 한다. 정성 없는 반죽과 시판하는 맛없는 앙금으로 만든 도라야끼에서, 한껏 마음을

담은 앙금으로 만든 도라야끼와 행복한 미소와 열린 마음으로 서로의 이야기를 하며 나누는 차 한잔으로.

일상에서 도라야끼에 곁들이는 차는 보통 '호우지차(ほうじ茶)' 또는 '겐마이차(玄米茶)', 그리고 '말차抹茶'이다. 영화에서 도쿠에 할머니가 다완이 아닌 작은 잔을 손에 쥐고 있는 것을 보면, 호우지차 또는 겐마이차를 곁들이고 있다고 생각된다.

말차

호우지차는 센 불에 덖어 강한 풍미를 가진 차이다. 고급차에 많이 쓰이는 연한 잎이 아닌 상대적으로 큰 잎과 강한 향기를 가진 줄기, 현미 등 곡식까지 같이 센 불에 볶고 덖어 만들어, 일반적으로 가정이나 음식점에서 많이 음용한다. 고급 녹차에 비해 맛과 향이 강해 도라야끼에 곁들여도 괜찮을 만큼 잘 어울리며, 가격 면에서도 고급차는 아닌 만큼 영화에서 개당 100여 엔으로 나오는 서민 간식 도라야끼와의 어울림이 어색하지 않다. 또한 겐마이차는 한국에서도 익숙한 '현미차'를 지칭하는데, 볶은 현미로 만드는 낮은 품질의 차라서 가격이 저렴하고 일상에서 마시기 부담스럽지 않다.

도라야끼와 어울릴 차

도라야끼에 곁들일 만한 차로 일본의 젊은 차인들의 차 두 가지와 일본 전통 그 자체인 브랜드의 말차 한 가지를 준비해보았다. 바

로 겐겐안의 '레몬그라스를 곁들인 호우지차', 나카무라 티 라이프 스토어의 '말차가 들어 있는 겐마이차', 그리고 코야마엔(小山園)의 '치기노시로(千木の白)'이다.

첫 번째, 일본 젊음의 거리인 시부야 한복판에 있는 '겐겐안(GEN GEN AN幻)'의 '레몬그라스를 곁들인 호우지차'이다. 겐겐안은 클럽을 연상시키는 어둡고 힙한 분위기의 티 바(tea bar)로, 래퍼를 연상시키는 외모의 주인장이 이름처럼 환상적인 색감의 차를 테이크아웃 잔에 내어준다.

두 번째로 준비한 차는 시즈오카 유기농 차 브랜드를 표방하는 '나카무라 티 라이프 스토어(Nakamura Tea Life Store)'의 '말차가 들어 있는 겐마이차'이다. 나카무라는 현재 일본 젊은이들 사이에서 가장 뜨고 있는 거리인 '쿠라마에(蔵前)'에 자리한 티 스토어로, 시즈오카에서 생산된 유기농 차를 제공한다.

겐겐안(출처: https://en-tea.com/pages/gengenan)

겐 마 이 차 (출처: https://www.tea-nakamura.com/)

세 번째는 일본 우라센케 다도를 배우는 사람이라면 모두가 알고 있는 교토 우지 지방의 '코야마엔(宇治小山園)'이다. 보통 차회에서는 송화의 석(松花の昔, しょうかのむかし) 등 종장(宗匠, 장인의 우두머리)이나 대종장이 지정한 차를 마시기도 한다.

코야마엔(출처: https://www.marukyu-koyamaen.co.jp/products.html)

도라야끼에 담긴 추억

영화에 등장하는 도라야끼는 팬케이크 같은 반죽 사이 알알이 살아 있는 단팥을 샌드한 심플한 유형인데, 밤이나 크림, 말차 앙금 등으로 응용하기도 한다.

필자가 일본에서 차와 과자를 공부할 당시, 가족 이외에 이렇게까지 나에게 잘해준 사람이 전에도 후에도 있을까 싶을 정도로 잘해주신 은사님이 계시다. 2006년 한국 우라센케 출장소에서 입문한 후 2007년 여름 교토 리츠메이칸 대학교에 연수를 갔을 때 한 선생님을 교토 데마치야나기 우라센케 자료관에서 만나 함께 사진도 찍으며 한국에서 다도를 공부하고 있다고 말씀드렸다. 한국에 돌아왔다가 다시 2008년에 유학을 떠날 때 한국의 선생님께서 교토에 가서도 공부를 계속하라고 선생님을 소개해주셨는데 바로 2007년에 우라센케 자료관에서 뵈었던 그분이셨다. 정말 신기한 인연이 아닐 수 없다.

이후 일본에서 공부하는 내내 주말마다 다도를 사사 받았는데, 이는 평생 잊을 수 없는 소중한 기억이다. 한 회에 몇 십만 원씩 참가비를 내야 하는 차회부터 소소한 차회, 그리고 필자를 위해 열어주신 차회와 선생님께서 간사이 지방 대표가 되시고 난 후 여신, 몇 년에 한 번씩 큰 절을 빌려야 열 수 있는 아리마 대차회에 이르기까지 무엇과도 바꿀 수 없는 경험을 하였다.

선생님께서 다과를 연구하는 필자가 많은 경험을 할 수 있도록 도와주셨는데, 선물할 일이 있으면 늘 빼놓지 않고 준비해주셨던 것이 선생님 댁 주변 가야시마(萱島)의 명물 '미카사 만쥬(三笠饅頭)'였다. 미카사 만쥬는 일본인들에게도 생소한 이름인데, 교토나 오사카, 나라 지방 사람들만 쓰는 말로 도라야끼의 다른 명칭이다. 가야시마 명물 미카사 만쥬는 일반 도라야끼보다 촉촉하고 터질 것 같이 가득 찬 앙금이 특징이다.

영화를 보는 내내 열심히 공부했던 유학 시절의 기억과 떼려야 뗄 수 없는 가족과도 같은 니시카와 선생님과의 추억, 그리고 떠오르는 미카사 만쥬의 맛과 말차 한 잔이 어우러져 그리움에 눈물을 쏟기도 하였다. 그간 일상에 치였던 필자에게도 이 영화는 '치유' 그 자체로 다가온 것이다.

이렇듯 이 영화를 한마디로 표현한다면 '치유'라고 말할 수 있

킨톤(강낭콩과 고구마를 삶아 으깨어, 밤 따위를 넣은 단 화과자)

지 않을까 싶다. 바쁜 일상 속, 해야 할 일에 치여 '나'라는 존재, 내가 하고 싶은 일이 무엇인지도 잊고 사는 현대인들에게 말 그대로 치유의 시간을 제공하고 자신을 되돌아보라는 작지만 큰 화두를 던져주는 영화. 이 화두는 연못에 던져진 작은 돌이 만드는 동그란 물결처럼 잔잔한 파동으로 마음에 남는다. 한바탕 눈물을 쏟을 수도 있고 과거를, 현재를 되짚을 수도 있고. 어느 쪽이든 개운한 마음의 치유에 가까우리라는 건 믿어 의심치 않는다.

　지금부터는 영화에 나온 도라야끼와 같은 '화과자'를 조금 더 살펴보고자 한다. 화과자의 역사부터 계절에 따른 화과자, 종류 등을 살펴보며 얼핏 낯설 수 있는 화과자에 조금 가까워질 수 있는 계기가 되면 좋겠다.

화과자란?

과자란 밀가루나 쌀가루 등에 설탕, 우유 등을 섞어 굽거나 기름에 튀겨서 만든 기호식품이다. 이것이 사전적 정의이지만, 달달한 무언가를 먹음으로써 마음의 안정을 얻는 현대인에게 과자는 휴식이나 힐링에 가까운 존재이지 않을까 싶다. 그중에서도 우리에게는 생소한 화과자는 일본의 과자, 대개 일본 전통 기법으로 만들어진 과자를 뜻한다.

화과자의 역사

토우가시(唐菓子, 당과자) 시대: 나라 시대부터(奈良, 710~794) 가마쿠라(鎌倉, 1185~1333) 시대까지를 당과자 시대라고 한다. 당과자는 카라 쿠다모노(唐果物)와 같은 뜻으로 당나라에서 문물이 들어올 때 같이 전래된 과자를 지칭한다. 멥쌀, 찹쌀이나 밀가루에 아마즈라(甘葛)라고 하는 옛 감미료를 섞어 기름에 튀겨낸 과자로 카라가시(からがし)라고도 한다. 이전까지 일본 과자가 자연 그대로의 과일이나 나무열매를 지칭하였다면, 이 시대 이후부터 사람의 손길을 더한 인위적인 식품의 의미로 범위가 넓어졌다. 이 당시에는 '덩굴돌외'의 즙을 감미료로 썼으며, 이 돌외를 사용한 일본 최초의 화과자가 '츠바키모치'라고 전해진다.

텐신(点心) 시대: 무마치 시대(室町, 1336~1573)부터 아즈치모모야마 시대(安土桃山, 1568~1603)까지 다도가 번성했던 시기와 맞물려 차노유(茶の湯, 다도 의식)에 사용되는 나마가시(生菓子, 생과자)가 발전하였다. 양갱, 만쥬 등의 현재 화과자의 원형이 이 시대에 시작되었다. 선종 사원에서 아침과 저녁 사이 간단히 먹던 텐신에서 발전한 것으로, 당시의 딤섬

고구마 양갱

은 따뜻한 국이나 면 중심의 음식이었다. 이때 이미 요캉(양갱)이라는 이름이 음식으로 존재했으나, 팥이나 마, 설탕을 양의 간 모양으로 만들어 찐 것을 국물에 넣은 음식이었다고 전해진다. 원래 중국에서는 양고기를 썼을 거라 추측되나 일본에 넘어오며 변형된 것으로 추정된다.

난반가시(南蛮菓子, 남만과자) 시대: 남만과자는 무로마치 시대(1336~1573)부터 에도 시대(江戸, 1603~1868) 초반 쇄국령이 내려지기 전까지 스페인이나 포르투갈 등과의 무역을 통해 들어온 과자들을 뜻한다. 우리에게도 친숙한 카스테라(カステラ)와 그 원형으로 알려진 카스도스(カスドス), 콘페이토(金平糖, 별사탕), 보우로(ボーロ) 등이 있다. 남만과자의 특징은 크게 두 가지를 들 수 있다. 하나는 포르투갈 등으로부터 설탕을 수입하면서 설탕을 대량 사용한 점이고, 다른 하나는 종교상의 문제로 잘 먹지 않던 달걀이 널리 사용되기 시작한 것이다.

교가시(京菓子, 교토과자) 시대: 에도 시대를 뜻한다. 과자의 발전이 두드러진 시대이며 설탕이 보급되어 달디 단 화과자가 급속하게 발전하였다. 황거(일왕의 거처)가 있는 교토와 막부가 있는 에도에서 문화가 대립하듯 발전했기에 과자도 교토과자와 에도과자가 나란히 발전하였다. 이때부터 일본 내에서 설탕(사탕수수)이 재배 및 생산되었으며, 설탕이 생산되면서부터 설탕을 듬뿍 사용한 과자도 널리 퍼지게 되었다.

요가시(洋菓子, 양과자) 시대: 메이지 시대(明治, 1868~1912)부터 쇼와 시대(昭和, 1929~1989) 초기까지를 뜻한다. 메이지 유신 이후

서양 문명이 들어오면서 서양과자가 다량 유입되기 시작하였다. 이에 양과자의 영향을 받은 화과자도 발전하는데 현대 화과자의 기본 틀은 이 시대에 만들어졌다.

화과자 세시기

세시기歲時記란 1년 중의 행사나 그때그때의 풍물 등을 사계절 또는 달 순서로 적어 풀이한 책을 뜻한다. 한국처럼 일본도 1년을 24로 나눈 24절기를 사용하며 그 계절에 따른 화과자를 즐긴다. 화과자 세시기를 따질 때는 음력을 사용하는데, 한 달이 29~30일이므로 3년이 지나면 거의 한 달, 한 계절이 맞지 않게 된다. 음력과 양력은 새해 시작 시점도 다르므로 계절 구분도 다음의 표와 같이 조금 다르다.

	봄	여름	가을	겨울
양력	3, 4, 5월	6, 7, 8월	9, 10, 11월	12, 1, 2월
음력	1, 2, 3월	4, 5, 6월	7, 8, 9월	10, 11, 12월

또한 각 달을 지칭하는 이름도 다른 점이 재미있는데, 차와 화과자의 세계에서는 이러한 이명異名을 즐겨 사용한다. 이는 화과자의 이름으로 쓰이기도 하는데, 처음 다도를 배우고 화과자를 배울 때 이명을 몰라 당황했던, 지금 생각하면 즐거운 기억이 있다. 각 달의 이명은 다음과 같다.

1월	무츠키(睦月)	7월	후미즈키(文月)
2월	키사라기(如月)	8월	하즈키(葉月)
3월	야요이(弥生)	9월	나가즈키(長月)
4월	우즈키(卯月)	10월	칸나즈키(神無月)
5월	사츠키(皐月)	11월	시모즈키(霜月)
6월	미나즈키(水無月)	12월	시와스(師走)

쿠리시보리

사계절에 따른 화과자 세시기는 다음과 같다.

봄	
히나 아라레, 보타모치, 히치기리, 사쿠라모치, 하나미당고, 쿠사모치	
절분	입춘 전날로 세츠분(節分)이라 한다. 마메마키(豆まき)라 하여 콩을 뿌리며 '귀신은 밖으로 복은 안으로(福ハ内, 후쿠와우치)'라는 말을 외친다. 콩 모양의 화과자를 만들어 기념한다.
입춘	24절기에서 이 날부터 봄에 해당한다. 입춘 다이후쿠를 먹는다.
우수	겨우내 쌓여 있던 눈이 녹아 물이 되는 시기이며 정월의 중기로 초목이 싹튼다. 입춘의 15일 후경.

경칩	겨울잠을 자던 개구리 등 동물이 깨어나는 시기이다.
춘분	낮과 밤의 길이가 같은 날로, 이 날부터 낮이 길어진다.
청명	한식과 같은 날 또는 하루 전날이 된다.
곡우	봄비가 자주 내리고 곡식이 풍성해지는 절기로 곡우에 비가 내리지 않으면 한 해 농사를 망친다는 속설이 있다.
여름 미나즈키, 츠키미만쥬, 사쿠베이, 아유야끼, 미즈요깡	
단오	음력 5월 5일. 우리나라에서는 '수릿날'이라 하여 본격적인 더운 여름을 맞기 전 창포물에 머리를 감고 화채를 만들어 먹는다. 일본에서는 창포와 무용을 숭상하는 '상무'가 발음이 같아 남자아이의 명절로 여겨진다.
입하	여름이 시작되는 날이다.
소만	약한 더위가 오며 가을보리를 일찍 베는 등 농사일로 바쁠 시기이다.
망종	벼나 보리 등 수염이 있는 곡식의 씨앗을 뿌리기 좋은 계절이라는 뜻이다.
하지	북반구에서 낮의 길이가 가장 길로 밤이 가장 짧은 날로 하짓날 전후로 캐는 '하지감자'는 맛있기로 유명하다.
소서	장마가 지는 시기로 갖가지 과일과 채소로 풍성할 시기이다.
대서	소서와 입추 사이 1년 중 가장 무더운 시기로 양력 7월 23일경에 해당한다. 과일 맛이 가장 좋을 시기이다.
가을 오하기, 츠키미당고	
입추	가을이 오늘 시점이나, 한국에서는 가장 더운 시기이다.
처서	더위가 한풀 꺾이고 선선한 가을바람이 부는 시기이다.
추분	낮과 밤의 길이가 같아지는 시기이다.
한로	찬 이슬이 맺힌다는 뜻으로 오곡백과를 수확하는 추수의 시기이다. 우리나라에서는 국화로 전을 지져 먹었다고 한다.

	겨울
	유자 사용 과자, 하나비라모치, 홍백만쥬
입동	싸늘한 바람이 부는 겨울이 오는 시점이다. 우리나라에서는 시루떡을 만들어 고사를 지냈다고 하며 일본에서는 애기동백이 피기 시작하는 시점이다.
대설	많은 눈이 내리는 시기라는 뜻이지만 한국에서는 별로 내리지 않는다.
동지	대한과 소한 사이의 절기로 팥죽을 쑤어 먹어 액운을 방지하였다.
섣달그믐	음력으로 12월의 마지막 날. 일본에서는 소바모치(蕎麦餅)를 먹는다.
설	새해 첫날. 하나비라모치(花弁餅)를 먹는다.
소한	양력으로 1월 5~6일에 해당하며, 대한 다음으로 1년에 가장 추운 날이라 한다. 츠바키모치(椿餅)를 먹는다.
대한	4절기의 마지막으로 양력으로 1월 20~21일에 해당한다. 후부키만쥬(吹雪饅頭)를 먹는다.

가을 화과자

화과자의 종류와 분류

화과자의 종류와 분류법은 여러 가지가 있으나, 일반적으로 물의 양 등 제조법에 따른 분류법을 널리 사용하며 크게 나마가시(生菓子, 생과자), 한나마가시(半生菓子, 반생과자), 히가시(干菓子, 건과자)의 세 가지로 나뉜다. 생과자는 모찌, 상생 과자 같이 유통기한(상미기간)이 짧아 당일 생산 당일 판매가 원칙인 제품으로 제조가 끝난 후 수분량이 30~40% 이상이 되어야 한다. 히가시는 사탕이나 센베이 등이며 함유한 수분량이 10% 이하가 되도록 건조하여 제조한다. 같은 이름의 과자라도 수분량에 따라 생과자가 되기도 하고 반생과자가 되기도 하며 교토에서는 반생과자를 건과자로 구분한다. 나마가시와 한나마가시 그리고 히가시는 구체적으로 다음과 같이 분류할 수 있다.

나마가시와 한나마가시		
떡류	떡	둥근, 사각 떡
	떡과자	단고, 다이후쿠, 보타모치
찌는 류	봉 모양으로 찌는 류	무시요캉, 우키시마
	그 외	만쥬류
굽는 류	철판(히라나베)에서 굽는 류	도라야끼
	틀에 넣고 굽는 류	닝교야끼, 이마데가와야끼
	오븐에서 굽는 류	카스테라, 모모야마
붓는 류	킨교쿠(金玉, 금옥)류	킨교쿠캉
	양갱류	양갱

반죽하는 류	네리키리, 고나시
조합하는 류	모나카, 카노코
당 코팅하는 류	이시고로모, 킨페이토
히가시	
틀로 찍는 류	라쿠간
튀기는 류	카린토
사탕류	아루헤이토

그 외 분류법에 따른 화과자의 종류는 다음과 같다.

이름	의미	종류
죠우나마가시 (상생과자)	차회나 불전에 바치는 등의 용도인 고급 생과자	네리키리
차세키가시 (차석과자)	차회에 사용되는 과자	오모가시, 히가시
아사나마가시 (아침생과자)	아침에 만들어 당일 판매하는 과자. 상생과자 외 유통기한이 짧은 과자류로, 나미나마가시라고도 한다.	상생과자
사오모노	길고 가느다란 모양의 과자를 뜻하지만, 사각·원형 등도 포함된다.	양갱, 우이로, 스하마 등
카즈모노	만쥬 등 하나하나씩 만드는 과자를 칭한다.	만쥬
히키가시	경조사에 차려내는 용도의 과자	

떡류	규히(求肥)	찹쌀에 설탕이나 물엿을 넣어 가열하여 만든 반죽. 시간이 지나도 딱딱해지지 않는다.
	다이후쿠(大福)	찹쌀이나 멥쌀로 만든 찹쌀떡. 안에 앙금을 넣는 게 일반적이나 현대에는 딸기 등 과일을 넣기도 한다.
	보타모치(ぼた餅)・오하기(おはぎ)	찹쌀떡과는 반대로 앙금이 겉에 드러나 있는 떡의 한 종류. 오하기는 쌀을 찧지 않고 그대로 원형이 남아 있는 것이 특징이다.
	칸사이 사쿠라모찌(関西桜餅)	도묘지(잘게 등분하여 쉽게 익는 쌀)로 만든 반죽 안에 앙금을 넣고 소금에 절인 벚나무잎으로 감싼 간사이 지방에서 즐겨먹는 떡.
찌는 류	우이로(外郎)	멥쌀이나 밀가루를 섞어 쪄낸 반죽으로 만드는 과자. 나고야 등에서 유명하다.
	카루캉(軽羹)	가고시마의 명물로, 마와 고운 멥쌀, 설탕을 섞어 쪄낸 과자. 우리나라의 백설기와 모양이 닮았다.
	우키시마(浮島)	앙금을 넣어 쪄낸 카스테라 모양의 과자
굽는 류	킨츠바(金鍔)	사각으로 굳힌 앙금에 찹쌀이나 밀가루로 만든 묽은 반죽을 발라 구워낸 과자. 교토지방에서는 긴(은)츠바라고 불렸으나 에도시대 칸토 지방으로 넘어가면서 킨(금)츠바로 이름이 변형되었다.
	도라야끼(どら焼き)	밀가루 반죽에 달걀이 들어간 반죽을 두 장 겹쳐 사이에 앙금을 샌드한 과자. 달걀이 상용화된 메이지 시대 이후 지금의 모양이 갖춰졌으며 간사이 지방에서는 '미카사만쥬'라고 불린다.
	칸토 사쿠라모찌(関東桜餅)	밀가루 반죽을 얇게 부쳐내 앙금을 말고 소금에 절인 벚나무잎으로 감싼 과자. 간사이 지방과는 모양이 다르다.

붓는 류	킨교쿠캉 (錦玉羹)	한천을 녹여 설탕을 넣고 굳힌 과자. 다양한 디자인의 어레인지가 가능하다. 코하쿠캉(琥珀羹)이라고도 불린다.
	아와유키캉 (淡雪羹)	투명한 킨교쿠캉에 계란 흰자를 거품 낸 머랭을 넣어 굳힌 과자
반죽하는 류	네리키리 (練り切り)	흰콩 앙금에 찹쌀반죽을 넣고 익혀 만든 과자. 마를 갈아 넣기도 한다. 다양한 세공이 가능하여 고급 상생과자, 차회과자로 사용된다.
	코나시(こなし)	흰콩 앙금에 밀가루나 마를 섞고 쪄내 반죽한 과자. 반죽을 비비고 문질러 반죽하는 제법(揉む)에서 코나시라는 이름이 붙었다.
조합하는 류	카노코(鹿の子)	앙금 주위에 당절임한 콩류를 붙여 조합하여 만드는 과자
	스하마(州浜)	대두를 곱게 볶아 만든 가루로 모래사장의 후미를 연상시키는 모양으로 만드는 과자. 결혼 등 축하할 일이 있는 상황에 사용한다.
히가시	라쿠간(落雁)	주로 찹쌀을 쪄서 말린 가루를 눌러 만드나, 고운 설탕이나 콩가루 등으로도 만드는 과자

통단팥 킨츠바

화과자 만들기

화과자의 재료는 설탕, 쌀가루, 그 외 가루류, 콩류, 잎, 겔화제, 팽창제, 착색료 등이 있다. 그리고 화과자를 만드는 도구로는 계량 도구, 체에 거르거나 내리기 및 으깨기에 필요한 체 치는 도구, 섞는 도구, 반죽 늘리는 도구, 틀에 넣는 도구와 틀에 흘려보내고, 찍고, 성형하는 도구, 굽고, 찌고, 조리는 도구, 자르는 도구 등이 필요하다.

차회에서의 화과자 '차석과자'

차회에서 사용하는 과자를 차석과자茶席菓子라고 한다. 정성껏 만든 앙금 등 각종 제철 재료로 만든 과자이다. 대략 4시간에 걸쳐 진행되는 차사부터 간단한 찻자리까지, 찻자리에서는 과자가 빠지지 않는다. 수행자가 주린 배를 채우려 품었다는 따뜻한 돌을 뜻하

쿠즈만쥬

네리키리 수선화

는 온쟈쿠(温石)에서 유래한 차가이세키(懐石)는 차를 더 맛있고 속 쓰리지 않게 즐길 수 있도록 차 마시기 전 따뜻하게 먹는 요리이다. 차 가이세키 요리를 먹은 후 우스차(박차)와 고이차(농차)를 마시는데 이때 우스차에는 히가시, 고이차에는 오모가시(나마가시)를 매칭하여 대접한다. 하지만 많은 차회에서 박차에 오모가시를 내는 것이 주류가 되어 있다. 과자를 먹을 때는 과자와 차를 같이 먹는 것이 아닌, 차가 나오기 전에 과자를 먹는 것이 예의이다. 또한 과자가 화지(가이시)에 놓여 제공되었을 경우에는 먹은 과자의 부스러기를 화지로 싸서 가져가는 것이 정식 매너이다.

오모가시(生菓子, 생과자)

차회의 오모가시에는 네리키리(흰콩 앙금에 찹쌀을 넣어 만든 반죽)나 우이로(멥쌀을 쪄서 만든 반죽) 등의 상생과자(차회용 고급과자)가 나오지만 일반적으로 모찌나 만쥬 등도 사용된다.

오모가시는 넓은 과자용 발이나 높은 쟁반, 합 등에 담겨 나오는

데 여러 개를 한꺼번에 담거나 따로 1인분씩 담아 나온다. 만쥬나 모찌가 나올 경우는 손으로 먹는 것이 좋고, 이외의 경우에는 같이 나오는 과자용 이쑤시개나 자르는 칼로 먹는다.

히가시 (干菓子, 마른과자)

차회에서는 박차에 곁들여 라쿠간(찹쌀이나 고운 설탕을 눌러 만든 마른과자) 등의 누름과자나 아루헤이토 같은 사탕, 센베 등이 사계절을 담은 모양새를 하고 나온다. 용기는 옻칠이나 대나무 용기에 담는다. 담을 때 오모가시와 히가시가 동시에 나올 경우는 오모가시를 먼저 덜고 이어 히가시를 던다.

참고문헌

日本の菓子, 亀井千歩子, 東書選書, 1996年
和菓子ものがたり, 中山圭子, 新人物往来社, 1993年
プロのためのわかりやすい和菓子, 仲實, 柴田書店, 2006年
和菓子と日本茶の教科書, 新星出版社, 2009年
家庭で作る本客和菓子の教科書, 梶山浩司, 誠文堂新光社, 2014年
和菓子の世界, 中山圭子, 岩波書店, 2018年
和菓子の意匠, 井上由理子, 京都新聞出版センター, 2010年

나누는 마음과 실천하는 삶,  중도

영화 《센과 치히로의 행방불명》

• 양흥식 •

동국대학교에서 '다선일미의 융화사상 연구'로 철학박사 학위를 받았다. 현재는 필로쏘티 아카데미에서 조계종 교육원 승려 연수 프로그램을 위탁받아 차명상 프로그램을 운영하고 있다. 불교텔레비전에서 차문화 프로그램을 제작했으며, 동국대·목포대·금강대·동아대에서 차와 불교, 다도철학을 주제로 강의하였다.

센과 치히로의 행방불명
감독 미야자키 하야오
일본, 2001

영화《센과 치히로의 행방불명》

영화《센과 치히로의 행방불명》(2002)은 동양과 서양을 막론한 세계적인 사랑을 받으며 흥행에 성공한 작품이다. 감독 미야자키 하야오는 일본 애니메이션계를 이끈 장본인으로《붉은 돼지》(2003),《원령공주》(1997),《하울의 움직이는 성》(2004) 등 서사가 탄탄한 작품을 다수 제작하였다.

《하울의 움직이는 성》에서는 주인공 하울과 소피의 외모 변화를 통해 내적인 변화를 은유적으로 표현하였고 그들이 사건을 겪으며 성장하는 성장담의 형태로 정체성의 전환을 잘 표현하였다. 마찬가지로《센과 치히로의 행방불명》도 서사 내부에서 주인공 치히로가 겪는 사건과 성장담 안에서 정체성의 변화를 다룬다. 인간세계에서는 '치히로', 정령의 세계에서는 '센'이 되면서 정체성 전환이 일어나는 것이다. 치히로는 종교를 갖고 있지는 않았지만 실천하는 의지는 남달랐다. 때로는 환경이나 주변 인물과 관계없이 다중정체성을 가지

미야자키 하야오(출처: 인터넷)

기도 한다.

　미야자키 감독에게 이 작품이 갖는 의미와 상징성은 결코 작지 않다. 무엇보다 이 작품은 미야자키 돌풍을 일으켰던 《원령공주》를 끝으로 돌연 작품 제작에서 은퇴를 선언했던 그가 은퇴를 번복하고 영화계로 복귀한 후의 첫 작품이라는 점에서 눈길을 끈다.

　우리가 살펴보고자 하는 차와 관련된 내용은 사실 영화의 끝 무렵에 등장한다. 센은 하쿠가 훔친 도장을 돌려주기 위해 제니바의 집을 방문할 때 '중도中道'라는 글자가 적힌 열차를 타고 출발한다. 그리고 제니바의 집 식탁에는 홍차 잔들이 세팅되어 있는 것을 볼 수 있다. 비록 내용 면에서는 작은 부분이지만 시사하는 바는 작지 않다. 일본에서 차문화는 불교의 한 흐름인 선종에 의해 도입되었고, '다도茶道'라는 명칭으로 일상생활 속에 이입되어 있다.

　불교적 의미를 살펴볼 다음의 두 가지 내용도 차에 관한 것과 마찬가지로, 작지만 의미가 있는 상징성을 내포하고 있다. 먼저 이 작품의 주인공은 유바바가 지어준 센이라는 이름 속에 살지 않고, 치히로라는 본래 이름을 잊지 않으며 부모와 함께 본래 자리로 돌아가고자 하는 '실천의 의지'를 보여준다. 그러면서도 강의 신이 준 경단을 하쿠와 가오나시에게 각각 나눠줌으로써 '타인을 구하는 마음'을 가진 캐릭터로 그려진다는 점에 주목해볼 수 있다. 또한, 불교의 실천적 사상을 의미하는 '중도'를 열차 이름에 활용했다는 점에서 불교가 지향하는 가치적 관점과 실천력의 의미가 반영된 영화라고 할 수 있을 것이다.

미야자키 하야오의 주제 인식

미야자키 감독은 현재의 일본과는 거리가 먼 작품들로 인기를 얻었다. 영화《바람계곡의 나우시카》(1984)에는 약 1,000년 후 가상의 나라를,《천공의 성 라퓨타》(1986)에서는 약 700년 전 고대국가를,《붉은 돼지》(1992)에서는 1929년경 지중해를 그리는 등 그의 영화의 시대적 배경은 늘 미래나 과거에 있었다. 영화《이웃집 토토로》(1988)에서는 처음으로 일본을 작품의 무대로 삼았지만, 그 시대적 배경은 1955년경에 있었고,《원령공주》(1988) 또한 15세기경 과거 일본이 배경이었다. 미래도 아니고 과거도 아닌 '현대'를 무대로 하는 것은 본 작품이 처음이었다. 미야자키는 "오늘날 애매해져 버린 세상이라고 하지만, 그렇게 애매한 주제에 침식당하고 다 먹어치워 버리려고 하는 그 '세상'이란 것을 판타지의 힘을 빌려 뚜렷하게 그려내는 것이 이 영화의 주요한 과제"라고 하였다.

영화 흥행

2001년 7월 20일 일본의 전국 343개 극장에서 일제히 개봉된《센과 치히로의 행방불명》은 개봉 첫날부터 전 상영관 전 회 매진을 기록하였다. 상영 일주일 만에 25억 엔이라는 어마어마한 액수의 제작비가 입장 수입만으로 회수되었고, 1년여의 장기 상영으로 기록되었던《원령공주》의 흥행 수입인 113억 엔을 개봉 56일 만에 경신하는 전대미문의 흥행을 하게 된다.

이 작품의 흥행은 일본에만 국한된 것이 아니었다. 2001년 12월에 작품을 수입한 홍콩을 비롯하여, 싱가포르·프랑스 등지에서 자막판과 더빙판이 동시 상영되며 개봉 첫 주부터 흥행 1위에 오르는 등 호조를 보였다. 미야자키 하야오는 프랑스 문화성이 수여하는 국가공로상과 베를린 국제영화제에서의 최우수 작품상인 금곰상을 수상하는 영예를 안았다. 이 영화는 2002년 여름 한국에서도 개봉되어 200만의 관객을 동원하였고, 미국에서는 2003년 제75회 아카데미상 장편 애니메이션 상을 수상하게 된다.

영화의 줄거리

영화의 대략적인 줄거리는 다음과 같다. 이사 가는 차 안 뒷좌석에 누워 있는 치히로의 표정은 불만으로 가득 차 있다. 아버지가 길을 잘못 들어 가족들은 이상한 터널에 이른다. 치히로는 불길한 예감을 느끼지만 부모님을 따라 마지못해 터널을 통과한다. 터널을 빠져나오니 폐허가 된 놀이공원이 있었고 그곳에 이상한 기운이 흐른다. 인기척 하나 없이 너무나도 조용하고 낯선 분위기의 마을에 불길한 기운을 느낀 치히로는 부모님에게 돌아가자고 조르지만, 두 사람은 호기심에 들떠 마을 곳곳을 돌아다니기 시작한다. 그러다 아무도 없는 식당에 들어가 놓여 있는 음식을 먹은 치히로의 부모님은 돼지로 변해버린다. 날이 어두워지자 요괴들이 나타나기 시작하는데, 겁먹은 치히로를 구해준 것은 하쿠라는 소년이었다. 하쿠는 치히로에게 '유바바가 지배하는 이곳에서는, 일하지 않는 자는 마법에 의해 동물이 되어 버린다'는 규칙을 알려주고, 가마할아범이 있는 곳으로 인도해준다. 가마할아범은 린을 소개해주었고, 치히로는 센이란 이름으로 신들의 온천장인 아부라야에서 일하기 시작한다.

　치히로는 오쿠사레사마(강의 신) 사건을 계기로 유바바의 인정을 받고, 오쿠사레사마에게 신기한 경단을 선물 받게 된다. 치히로의 도움으로 아부라야에 들어온 가오나시는 금으로 주변 요괴들의 인기를 얻었지만, 정작 그녀의 관심을 끌지 못하자 다른 요괴들을 잡아먹기 시작한다. 한편 하쿠는 유바바의 명령으로 제니바의 도장을 훔치다 공격을 당해 쓰러진다. 치히로는 오쿠사레사마가 준 경단으로 하쿠를 살리고, 가오나시를 진정시킨다.

　그리고 제니바에게 도장을 돌려주기 위해 가오나시와 보, 유바드와 함께 '중도'호 전철을 타고 '늪의 바닥'으로 향한다. 제니바는 치히로를 따뜻하게 맞이해 주었고, 가오나시는 제니바라는 새 가족을 찾게 된다. 치히로를 찾으러 온 하쿠와 함께 아부라야로 돌아가는 길에 하쿠는 치히로의 도움으로 자신의 본래 이름을 되찾게 된다. 치히로 또한 자신의 본래 이름을 되찾고, 돼지가 되었던 부모

영화《센과 치히로의 행방불명》中 '중도'호

영화《센과 치히로의 행방불명》中 제니바의 집

를 구해서 인간세계로 살아 돌아갈 수 있게 된다.

일본인의 삶에 영향을 끼친 차문화

차가 일본에 도래한 것은 나라(奈良) 시대로, 견당사나 유학승에 의해 유입이 이뤄졌을 것으로 추측된다. 귀족문화로 대표되는 헤이안(平安) 시대에도 차 생산의 절대량은 적었기 때문에, 음다飮茶는 의례라는 형식 안에서 행해졌다. 일본에서 차를 재배하기 시작한 것은 9세기 초로 추측된다. 현재는 북으로는 도호쿠(東北)에서 남으로는 규슈(九州)에 이르기까지 생산이 확대되었다.

송나라에서 건너온 음다 풍습이 문화로서 인정을 받게 된 것은 불교에 귀의한 승려들이 음다 보급에 노력한 결과였다. 차는 대중을 구제하는 약용으로서 중요시된 한편, 기호품으로서도 애용되어 이와 관련된 문예도 탄생하게 된다. 즉, 약용으로서의 음다 풍습이 기호음료로서 차를 즐긴 귀족이나 무사 계급에 점차 보급되어 갔다. 이렇듯 일본에서 차는 선종 승려들의 보급에 힘입어 사람들의 일상생활 속으로 들어가게 되었다.

다도茶道, 일미一味, 다선일미茶禪一味

차를 마신다는 것은 다사茶事를 통해서 심신을 닦는 일이다. 이는 선 수행을 통해서 자기의 심성을 터득하려는 일과도 일치한다. 차가 우리 몸을 가볍고 유쾌하고 편안하고 부드럽게 하듯, 선법禪法은 우리의 심성을 유연하고 포근하고 청정하게 하여 그 안에 일체를 차별 없이 간직하는 지혜의 개발을 가능하게 한다.

불가에서 차를 마시는 또 한 가지 이유는 차의 약리적 효능 때문이다. 수행자에게 차를 마시는 것은 단순히 목마름을 해소하고 졸음을 쫓기 위한 행위라기보다, 차를 마시는 그 자체를 깨달음의 모습으로 승화시키려는 상징과도 같다. 이런 입장에서 차와 선 수행이 하나라는 다선일여茶禪一如의 정신이 만들어진 것이다.

차밭에서 본 경산사

다선일미에서 일미一味란 말은 절대의 입장에서 모든 것은 동일하고 평등하여 차별이 없다는 것이다. 즉, 사事 또는 이理의 평등함을 바닷물이 동일한 짠맛인 것에 비유하여, 하나(一)는 차별이 없음을 말한다. 비슷한 의미인 일여一如에서 하나(一)는 불이不二로 절대의 뜻이다. 모든 법이 둘이 아니고, 선과 차도 둘이 아니며 그리하여 모든 법이 하나이기 때문에 선과 차도 하나와 같으며 한 맛(一味)이다. 선종에서의 선禪 수행은 특별한 것이 아니라, 일상적으로 차를 마시는 것처럼 평상심을 잃지 않아야 한다는 점을 강조하고 있다.

선종의 차나무 기원설에 따르면, 초조初祖 달마대사가 6세기에 중국으로 건너와서 중국 승려들에게 참선을 시켰다고 한다. 그러나 승려들이 졸음을 참지 못하자 달마대사가 자신의 눈썹을 베어 땅에 묻었는데, 그곳에서 차나무가 자라났다. 달마대사는 승려들에게 그 나무의 잎을 달여 마시게 하였는데, 그때부터 승려들은 졸음에서 벗어나 참선을 잘하게 되었다고 한다. 이는 차의 각성효과가 선 수행에 도움을 준다는 것을 보여주는 상징적 설화이다.

선불교가 확장되면서 사원에서는 다료(茶寮, 차를 마시는 곳)뿐만 아니라 전문적으로 차를 다루는 다당茶堂을 두었다. 청규서(淸規書, 불가의 규칙을 담은 책) 중 하나인 『입중일용入衆日用』과 『선림상기전禪林象器箋』 등에 의하면 다당은 반드시 법당 뒤, 침당 앞에 두었으며, 지금의 다당은 원래 방장실로 주지가 예를 행하던 곳이었다고 한다.

위의 내용에서 보듯 차를 일상적으로 마시는 공간이 있었고, 선

경산사 선방과
차밭

승들의 깨달음을 서로 확인하는 법거량法擧揚이 그곳에서 이루어졌다. 즉, 선 수행의 지침이 되는 화두話頭가 차를 매개로 전개되고 있었다. 『경덕전등록景德傳燈錄』 제9권 〈대우화상大于和尙〉조에 "대우화상이 남용과 함께 다당에 갔다."라는 구절이 있다. 다당은 사원의 승려는 물론이고 신도들도 모여서 인사를 나누고 차를 마시며 담소를 나누는 공간이었다.

이와 같이 불교와 차는 밀접한 관계를 맺고 사찰의 전통으로 이어져 왔다. 그리하여 중국의 역사적인 명차들은 명찰의 선승들에 의해 재배 및 생산되었다. 그로 인해 다사와 다례가 자연히 발전하게 되고, 이윽고 다승茶僧이라는 격식 높은 칭호도 주어진 것이다. 이처럼 불교문화와 차문화는 일찍부터 공존해 왔다. 특히 선불교 문화 속 차문화에 대한 자료는 선어록을 통해서 많이 전해진다.

차와 관련된 화두 이야기 중에서 대표적인 것이 조주종심(趙州從諗, 778~897)의 끽다거喫茶去 화두이다.

어느 날 두 승려가 조주선사를 방문하였는데 조주가 한 승려에게

"일찍이 이곳에 온 적이 있는가?"라고 하니

"예, 왔었습니다."라고 하자

"그럼 차나 마시게."라고 하였다.

또다시 다른 승려에게

"일찍이 이곳에 온 적이 있는가?"라고 묻자

그 승려는 "한 번도 와본 적이 없습니다."라고 하자 조주선사가

"그렇다면 차나 마시게."라고 하였다고 한다.

옆에서 이를 지켜본 원주가

"어찌하여 이곳에 온 적이 있는 사람이나 온 적이 없는 사람이나 차나 마시라고 하시는 것입니까?"라고 물었다.

그러자 조주선사가 "자네도 차나 마시게."라고 하였다.

이 이야기는 '끽다거'라는 화두로 선가에 회자되었고, 조주차趙州茶는 선가의 대명사가 되었다. 선서禪書에서 확인한 내용에 의하면, 『경덕전등록』에는 귀종지상歸宗智常 선사를 포함하여 18명의 선승과 20개의 끽다거 화두가 있을 정도이다. 조주선사의 끽다거 화두가 세상에 크게 유행하게 되면서 많은 승려들이 선원에서 차를 마시는 일이 성행하였고, 곧 다반사茶飯事라는 말이 정착하게 되었다. 즉, 밥 먹고 차 마시는 것은 일상적인 일이라는 것이다.

이처럼 차를 마시는 행위 자체는 조주라는 뛰어난 선사에 의해 깨달음의 방편으로 활용되었으며, 자연스럽게 선원 끽다 문화의 주류를 형성하게 되었다. 그 전통은 현재까지도 전해져 선종 승려들의 끽다선풍喫茶禪風을 형성하는 데에 이르게 되었다.

끽다거에 이어 송대 위앙종 자복선사資福禪師와 관련하여, 반후삼완다飯後三碗茶의 내용이 전해진다. 다음과 같이, 선원의 수행 생활에서는 선과 차가 불가분의 관계인 것이다.

"어느 것이 화상의 가풍이겠습니까?" 질문하니
선사가 말하길 "공양 후에 세 사발의 차를 마시는 것이니라." 하였다.

다음의 화두는 차밭에서 이루어진 것이다. 앙산혜적(仰山慧寂, 803~887)은 위산영우(潙山靈祐, 771~853)의 법을 이어받아 선법을 크게 떨친 인물이다. 그들의 문류門流를 위앙종潙仰宗이라 한다. 앙산은 찾아오는 사람들에게 차를 항상 공양하였던 선승으로 조주와 더불어 유명하다. 『전등록』에는 다음과 같은 언급이 있다.

울력으로 차를 땄다. 대사가 앙산에게 말했다.
"종일토록 차를 따도 그대의 소리만이 들리고 형상이 보이지 않으니, 본래의 형체를 드러내어 보라."
앙산이 차나무를 흔드니, 대사가 말했다.
"그대는 작용만을 얻었고 본체는 얻지 못했다."
앙산이 물었다.
"화상께선 어찌 하시겠습니까?"
대사가 잠자코 있으니, 앙산이 말했다.
"화상께선 본체만을 얻고 활용은 얻지 못하였습니다."

대사가 말하길,

"그대에게 20방을 때리리라."

위앙종의 개산조인 위산과 앙산이 차밭 울력을 하면서 주고받은 선문답이다. 화두로는 '위산적다潙山摘茶'라고 한다. 위산영우는 백장청규를 제창한 백장회해(百丈懷海, 749~814)의 제자이다. 위의 화두는 자성自性의 체용體用 관계를 선명하게 보여주는 대표적인 공안이다. 즉, 앙산의 모습과 위산의 양구良久를 본체에, 앙산의 말소리와 차나무 흔들기를 작용에 비유하였다.

스승과 제자가 차밭에서 차나무를 통해 깨달음을 확인한 내용으로, 수행이 선원에 앉아서만 하는 것이 아니라는 사실을 확인시켜 준다. 이 화두에서 알 수 있는 내용은 승려들이 직접 차를 재배했다는 것이다. 역대로 유서 깊은 사찰은 명산에 세워졌다. 그리고 명산에서는 이름난 차가 생산된다. 대규모 사찰에서는 다승들을 두어

대홍포 모수

무이산 차꽃

차를 재배하고 만드는 생산과 관리의 책임을 전문적으로 맡겼기에, 자연히 훌륭한 차가 나왔다.

예컨대 무이암차武夷巖茶는 무이사의 스님이 채취하여 만든 것이고, 금장혜명金獎惠明은 혜명사에서 재배한 것이다. 또 용정차는 송대의 변재화상辯才和尙이 처음 재배한 것이고, 나한차는 천태산 만년사의 승려가 심은 것이다. 화두 곳곳에 차가 등장하는 선의 사서史書와 차 전문 서적인 다서茶書의 편찬이 거의 비슷한 시기에 이루어졌다는 사실은 선과 차의 밀접한 관련성을 실증적으로 알려준다. 이처럼 차문화는 선사들의 일상이 되어 있었으며, 그 가운데 깨달음을 향한 구도심이 반영되어 차와 관련된 화두가 나타나기 시작한 것으로 보인다.

선과 차는 최상의 정신적 즐거움을 맛으로 표현하고 있다. 선은 온갖 번뇌에 장애되지 않고, 선정에 들면 법희선열法喜禪悅의 맛을 볼 수 있다. 『대반열반경大般涅槃經』에 제호醍醐로 비유한 그 내용을 살펴보면 다음과 같다.

무이산 차밭

여래의 불성은 마치 제호와 같다. 선남자야, 현재의 번뇌가 장애가 되어 중생들로 하여금 도견觀見할 수 없게 한다. 비유하자면 향산香山 속에 인욕초忍辱草가 있지만 모든 소가 그것을 먹을 수 있는 것은 아니다. 불성도 또한 그러하다. 제호를 불성에 비유하여 말한 것과 같다. 불성은 곧 여래이다.

남악회양(南岳懷讓, 677~744)과 마조(馬祖道一, 709~788)와의 선문답인 '기왓장을 갈아서 거울을 만든다(磨塼成鏡)'에서도 깨침을 제호로 비유하였다.

개원開元 때에 도일(馬祖大師)이라는 사문이 전법원에서 매일 좌선을 하고 있었다. 대사는 그가 법기法器임을 짐작하고 곁에 가서 물었다.
"대덕은 좌선을 해서 무엇하려 하시오?"
"부처가 되려 합니다."
대사는 바로 나가서 벽돌 하나를 가지고 와서 절 앞의 바위 위에다 갈고 있었다. 도일이 이를 보고 물었다.
"스님, 무얼 하시렵니까?"
"거울을 만들려 하오."
"벽돌을 간다고 어찌 거울이 되겠습니까?"
"좌선을 한들 어찌 부처를 이루겠는가. 사람이 수레를 몰고 가는데 수레가 가지 않으면 바퀴를 때려야 하겠나, 소를 때려야 하겠나?"

도일이 대답이 없으니 대사가 다시 말했다.

"그대는 좌선을 배우는가, 앉은 부처를 배우는가. 만일 좌선을 배운다면 좌선은 앉은 데 있지 않고, 만일 앉은 부처를 배운다면 부처는 일정한 형상이 아니다. 머무를 곳이 없는 법에 대하여 취하고 버리려는 생각을 내지 말라. 그대가 만일 앉은 부처가 된다면 그는 부처를 죽이는 일이요, 앉는 일에 집착된다면 그 이치를 통달하지 못한다."

도일이 대사의 가르침을 받고 마치 제호醍醐를 마신 것 같이 기뻐하면서 절하고 다시 물었다.

『천태사교의天台四教儀』에서는 부처님의 설법을 다섯 단계(화엄시, 녹원시, 방등시, 반야시, 법화열반시)로 나누고, 그것을 오미五味로 표현한 내용도 있다. 이렇게 맛과 깨달음을 비유한 것은 하나의 상징이자 제호 맛이 최상이라는 표현이기도 하다.

당나라 때 육우는 차에 관한 내용을 총정리하는 책을 썼는데, 그의 『다경』에서도 차 맛을 제호로 설명하였다.

만약 열이 나고 갈증이 있거나 번민이 있거나 머리가 아프거나 눈이 뻑뻑하거나 사지가 번거롭거나 관절의 마디가 펴지지 않으면 네댓 번만 마시면 제호나 감로와 견줄 만하다.

차의 맛을 감각적으로 나타낼 때, '달다(甘)'는 표현이 가장 흔히 쓰였고, 제호나 감로甘露의 맛이라든가, 젖맛(乳), 쓴맛(苦)이라고

경산사 법당

한 것이 대부분이다. 차 맛은 직관적이며 선禪의 맛 또한 직관적이다. 직관直觀의 특성은 말이나 생각을 매개하지 않는 것으로 이처럼 차와 선은 서로 통하는 공통점을 가지고 있다. 다만 차 맛의 직관성은 차 맛이라는 감각을 대상으로 하지만, 선 맛의 직관성은 말과 생각 이전의, 주객이 없는 그곳을 대상으로 한다.

  차와 더불어 사는 우리의 '中道'는 올바른 종교를 찾아서 믿고 몸소 행하는 것으로 어쩌면 한 사람의 삶 자체가 달라질 정도로 중요하다. 사람들은 어렵고 힘든 일이 생길 때 종교에 의지하여 그 어려움에서 빠져나가고자 하기 때문이다. 인간은 어떤 전능한 존재에게 의지하려는 속성이 있다. 이 때문에 인류 역사에 신이라는 개념이 생겨났다고 볼 수 있다.

불교의 진리는 우리에게 당당하게 살 수 있는 지혜를 준다. 자신의 삶을 스스로 완성하겠다고 굳게 결심하고 그 믿음을 지키며 사는 사람은 자신의 목표에 더욱 가까워질 것이고, "난 안 돼." 하면서 소극적이고 부정적인 태도로 사는 사람은 그만큼 더 목표로부터 멀어질 것이다. 그러므로 자신 있고 행복하게 살기 위해서는 바른 진리가 무엇인지 알아야 한다. 자신만을 위해 탐욕스럽게 사는 사람과 이웃과 더불어 사는 사람의 삶은 대조적이다. 자기중심적인 삶을 이웃과 함께하는 삶으로 바꿀 때, 괴로움의 세계가 자유와 평안의 세계로 바뀔 것이다. 대립과 갈등, 고통으로 얼룩진 세계를 바꿔나가는 원동력은 세계의 구성원인 나 자신이다.

참고문헌

미야자키 하야오의 센과 치히로의 행방불명에 나타난 가족관,『동북아문화연구』 제64집(2020)
곽현아, 미야자키 하야오의 센과 치히로의 행방불명연구
김윤아,『미야자키 하야오』, 살림(2014)
임혜봉,『차와 선 그리고 화두(상)』, 도서출판 월간다도사(2005)
인,『청규와 차』, 수동국대출판부(2010)
최법혜,『고려판 선원청규 역주』, 가산불교문화연구원(2001)
불교의 선사상과 다도정신에 관한 연구,『한국선학』제24집, 한국선학회(2009)
노근숙, 일본 음차문화변천에 대한 시론,『차문화 사업학1-1』(2005)
정원대·임대근, 센과 치히로의 행방불명의 캐릭터 분석,『인문콘텐츠』(2017)

풍미의 예술, 다악 茶樂

영화 《마담 프루스트의 비밀정원》

• 윤혜진 •

한국예술종합학교 전통예술원을 졸업하고 고려대학교 문화콘텐츠 박사 과정을 수료하였다. 다악 작곡, 다악 연주, 다악 강의를 비롯하여 다양한 다악 콘텐츠 개발에 힘쓰고 있으며, 다악의 저변확대를 위해 열심히 활동하고 있다. 대표적인 다악 콘텐츠로는 〈당신의 꿈을 블렌딩하는 시간-꿈다방〉, 〈곁에서〉, 〈코스모스 정원〉 등이 있다.

마담 프루스트의 비밀정원
감독 실뱅 쇼메, 주연 귀용 코익스, 앤르니
프랑스, 2013

세상의 모든 폴에게 묻습니다. "당신의 기억, 행복한가요?"

2014년 개봉한 《마담 프루스트의 비밀정원》은 실뱅 쇼메가 감독을 맡고, 귀욤 고익스와 앤 르 니가 연기한 프랑스 영화이다. 애니메이션을 보는 것 같은 느낌의 판타지적 이미지와 아름다운 음악은 영화를 보는 우리를 환상 속으로 초대한다. 주인공 폴의 기억을 따라가면서 이야기를 풀어가는 이 영화는 프랑스 마르셀 프루스트의 소설 『잃어버린 시간을 찾아서』의 한 구절을 인용하면서 시작된다.

"기억은 일종의 약국이나 실험실과 유사하다. 아무렇게나 내민 손에 어떨 때는 진정제가, 때론 독약이 잡히기도 한다."

주인공 폴은 어릴 적 부모님을 여의고 말을 잃은 채 두 이모와 함께 살고 있다. 쌍둥이 이모들은 폴을 뛰어난 피아니스트로 만들고 싶었지만 현실의 폴은 이모네 댄스교습소의 반주자에 불과하다. 의욕도, 의미도 없이 모든 일상이 무료하기만 한 그의 표정에는 변화가 없다.

어느 날 폴은 우연히 이웃인 마담 프루스트의 집을 방문하게 되고, 그녀는 폴의 어릴 적 기억에 얽힌 타래를 풀어주기 위해 그를

영화《마담 프루스트의 비밀정원》中 댄스교습소에서 표정 없이 반주를 하고 있는 폴, 이모들과 함께 피아노 콩쿠르에 나가는 모습

자신의 비밀정원으로 초대한다. 그렇게 마담 프루스트의 도움으로 폴은 유년기 기억을 떠올리며 추억과 상처를 마주하게 된다. 자신의 무의식 속에 있던 기억을 끄집어내는 것이 마냥 즐거운 일은 아니지만, 행복했던 기억과 끔찍한 기억을 오롯이 마주하면서 폴의 무료했던 일상에는 커다란 변화가 찾아온다.

추억은 음악을 좋아하거든!

《마담 프루스트의 비밀정원》을 검색하면 가장 많이 나오는 이미지가 바로 위의 장면이다. 그만큼 영화에서도 중요한 역할을 하는, 과거로 가기 위한 마담 프루스트의 특별한 방법을 소개한다.

영화《마담 프루스트의 비밀정원》中 폴에게 특별한 방법으로 기억여행을 떠날 수 있도록 도와주는 마담 프루스트

영화《마담 프루스트의 비밀정원》中 폴의 기억을 낚아 올릴 차와 마들렌 그리고 오르골

폴이 과거의 기억과 마주하기 위해 마담 프루스트가 준비한 것은 바로 차와 마들렌 그리고 음악이다. 그녀가 내어주는 차에 마들렌을 곁들인 후 음악이 흘러나오자, 폴은 자신이 기억하지 못했던 기억 속으로 여행을 떠난다.

"네 엄마는 여기 있어. 네 기억의 뿌연 물속에… 기억은 물고기처럼 물속 깊숙이 숨어 있단다. (중략) 기억들이 좋아할 만한 미끼를 던지면 네 기억 속에서 뭔가 움직이는 게 보일 거야. 그럼 낚싯줄을 던져서 짠! 하고 추억을 낚을 수 있단다. 추억을 낚아 올릴 미끼로 뭐가 좋을까? 이거야. (음악을 튼다) 추억은 음악을 좋아하거든."
_마담 프루스트의 대사 中

마담 프루스트는 추억을 낚는 미끼로 음악을, 낚싯바늘로 차를 준비한다. 그녀의 레시피 덕분에 폴은 차와 음악으로 자신만의 여행을 떠나게 된다. 사실 추억이 음악을 좋아한다는 것은 마담 프루스트만의 특별한 비밀이 아니다. 우리 모두 알고 있듯이 어떤 음악은 누군가에게 사랑을 기억하게 하고, 추억을 선물하기도 한다. 또 어떤 음악은 향기가 코끝을 스치게 하거나 음악을 통해 계절이 느껴지기도 한다. 그런 음악과 함께 차를 한잔 마신다면 그 차는 어떤 맛이 날까? 차와 함께하는 음악. 다악茶樂에 대해 알아보자.

다악: 찻자리의 풍미

진재해秦再奚의 《월하취적도月下吹笛圖》(서울대학교 박물관 소장): 두 선비가 풍류를 즐기는 자리에 달빛이 비추고 다동茶童은 차를 내온다.

다악(茶樂, Tea Music)은 찻자리 음악이다. 찻자리에 음악이 왜 필요한지, 어떤 역할을 하는지, 다악의 종류부터 선택까지 다악의 모든 것을 파헤쳐보자.

다악에서 '악樂'은 단순히 '뮤직(music)'만을 뜻하지 않는다. 차茶, 시詩, 화畵 등 다른 예술과 함께 조화를 이루는

'풍류'의 개념으로서 조금 더 넓은 범위의 음악을 의미한다. 더 구체적으로 정의하자면, 다악이란 찻자리에서 향유하는 풍류적 요소를 지닌 모든 소리이다. 여기에는 멜로디가 있는 악기 소리나 노랫소리뿐만 아니라 바람 소리, 새소리, 물소리 등과 같은 자연의 소리와 물 끓는 소리, 차 따르는 소리 등의 찻소리도 모두 포함된다.

차만 있어도 충분할 찻자리에 왜 다악을 넣는지 의문이 들 수 있다. 물론 다악이 없다고 차 맛이 떨어지는 것은 아니지만, 다악이 있음으로써 차가 더 맛있어질 수는 있다. 왜냐하면 다악이 찻자리의 '풍미風味'를 더해주기 때문이다.

그렇다면 우리는 언제부터 찻자리에서 음악을 즐겼을까? 기록에 의하면 하늘에 제사를 지내던 때 귀한 음식과 귀한 음료와 더불어 귀한 소리를 올리고 이를 모두 함께 먹고 마시며 즐겼다고 한다. 궁중에서도 차와 음악은 같은 자리에서 연행되었으며, 문인들의 시와 그림에서도 차와 음악을 함께 즐기는 모습을 종종 찾을 수 있다. 다악이라는 용어는 현대에 와서 만들어졌지만, 예를 다하는 순간이나 멋을 다하는 순간에 차와 음악은 이미 함께 있었다.

또 한 가지 중요한 점은 찻자리 음악은 단순한 BGM이 아니었고, 차와 음악이 함께 공존하며 균형을 이루어 다례를 완성했다는 점이다. 가만히 생각해보면 우리도 이미 다악을 듣고 있다. 카페나 찻집에 가면 언제나 음악이 흐르고 있는데, 인식하지 못할 뿐이다. 그러다 가끔 차 한잔의 여유와 함께 '아! 음악 좋다!'라고 느끼는 순간, 그때가 바로 차와 음악이 공존하는 시간이다.

다악의 종류는 크게 ASMR과 음악으로 나눌 수 있다. 다악은 오

김홍도의 《선면서원아집도西園雅集圖》(국립중앙박물관 소장)

늘날 말하는 ASMR의 원조 격이라 할 수 있는데, 관련하여 찻소리와 자연의 소리를 들으며 차를 마셨던 기록을 살펴볼 수 있다. 중국 당나라 문인 육우(陸羽, 733~804)는 차의 기본서라 할 수 있는 『다경茶經』에서 차 끓이는 단계를 다음과 같이 설명하였다.

> 차를 달일 때 세 번의 끓는 단계가 있다.
> 첫 번째는, 물고기 눈처럼 큰 방울인 어목魚目이 생기며 가느다란 소리가 나는 단계를 말하며,
> 두 번째로, 물이 용솟음치고 구슬처럼 이어지는 용천연주龍泉蓮珠의 단계,
> 세 번째로, 북을 치듯 부글부글 끓는 상태인 등파고랑騰波鼓浪의 단계가 있다.

육우는 물이 끓을 때 나는 작은 소리 하나 그냥 지나치지 않았다.

물이 끓는 소리를 들으며 '아 이 소리는 마치 북소리 같구나!'라고 느꼈다는 것은 이미 이 소리에 관하여 음악적 해석을 했다는 것을 의미한다. 이어서 자연의 소리를 다악으로 감상했던 도안 스님(道安, 1582~1655)이 읊은 다시茶詩를 살펴보자.

또 여덟 운을 잇다	又次八韻
또 그대를 못 보았던가	又不見
동해 봉래산이	東海蓬萊山
1만 2천 봉우리인 것을	一萬二千峯
눈과 달은 옥시내에 쏟아지네	雪月瀉玉溪
솔바람은 중국의 옥거문고요	風松奏瑤琴
채소는 시장하면 먹고	草食飢來餐
멧차는 목마르면 곧 따르네	山茶渴卽斟
움직이지 않고 할 일 없이 앉았는데	兀然無事坐
봄이 돌아와 숲에는 꽃이 가득하네[1]	春廻花滿林

시 속에서 솔바람 소리와 더불어 차를 마신 후 평안한 중용의 세계에 든 차인의 모습을 엿볼 수 있다. 육우도, 도안 스님도 노래나 악기 소리가 아닌 찻물 끓는 소리, 바람소리 등 자연의 소리를 통해 거문고나 북소리 같은 악기 소리를 마음으로 들으며 차를 마셨다.

---

[1] 김명배, 1988,《韓國의 茶詩鑑賞》, 32쪽에서 재인용.

자연의 소리가 이미 완벽한 다악이라고 느꼈던 것이다.

다음으로 일반적인 음악을 다악으로 들었던 기록을 살펴보자. 요즘 같은 시대라면 '다악 틀어줘'라는 한마디로 세상 모든 다악을 들을 수 있겠지만, 옛날에 어떤 다악을 들었는지는 그저 그림과 같은 기록을 통해 상상할 수 있을 뿐이다. 하지만 너무나 빠르고 쉬운 시대에 사는 우리에게는 당시 선비들의 기록이 낭만적이기만 하다. 그 시절에는 오랜만에 만난 친구들과 귀한 차를 꺼내 마시며 시도 짓고, 음악도 들었다. 그리고 그 순간을 기억하고 싶어 그림으로 남긴 것이다. 아날로그식 SNS다. 조선 후기 화가 이인문李寅文의 《누각아집도樓閣雅集圖》를 살펴보자. 아집도雅集圖란 일반적인 풍속화와 달리 경치 좋은 곳에 모여 친목 도모를 위해 시詩, 서書, 화畵를 즐기는 모임을 기념화처럼 그린 것으로, 한마디로 인증샷 같은 그림을 말한다. 더불어 그날 모인 사람들을 태그하는 것도 잊지 않았는데, 그림 오른쪽 위에 10행行의 화제畵題와 3행의 관지款識 내

이인문의 《누각아집도》(국립중앙박물관 소장)

용을 써두어 이 모임에 참여했던 인물과 상황을 유추할 수 있다.

고송 몇 그루 있어 흐르는 물이 그 가운데를 지나니	古松幾株流水貫其中
푸르고 차갑구나. 골짝 가득 바람이 인다.	蒼蒼冷冷 滿谷生風
탁 트인 누각 창에 아지랑이 영롱한 사이에	穿然軒牕 雲霞玲瓏之間
책상에 기대어 축을 펴는 이는 도인이오,	倚几而展軸者道人
그림 종이를 잡고 물끄러미 보는 이가 수월이오,	手把畫箋而佇觀者水月
거문고를 놓아두고 난간에 기댄 이는 주경이오,	抛琴倚欄者周卿
걸상에 걸터앉아 길게 읊조리는 이가 영수이니,	踞凳而長吟者潁叟也
이 네 사람은 죽림칠현에 대적할 만하구나.	此四人可敵七賢
그런데 문득 이끼 낀 길 시냇가에	然忽於苔徑溪畔
이야기하며 나란히 나타나는 이들은 누구인가?	談笑而聯翩者誰歟
이 또한 호걸의 기풍 있는 사람이거늘	此亦傑氣中人
도인 76세 늙은이가 그림을 그렸고	道人七十六歲翁畫
수월이 보았으며 영수가 증명했고 주경이 평하였다.	水月觀 潁叟證 周卿評
때는 경진년 청화월이다.[2]	時庚辰淸和月

이인문의 《누각아집도》 부분 확대

---

[2] 오주석, 2006, 《이인문의 강산무진도》, 신구문화사, 96쪽에서 재인용

그림의 화제와 함께 누각 안의 그림을 자세히 살펴보면 이 모임의 성격이 풍류다회라는 것을 알 수 있다. 누각의 오른쪽에는 이인문을 비롯한 3인이 화제에서 언급한 것처럼 시와 그림, 음악을 즐기고 있다. 그리고 화제에는 언급되지 않았지만 누각 밖에서 다동이 차를 준비하고 있고, 또 다른 한 명은 차를 내가고 있는 것을 알 수 있다. 또한 행색으로 보아 오른편 기둥 뒤에 있는 인물도 다동 중 한 명으로 추정된다. 이처럼 차를 마시면서 함께 음악을 즐기는 모습을 묘사한 자료는 종종 찾을 수 있는데, 조선 후기 화가 김두량(金斗樑, 1696~1763)의 《전원행렵도田園行獵圖》와 김홍도(金弘道, 1745~1806?)의 《죽리탄금도》에서도 그 모습을 확인할 수 있다.

김두량의 《전원행렵도》(국립중앙박물관 소장)

김홍도의 《죽리탄금도》(고려대학교박물관 소장)

두 그림 역시 자연과 더불어 차와 다악을 즐기는 모습이지만 분위기는 사뭇 다르게 느껴진다. 《전원행렵도》 에서는 위의 《누각아집도》처럼 즐거운 흥취를 느낄 수 있다면, 《죽리탄금도》의 분위기는 조금 더 차분하고 고즈넉하다. 위의 정서와는 또 다른 아취가 느껴지는 멋들어진 찻자리를 하나 더 소개한다. 조선 시대 문인화가 이경윤(李慶胤, 1545~1611)의 《월하탄금도月下彈琴圖》이다.

이경윤의 《월하탄금도》(고려대학교박물관 소장)

아무도 없는 고요한 산기슭에 앉아 휘영청 뜬 달빛을 받으며 한 선비가 거문고를 타고 뒤에는 다동이 차를 끓인다. 넘치는 풍류에 가슴이 두근거릴 지경이다. 이 그림은 선비의 머리카락까지 아주 세밀하게 표현했지만, 정작 그리지 않은 한 가지가 있다. 바로 거문고의 줄이다. 무현금無絃琴을 연주하며 차를 음미하는 이 선비는 진정으로 다악을 즐기고 있다. 여기에 어떤 음악이 흘렀는지는 그림 속 선비와 작품을 감상하는 우리의 상상의 몫으로 남겨둔 작가의 여백의 미가 돋보이는 작품이다.

무현금은 『도덕경』의 대음희성大音希聲이라는 미학을 담고 있다. "크게 모가 난 것은 모서리가 없고, 큰 그릇은 늦게 이루어지며, 큰 소리는 들리지 않고, 큰 형상은 형체가 없다(大方無隅 大器晚成 大音希聲 大象無形)."라는 구절이다. 들리지 않는 큰 소리라는 것은 소리

자체를 넘어서는 소리를 의미한다고 할 수 있다. 이러한 무현금은 《월하탄금도》뿐만 아니라 옛 문인들의 일화에서도 종종 찾을 수 있다. 도연명이 "거문고가 가지고 있는 멋을 알면 되지, 어찌 줄로 소리를 내려고 애쓰시오."라고 했다는 이야기도 역시 같은 맥락을 가지고 있다. 위와 같이 조선 시대의 다화, 다시와 관련된 대부분의 작품을 살펴보면 차茶, 악樂, 자연自然을 함께 두고서, 차를 마시는 과정과 더불어 전체적인 조화를 즐겼다는 것을 알 수 있다. 이것은 그들이 자연과 일치된 삶을 추구하였으며, 차와 음악이 동등한 위치에서 함께 풍류 다례를 형성하였다는 것을 의미한다.

지금 여기, 다시 다악

시간이 흘러 지금 생활상은 과거와 많이 달라졌지만 우리는 여전히 차도 마시고 음악도 듣는다. 다만 다악을 하나의 장르로 분류해 퍼포먼스화, 전문화, 세분화하는 노력을 하고 있다. 여기에는 꼭 전

다악 〈곁에서〉(촬영: 이수원)

통음악만 있는 것은 아니다. 전통음악 외에도 클래식, 재즈, 명상음악 등 다양한 장르의 음악을 듣는 찻자리가 있다.

다악을 무대화한 작업들은 종종 있었지만 '다악'이라는 이름을 붙인 음반은 한국창작음악연구회에서 처음으로 발매하였다. 아주 클래식한 국악부터 실험적인 국악까지 다양한 방면으로 다악을 만들고 공연화하였다. 지금도 국립국악원, 한국

한국창작음악연구회, 〈제1집 차와 우리음악 다리 놓기〉 앨범 사진

차문화협회, ㅁㅁ프로젝트(뭐뭐프로젝트) 등 여러 단체에서 차를 주제로 한 연주회나 차와 음악, 연극을 결합한 형태의 공연, 다례 체험과 같은 다양한 시도로 다악을 고민하고 있다.

이렇게 수많은 음악 가운데 한국 다악의 방향성과 정체성을 제안해보자면, 기본적으로 풍류적이면서 한국적 색채, 명상적 요소, 본성의 일별함이 두루 녹아 있는 음악이 한국의 현대 다악이 되어야 한다고 말할 것이다. 세계 많은 시장에서 분별력을 가질 수 있는

ㅁㅁ프로젝트, 관객참여형 퍼포먼스 〈꿈다방〉 공연 리플릿과 공연 사진

정체성을 한국적 색채라고 표현하는데, 이것이 꼭 정통 국악만을 의미하는 것은 아니다. 전통악기로 현대음악을 연주하거나 서양악기로 민요, 판소리를 연주할 수도 있고, 서로 간의 다양한 콜라보를 할 수도 있다. 아무튼 그 안에서 나름대로 한국적 색채가 묻어나기를 바란다.

다음으로 다악이 가져야 할 명상적 요소에 관해 말하자면, 차 본연의 역할에 충실할 수 있는 음악이어야 한다는 것이다. 즉 차를 방해하지 않고 편안한 상태를 유지할 수 있는 음악이어야 한다.

마지막으로 다악이 본성을 일별해야 한다고 했는데, 이것은 몰입의 상태를 뜻한다. 다악은 차를 마실 때 힐링의 단계를 지나, 나 자신에게 집중하고 진짜 나를 발견하는 시간을 선물할 수 있는 음악이다.

다악에 대한 접근이 너무 어렵다면 내가 좋아하는 음악에서부터 시작하는 것을 추천한다. 천릿길도 한 걸음부터라는 속담처럼 차와 음악을 함께 즐기는 것부터가 다악의 첫걸음이 되겠다. 아무리

내가 좋아하는 차와 음악을 함께 즐기는 것이 다악의 첫걸음이다.(출처: (좌) 윤혜진 (우) 김세리)

좋은 차, 멋진 음악이라도 내가 싫으면 즐길 수 없다. 좋아하는 음악, 듣고 싶은 소리로 다악을 시작했다면 다음은 그 차에 어울리는 음악을 찾는 것이다. 오늘 마실 차와 가장 잘 어울리는 음악을 고르고 찾다 보면 나의 다악 취향을 알 수 있다. 그리고 마지막 단계가 '왜 차를 마시는가'를 생각하는 것이다. 내가 차를 마시는 이유에 맞는 음악을 찾을 수 있다면 그보다 더 좋은 다악이 있을까?

참고문헌

『三國志』卷30 (東夷傳)
『道德經』
陸羽, 『茶經』
김명배, 『韓國의 茶詩鑑賞』, 대광문화사, 1994.
오주석, 《이인문의 강산무진도》, 신구문화사, 2006.
한국문학평론가협회, 『문학비평용어사전』, 국학자료원, 2006.

커피와 차,
그 리 고
힐링 한 모금

영화 《세상의 끝에서 커피 한 잔》

· 임진선 ·

주식회사 '소모' 대표이사. 성균관대학교에서 생활예절·다도과 석사 학위를 받고 동 대학 동아시아학과 박사 과정에 있다.
커피를 마실지, 차를 마실지 아침이면 늘 고민을 한다.
국내외 커피 대회의 심사위원으로 활동하며 세상에서 가장 맛있는 커피를 찾아 헤매던 중 우연히 마주한 차茶 한잔은 '악마의 유혹'이라 불리는 커피와 비교할 수 없는 또 다른 감동이었다. 차 산지를 다니며 차를 마시고 다양한 콘텐츠로 커피와 차茶 이야기를 나누며 대중과 소통하고 있다.

세상의 끝에서 커피 한 잔
감독 치앙시우청
주연 나가사쿠 히로미, 사사키 노조미
일본 대만 한국, 2014

왜 우리는 그토록 커피에 열광하는가?

'차 한잔 하실래요?' 사람들과 만나게 되면 종종 나누는 이야기다. 여기서 말하는 '차'는 어떤 음료이며 어떤 의미일까. 목이 마르니 음료를 마시며 이야기하자는 의미일까? 당신과 소통하고 싶다는 표면적인 사회 언어일까? 함께 차를 마시기 위해 주변을 둘러보면 쉽게 카페를 찾을 수 있다. 국세통계포털 사업자 현황에 따르면 2021년 7월 말 기준 전국 카페 사업자는 79,000개로 추산되며 2018년 이후 매년 약 1만 개의 카페가 생겨나고 있다. '커피 공화국'이라는 말을 실감할 수 있다.

한 집 건너 있다시피한 카페는 커피를 좋아하는 사람, 카페인에 민감한 사람 등 다양한 취향의 고객에게 카페인, 디카페인 음료, 과일 주스, 디저트 등 다양한 메뉴로 머무는 시간 동안 서비스를 제공한다. 여름에는 시원하고 겨울에는 따뜻하며, 쾌적하고 감성적인 실내장식을 제공한다. 매장에 흘러나오는 음악을 들으며 혼자서도 자유롭게 공간을 즐길 수 있고 누군가와 소통할 수 있는 장소인 카페는 하나의 문화공간으로 자리매김했다. 차 한잔 마시자는 일상적인 이야기는 당신과 시간을 가지고 편한 장소에서 소통하고 싶다는 의미 정도로 해석될 듯하다.

《세상의 끝에서 커피 한 잔》 포스터

'커피 한잔 할래요?'

《세상의 끝에서 커피 한 잔》이라는 제목으로 2015년 한국에서 개봉된 이 영화의 원제목은 'さいはてにて-かけがえのない場所'이다. 직역하면 '둘도 없을 맨 끝의 장소에서'로, 영어 제목으로는 'The Furthest End Awaits', 즉 '세상의 가장 먼 곳에서 기다린다'로 해석된다. 일본 중부의 서해 노토반도를 배경으로 촬영된 영화는 '세상에서 가장 먼 곳', '세상의 끝'이라는 제목이 잘 어울리는 바다로 둘러싸여 있다. 이국적인 분위기와 아름다운 석양의 영상미가 압도적이며, 영화를 보는 동안 커피 한 잔을 들고 함께 바다를 바라보며 서 있는 듯한 느낌이 든다. 시원하게 부서지는 파도 소리와 커피를 볶는 로스팅 기계의 사그락사그락 원두의 소리는 영화 OST인 기타 연주 음악만큼이나 고요하고 편안하게 들려온다.

어린 시절 부모님의 이혼으로 아버지와 떨어져 살게 된 주인공 '마사키'(나가사쿠 히로미 분)는 아버지와의 추억이 가득한 허름한 창고를 개조해서 '요다카 카페'를 만든다. 두 아이인 '아리사'와 '쇼타'를 홀로 키우는 엄마 '에리코'(사사키 노조미 분)와는 망망대해를 앞에 두고 서로 이웃하고 있다. 영화 속 인물들은 가족에 대한 상처로 세상의 끝에 홀로 서 있는 듯 두터운 마음의 문을 갖고 있다.

영화는 학교폭력, 아동학대, 성폭력 등 다소 불편한 사회문제를 다루고 있다. '커피 한잔 할래요?'라는 영화 속 대사는 여러 상처를 안고 있는 서로에게 소통의 창문이 되어 주고, 커피라는 소재는 등장인물들의 마음의 문을 여는 손잡이가 되어 준다.

초등학생 아리사는 학교 급식비를 마련하기 위해 마사키의 로스터리 카페에서 일하게 된다. 커피를 볶는 기계, 커피의 다양한 향과 맛을 처음 접한 아이의 시선에는 모든 것이 신기하다. 어머니의 선물을 사기 위해 아리사가 일하는 카페를 방문한 친구에게 아리사는 커피를 골라 주며 '어머니는 어떤 분이셔?'라고 질문을 한다. 커피를 고르는데 어머니가 어떤 분이냐는 질문은 상황에 맞지 않는 듯하다. 옷 선물도 아니고, 액세서리 선물도 아닌 커피를 고르며 이런 질문을 하는 것은 얼핏 보면 이상할 수 있다. 이 장면을 몇 번 반복하여 돌려보며 대사를 정확히 들은 것인지 내 귀를 의심하였다. 어떻게 초등학생 아이가 커피를 이렇게 잘 이해하고 있지? 영화 속 대사에 허를 찔린 기분이었다. 커피는 단순 기호음료가 아니고 사람마다 가진 개성은 향과 맛으로 표현된다는 함의를 아리사는 이해하고 있었다.

나는 어떤 사람인가, 나는 어떤 커피를 좋아하는가? 자문해 본다. 에티오피아 커피처럼 발랄한 산미와 꽃 향을 담은 밝은 사람인가? 코스타리카 커피처럼 묵직하고 긴 여운이 남는 사람인가?

볶음차

주인공 마사키는 원두를 볶는 커피 로스터(Coffee roaster)다. 고지대에서 생산되어 밀도가 높은 생두를 분쇄하여 커피로 음용하기 위해 180도~250도 열처리하는 방법을 '로스팅(roasting)'이라 한다. 생두(Green been)는 대륙별, 나라별, 생산지별 토양과 자연환경의 영향으로 각각의 향과 맛이 다양하다. 생두의 특징적인 향과 맛을 고려하여 로스팅의 온도, 로스팅 시간, 배기, 교반속도 등의 조건을 조절함으로써 최적의 맛 또는 고객이 선호하는 맛으로 다양하게 로스팅하게 된다.

커피 원두만 로스팅하는 것은 아니다. 차茶도 로스팅을 하는데 일본의 호우지차(ほうじ茶, 焙じ茶)가 대표적이다. 1920년 교토의 한 차 상인이 잎과 줄기를 숯불에 구워 마시던 것이 사람들에게 입소문으로 알려지며 상품화되었다. 녹차가 로스팅될 때 발생하는 차의 향기를 좋아하는 소비자들이 늘어나 로스팅한 차는 인기 상품이 되었다.

호지차(출처: 준부당차포駿府堂茶舖)

우리나라에도 로스팅하는 '볶음차'가 있다. 이 볶음차는 찻잎과 찻잎에 근접한 여린 줄기를 사용하여 낮은 온도로 로스팅한다. 호우지차보다 부드럽고 스모키(smoky)한 훈연향보다 녹차의 향이 남도록 열처리한다. 이렇게 만들어진 차는 녹차의 아린 맛이 없고 달콤하며 마시고 난 후 끝 맛의 여운이 깊다. 호우지

초리차
(출처: 쟈드리)

차는 늦게 딴 차와 줄기를 섞어 고온에 로스팅한 것이지만 볶음차는 여린 줄기와 잎을 저온에 로스팅한 것이다. 따라서 이 차는 호우지차와는 다른 성격의 차인 것이 틀림없다. 숭늉을 후식으로 마시던 문화 영향인지 달콤하고 구수한 맛을 선호하는 우리들에게 볶음차는 분명 큰 호응을 받을 수 있는 차라 생각한다.

개인의 소득이 증가하고 생활 수준이 향상되면서 많은 사람이 다양한 음료 문화를 찾고 즐기게 되었다. 그중에서도 커피와 차는 현대인들의 대표적인 비알코올성 기호 음료이다.

평소 커피와 차를 모두 즐겨 마시는 집단에서 커피와 차의 선호도와 커피를 마시는 시간의 선호도에 대한 설문을 진행하였다. 〈표 1〉에서 나타나듯 커피의 선호가 차보다 조금 높다. 커피의 선호도가 높은 여러 이유가 있겠지만 앞서 언급한 것처럼 카페의 접근성이 높아서라 생각한다. 〈표 2〉의 커피를 음용하는 시간대에 관해서는, 일 또는 공부를 시작하기 전인 아침 시간에 마신다는 응답이 68.6%로 가장 많았고, 점심 식사 후에 마신다는 답변이 28.6%였다.

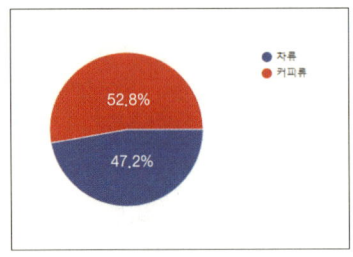 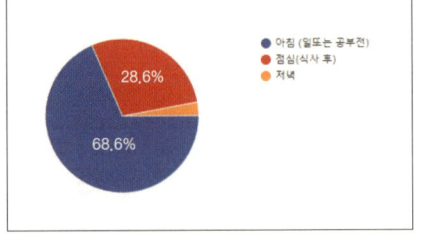

〈표 1〉 커피와 차 기호도　　　　〈표 2〉 커피를 마시는 시간

아침 일과를 시작하며 또는 공부나 일을 시작하기 전에 잠기운에서 깨고 집중도를 높이기 위한 음료로 커피를 마시는 습관은 현대인에게 일상이 되어버린 지 이미 오래다. 사무실이 밀집된 도심의 점심시간, 직장인들의 손에는 종이컵이 하나씩 들려 있는 것이 길거리의 흔한 광경이고 카페에는 식사 후 담소를 즐기는 직장인들로 앉을 자리가 없을 정도다. 초등학생들도 용돈을 모아 카페에서 친구들을 만나고, 학생들은 공부하기 위해 카페를 찾으며, 심지어 술을 마신 후 차를 마시고 헤어지는 밤 문화까지 등장하는 등 음료 문화는 남녀노소 가릴 것 없이 우리의 생활 속 깊숙이 자리하고 있다.

우리의 일상에 자리 잡은 한국의 커피 역사는 언제부터 시작된 것일까? 도입된 시기는 명확하지 않지만, 한말에 미국을 다녀온 유길준(兪吉濬, 1856~1914)은 1895년 최초의 국한문혼용서인 『서유견문西遊見聞』에서 "우리가 숭늉을 마시듯 서양 사람들도 커피를 마신다."라고 커피를 소개하였다.[1] 커피 애호가였던 고종황제는 1895

1　유길준, 『서유견문』, 일조각, 1971

년 러시아 공사관에 피신해 있을 때 처음으로 커피를 맛보았고, 1897년 경운궁으로 돌아온 뒤에도 커피 맛을 잊지 못해 '정관헌靜觀軒'을 만들고 커피를 즐겼다. 당시 커피는 한자음을 따서 '가배(咖啡/珈琲)'라고 하고, 서양에서 들어온 탕국이라 하여 '양탕洋湯국'이라고도 불렸다. 이 당시만 해도 커피는 지체 높은 양반이나 되어야 즐길 수 있는 특수한 기호식품이었다. 중신들과 정사를 논하던 그들은 시국에 대한 근심과 아픔을 커피 한잔으로 달래지 않았을까.

해방 후 6·25 전쟁이 끝나고 '인스턴트 커피'가 미군들을 통해 일반 대중들에게 '설탕 탄 탕국'으로 불리며 본격적으로 보급되었다. 1976년 12월 23일 간편하게 물에 타 마시는 '커피믹스'가 동서식품에서 개발[2]되었고 1978년에는 커피 자판기의 보급이 확대[3]되면서 커피 시장이 폭발적으로 성장하였다. 세계에서 가장 큰 다국적 커피 전문점 스타벅스(Starbucks)는 1999년 이화여자대학교 정문 앞에 1호점을 내는 것을 시작으로 국내 커피

고종 황제(출처: Public domain)와 정관헌靜觀軒(출처: crowdpic)

[2] 『동서식품 20년사』, 동서식품 주식회사, 1990
[3] 강준만, 「한국 자동판매기 문화의 역사 '자판기 엔터테인먼트' 시대의 명암」, 2008

시장에 진출하였고 주문과 동시에 바리스타가 만드는 에스프레소(Espresso) 커피는 젊은이들을 중심으로 인기를 끌었다. 인스턴트 커피 문화와 차별화된 고급 커피를 즐기는 새로운 카페 문화가 폭발적으로 성장하게 되었고, 더 이상 단순 기호식품이 아닌, 커피는 이제 문화의 중요한 한 축으로서의 역할을 담당하고 있다.

인스턴트커피는 물을 부어 저어주기만 하면 완성되는 달달한 커피라 간편하게 마시기 쉽고, 원두커피는 대륙별, 기후별로 다양한 생산지와 가공법에 따라 각각 다른 향과 맛의 매력으로 사람들을 매료시켰다. 나라, 산지, 생산 과정의 프로세싱(processing), 다양한 추출 기구별 맛과 향을 구분하며 음미하는 커피 마니아층이 두텁다. 충분히 그 매혹적인 향과 맛에 빠져들 만하다.

이렇게 기호음료로서 차茶와 양대 산맥을 이루는 커피가 우리 문화에 전파되기 훨씬 이전, 우리 민족에게는 차문화라는 큰 축이 자리하고 있었다.

우리는 언제부터 차를 마시기 시작했는가? 명확한 시기는 알 수 없으나, 사국시대(四國時代; 고구려, 백제, 신라, 가야)에는 차를 마시는 풍습이 있었다고 한다. 오늘날의 차茶와 같다기보다는 일반 식물들을 말린 후 물에 끓여 차처럼 마셨을 것으로 추측된다. 중국에서 차를 가져와 우리나라에 옮겨 심기 이전에 이미 남쪽 지방에 차나무가 자생하고 있었다는 '자생설自生說'과 차는 중국에서 우리나라로 전래한 것이라는 '전래설傳來說' 등 여러 주장이 있으나, 여기서 중요한 사실은 적어도 4세기경 우리나라에는 차를 마시는 문화가 있었다는 것이다. 고려에서는 차가 왕실의 하사품으로 쓰였으며, 궁궐 안에는 차를 전담하는 다방茶房이 설치되어 있었고, 다군사茶軍 士를 두어 왕의 궁궐 밖 행차 때 수행하도록 하였다. 왕이 공덕재功 德齋를 올리며 직접 차를 끓이는 일에 참여[4]했을 정도로 고려는 차 문화의 중흥시대였다고 할 수 있다. 불교문화와 함께 융성했던 고 려의 차문화는 조선 시대에 숭유억불崇儒抑佛 정책으로 인하여 위 축되었으나, 조선 3대 다인인 초의 선사, 다산 정약용, 추사 김정희 및 선비들을 중심으로 차의 맥이 이어졌다. 그러나 일제강점기와 6·25 전쟁을 겪고 커피가 국내로 유입되면서 차를 마시는 문화는 사람들에게 점점 더 소외되어 갔다.

'덕분에 너희의 좋은 차를 우리가 먹을 수 있어 고맙다'

대만의 글로벌 밀크티 브랜드에서 한국책임연구원으로 재직했을 당시의 일이 떠오른다. 세계 각국의 R&D(음료 개발자)들과 함께하 는 자리에서 "당신은 어떤 차茶를 좋아하나요?"라는 질문을 받았 다. 그때만 해도 커피에 빠져 커피를 즐겨 마시던 때라 대충 '우엉 차'라고 대답하였다. 옆에 있던 중국 연구원은 '철관음鐵觀音'을 좋 아한다고 했고, 일본 친구는 '녹차綠茶'를 즐겨 마신다고 하였다. 각 국 연구원들의 대답을 들은 질문자의 답변이 아직도 생생하다. '한 국 너희 나라 사람들은 좋은 차를 생산하면서도 차를 많이 안 마신 다. 덕분에 너희의 좋은 차를 우리가 먹을 수 있어 고맙다.'

---

[4] 고세연, 『차의 역사』(미래문화사, 2006)

뭐지? 고맙다는 인사를 듣고도 굉장히 찜찜한 느낌이었다. 그리고 중국과 일본의 차문화를 칭송하는 화제가 이어졌는데, 당시 나는 우리나라의 차에 대한 지식이 부족하여 그 자리에서 제대로 이야기하지 못했던 흑역사가 있다. 우리나라 차에 대한 강의를 하며 종종 이 일화를 사람들과 나누곤 한다. 입시 위주의 교육 아래 차문화는 학교에서도 등한시되었고, 가족 혹은 지인들과 함께 차를 내리고 마시는 문화는 일반인에게 매우 낯설게 느껴진다. 성인이 되어 관심을 가지고 차를 찾아 마시기 전까지는 우리 사회에서 차 마시는 문화를 접하기란 쉽지 않다.

노근숙 박사는 「커피문화와 일본 차문화의 공통 요소에 관한 연구」에서 커피문화와 차문화의 공통점으로 종교, 약용, 접대문화를 이야기하며, 이 세 가지 공통 요소가 각각의 문화권에서 어떻게 형성되고 발전되었는지를 조명하고 있다. 차는 동아시아, 커피는 이슬람 문화권의 대표적인 전통 음료지만, 거꾸로 이슬람 문화권에서는 홍차가, 동아시아 문화권에서는 커피가 현대 음료의 범주를 차지하는 상반된 현상이 나타난다. 홍차를 포함한 차문화는 서양에서는 현대 문화다. 우리가 서구문화에 심취해 고리타분한 전통 방식이라 등한시하였던 차문화가 서구에서는 현대 문화라는 생각의 전환은 흥미롭다. 또한 음용 목적을 살펴보면, 커피와 차는 모두 식용과 약용으로 시작되어 종교적인 수행의 요소로 전파되고, 기호음료와 접대문화로 발전되었음을 알 수 있다. 이 공통적인 발전 과정에서 우리는 음료의 방향에 대한 힌트를 얻을 수 있다.

(출처: May)

차와 커피의 카페인

커피와 차에는 카페인(caffeine)이 공통으로 함유되어 있다. 이들 음료가 오늘날 기호 음료로 자리 잡고 많은 사람에게 오랜 기간 사랑받을 수 있었던 이유 중 하나로 각성제의 역할인 카페인 성분을 이야기할 수 있지 않을까?

카페인은 커피, 차, 코코아, 콜라 열매 등 한정된 식물 종에 함유된 알칼로이드의 일종으로 테오브로민(theobromine), 테오필린(theophylline) 등과 함께 크산틴(xanthine) 유도체 중 하나이다. 체내 대사작용과 관련하여서는 뇌와 근육의 자극제, 흥분제, 강심제, 이뇨제 등 다양한 효과의 약물적인 성분이기도 하다. 카페인은 중추신경계에 영향을 미쳐 신경과민, 흥분, 불면 등을 유발하며, 소화기관의 근육과 혈관을 이완시킨다. 적당량을 섭취하면 신경 활동이 활발해지고 피로가 경감되는 효과가 있으나, 과잉 섭취하면 중추신경계에 영향을 미쳐 신경과민, 흥분, 불면 등을 유발하고 위장, 소장, 결장, 내분비계에도 좋지 않은 영향을 미칠 수도 있다.[5]

카페인은 우리 인체에 긍정적인 기능과 부정적인 기능, 양면의 효과를 모두 지닌다. 커피를 물처럼 습관적으로 마시는 사람도 적지 않은데, 많은 부작용들을 말할 수 있지만 가장 흔하게 이들은 주말이면 두통을 호소하기도 한다. 일과 전에 커피를 마시며 하루를 시작하는 습관으로 생활하다 보면 알게 모르게 카페인에 중독이 되어 버려, 휴일에 커피를 안 마셨을 때 금단현상처럼 두통을 겪게 된다. 뇌혈관을 수축시키는 작용의 카페인 부족으로 혈관이 확장되며 두통이 발생하는 것이다. 이때 커피를 마시면 신기하게도 두통이 바로 사라진다.

카페인 중독이다. 이러한 부작용들을 여럿 경험하며 카페인에 대한 사람들의 인식은 점차 높아졌고 카페인 관련 고민도 늘었다. COVID-19로 인해 재택근무로 집에 머무는 시간이 늘어나고 외부 활동이 줄어듦에 따라, 수면장애 등으로 디카페인(De caffeine)을 찾는 사람이 늘었다. 디카페인의 커피 시장도 눈에 띄게 확대되는 추세다. 디카페인 음료를 마시기 위해 콜드브루(Cold Brew)를 찾는다. 콜드브루는 고온에서 용해되는 카페인의 추출을 저지하기 위해 찬물을 이용하여 커피를 내리는 방식이라, 디카페인으로 생각되기 쉽다. 또한 디카페인 커피는 기존 생두에서 카페인을 제거하는 프로세싱을 통해 만들어지는 것이므로, '디카페인'이라도 소량의 카

---

5   김명희. "기호음료 속의 카페인에 관한 연구." 차문화산업학(2011): 1-34

커피 꽃(출처: Public domain)과 차 꽃(출처: May)

페인은 존재할 수밖에 없다. 즉 일반 커피보다 카페인의 양이 적은 것일 뿐이므로 완벽한 디카페인으로 오해해서는 안 된다. 카페인에 민감하다면 디카페인, 콜드브루 섭취 시에도 주의가 필요하다.

하루를 살아낼 에너지

커피와 차에 들어 있는 카페인은 화학구조와 성질이 동일한 물질이나, 커피를 마셨을 때와 차를 마셨을 때의 인체 작용은 차이가 있다. 차에 함유된 테아닌(Theanine) 성분은 카페인에 의한 중추신경의 자극을 약화시켜 수면 방해 작용을 억제한다. 그리고 카페인 활성에 대해 선택적으로 작용하여 그 각성은 커피를 마셨을 때보다 완만하게 활성화되며 지속시간도 짧다. 차에 함유된 여러 물질의 복합 작용에 의한 것이지만 특히 테아닌은 카페인에 의한 흥분 작용을 억제시키는 길항 작용拮抗作用을 한다. 카페인 과잉 섭취 시 나타나는 정신 불안, 불쾌감 등의 부작용을 방지하는 것이다. 테아닌의 복합물은 불안 및 스트레스와 관련된 신경전달물질과 호르몬을 조절하는 항불안 및 항스트레스 효능이 있다는 연구 결과가 있다.[6] 차를 마시면 편하고 안정적인 느낌을 갖게 되는 것은 이런 효능 덕분일 것이다.

또한 차의 카테킨(Catechin) 성분은 카페인에 의한 생리적인 작용에 차이를 유발한다. 카테킨은 알칼로이드 성분과 잘 결합하는 성질을 가졌는데 카페인이 바로 그 알칼로이드 성분에 해당한다. 카테킨과 쉽게 결합하여 침전물을 형성한 카페인은 그 흡수가 저해되며, 따라서 인체 내에는 극히 적은 양의 카페인만이 흡수된다. 물론 차의 종류와 제다 과정에 따라 카페인의 함량이 상이할 수 있겠으나, 차에는 커피에 함유되어 있지 않은 테아닌과 카테킨 성분이 다량 존재하고 있어 결과적으로 차를 마셨을 때와 커피를 마셨을 때의 카페인 작용이 서로 다르게 나타나는 것으로 볼 수 있다.

일반적으로 커피를 마시는 목적인 카페인의 각성효과나 커피의 과다 섭취 또는 카페인 중독으로 평소 고민한다면 '커피는 몸을 깨우고, 차는 마음을 깨운다'라는 말처럼 체내 카페인 흡수율이 낮은 차茶로 대체해 보는 걸 추천한다.

두 음료는 준비하는 마음에도 분명 차이가 있다. 마라톤을 달리기 위해 운동화 끈을 동여매는 행위로 비유하고 싶은 커피와, 마라톤을 완주하기 위한 정신적인 훈련으로서 편안하고 좋은 음악을 듣는 것 같은 느낌의 차랄까. 커피를 내릴 때 드립 포트에서 흐르는 물의 흐름은 경쾌하다. 물과 만나는 원두의 강렬한 향은 코끝 가득

---

6   박상기 외 4. "녹차추출물과 테아닌 복합물의 신경전달물질 조절을 통한 항스트레스 효과", 약학회지 53.5 (2009): 241-249.

풍부하게 퍼져 온몸의 세포들을 깨운다. 머릿속에 마라톤 코스를 생각하듯 업무를 계획하고, 오늘의 할 일을 생각하며 몸을 깨운다.

차를 준비하는 과정에서 시작은 마음의 준비다. 물을 끓이는 소리에 귀 기울이게 되고 다기에 따르는 물줄기는 정성스럽다. 찻잎의 마른 향, 뜨거운 물을 붓고 다관에서 새어 나는 차향을 깊은 숨으로 들이 마시며 내 몸안의 나쁜 기운을 내뱉어 본다. 찻잔에 따진 맑은 찻물을 눈으로 살피며 먼저 눈을 씻는다. 입안에 가득 퍼지는 차향은 식도에서 마음속 깊은 곳까지 뜨끈하게 내려간다. 차의 온기로 마음이 깨어지고 하루를 살아낼 에너지를 얻는다.

내리고 우리는 커피와 차

차 문헌에는 다양한 음용법이 기록되어 있다. 차를 물에 넣고 끓여 마시는 법, 물에 풀어 마시는 법, 그리고 요즘처럼 물에 우려 마시는 법 등 다양한 방법으로 일상에서 차를 음용하였다. 찻그릇의 제약이나 다법茶法의 형식에 얽매이지 말고 차를 일상에 가까이해보자. 다양한 방법으로 편하게 차를 만나보자.

커피 핸드 드립과 차를 내려 마시는 다법은 추출이라는 방법적인 요소에서 유사하다. 먼저 커피를 드립으로 내리는 과정은 다음과 같다. 준비된 원두의 향과 맛을 살릴 수 있는 드리퍼와 커피 도구를 선택한다. 원두의 생산지와 분쇄도를 체크하고 사용할 커피를 계량한다. 그리고 세심하게는 로스팅 날짜, 드리퍼의 특징에 따라 물 온도를 조절하며 분쇄된 커피에 2분~2분 30여 초간 물을 가는 물줄기나 굵은 물줄기로 또는 물을 방울 형태로 떨어뜨리는 점 드립으로 커피를 내린다.

차는 어떠한가? 다류茶類와 맞는 찻그릇을 선택하고, 차의 제다 환경, 제다 방법, 찻잎의 외관을 확인하며 사용할 차를 계량한다. 그리고 차에 맞는 온도로 끓인 물을 차에 부어 우려 마신다. 원두와 차라는 두 용질溶質에 물이라는 용매溶媒를 이용하여 추출하는 방법은 커피와 차 서로가 동일하다. 이처럼 커피를 내리고 차를 내리는 일은 매우 흡사하다. 커피처럼 차도 어렵지 않은 음료이다.

커피 추출 과정의 변수를 다양한 방법으로 조절하도록 개발된 도구들이 많이 나와 있다. 커피 추출방식으로는 원두를 분쇄한 후 물에 담가서 추출하는 침출식浸出式, 필터를 이용해 걸러서 추출하는 여과식濾過式, 그리고 압력을 사용하는 가압식加壓式이 있다. 보통 우리가 마시는 아메리카노(Americano)는 커피 머신을 이용하여 9~11bar의 압력으로 추출한 에스프레소(Espresso)에 물을 부어주는 가압식 추출 방법으로 만들어진다.

드립 커피는 추출 도구를 이용하여 커피를 만드는 침출식, 여과식 추출법으로 만든다. 에스프레소 기계를 두면 가격이나 설치 면에서 소비자의 부담이 따르지만, 커피를 좋아하는 마니아층은 어디서나 향과 맛이 풍부한 커피를 마실 수 있는 핸드 드립을 선호하며 한두 가지 정도의 커피 도구들을 소장하기도 한다. 요즘엔 이런 도구를 이용하여 차를 내리는 시도도 주변에서 종종 볼 수 있다. 딱히 표현할 만한 단어가 없어 '티 드립(Tea Drip)'이라고 표현한다. 티 드립보다 좋은 이름이 있다면 이름을 지어주고 나만의 방식으로 차를 만들어보자.

커피를 넣고 물을 부어주는 '프렌치프레스', 커피를 넣고 물을 부어 여과시키는 '드리퍼', 에스프레소와 비슷한 묵직한 커피를 내려주는 '모카포트' 등…. 한때 열정적으로 커피를 내려 마시는 데 썼지만, 이제는 집 어딘가에 뽀얗게 먼지 쌓여 장식되어 있을지도 모를 이 도구들을 이용하여 차茶를 내려 보자. 커피를 내려 마셨던 도구라서 커피의 향이 차의 맛을 떨어뜨릴 수도 있는데, 냄비에 도구를 넣고 찻잎과 함께 열탕 소독하듯이 끓여 준 후 사용하면 맛에 대한 우려는 줄어들 것이다. 차를 일상으로 즐기는 차인茶人들은 굳이 이런 방법으로 차를 마셔야 하는지 이해가 안 될 수 있다. 하지만 차를 마시기 어려워하는, 차 도구가 없는 입문자들, 혹은 차를 추출하는 여러 조건을 변화시켜 가며 차의 향과 맛을 즐기고 싶은 사람들에게는 충분히 흥미 요소가 될 수 있을 것이다. 개인의 선호에 따라 추출 방법을 조금씩 달리해보면서 차를 더 맛있게 내리는 비결을 쌓을 수도 있다. 대중에게 익숙한 커피 문화에 차를 접목함으로써 차 입문의 진입장벽을 낮추는 대중화를 위한 흥미 요소로 봐주길 바라며, 내가 경험한 핸드 드립 기구를 이용한 도구별 티 드립 방법들을 소개한다.

① **프렌치프레스**

플런저 포트(plunger pot)라고도 불린다. 이탈리아인 파올리니 우고(Paoilni Ugo)에 의해 개발된 이 기구는 토마토 주스기를 보고 영감을 받아 만들어졌다. 지금의 프렌치프레스(French Press) 형태가 개

프렌치프레스(출처: IKEA)

발되고 30년이 지난 후에 프랑스에서 성행하며 지금의 이름이 붙여졌다. 핸드드립 커피를 즐기는 대중에게 가장 많이 알려진 드립 도구로 묵직한 질감을 좋아하는 커피 애호가들이 자주 사용한다. 티 드립의 경우 유리 용기에 차를 넣고 물을 부어 뚜껑을 덮어준다. 차의 크기에 따라 2~3분 시간을 조절하여 침지한 후 뚜껑 부분의 플런저를 아래로 누르면 도구 안의 거름망인 메쉬 필터가 찻잎을 걸러준다. 차의 균일한 맛의 추출을 기대할 수 있으며 비교적 간편하고 세척도 용이하다. 프렌치프레스의 용량과 투입할 차의 용량을 잘 계산하여 차를 추출한다면 입안 가득 향긋한 차를 즐길 수 있다. 모든 차를 내리기 좋으나 허브티 종류의 차 추출을 추천한다.

② **칼리타**

독일에서 개발된 이 드리퍼는 일본에서 커피 추출 기구를 제조하고 판매하는 'Kalita'라는 회사에서 판매하며 드리퍼 이름이 칼리타(Kalita)가 되었다. 커피가 내려오는 추출구가 3개로 물이 통과하는 시간이 다른 드리퍼들에 비해 다소 느리다. 반침지식의 추출로 먼저 찻잎에 소량의 물을 골고루 부어준 후 찻잎의 성분이 원활하게 추출되도록 10~20초 정도의 불림 시간을 가진다. 찻잎의 크기에 따라 드리퍼에 투입하는 물의 줄기와 양을 조절하여 차가 가진

다양한 맛 중에 원하는 맛을 추출하는
것도 가능하다. 금속필터인 스테인리스
(stainless steel), 비금속 무표백 종이필
터, 우리나라에서 개발된 한지 필터 등
드립 필터의 재질에 따른 맛의 변화도
느낄 수 있다. 칼리타 드리퍼를 이용해

칼리타(출처: 카페뮤제오)

서 차를 추출할 때 차를 내리는 동안 흩어지는 차의 아로마를 충분
히 즐길 수 있다. 투입하는 물의 양과 온도, 추출 시간 등 다양한 변
수를 조절하여 흥미로운 추출을 즐길 수 있다. 차의 종류 중 녹차나
발효차류 추출을 추천한다.

③ 하리오

하리오(Hario)는 드리퍼와 드립 필터 사이 공기층 형성으로 투입되
는 물의 흐름을 도와주어 추출을 쉽게 하는 리브(rib)의 길이가 길
고, 하단의 추출구가 다른 드리퍼에 비해 크다. 이러한 특징으로 여
과식濾過式 드리퍼 중에서 가장 추출 속도가 빠르고, 빠른 추출로
인해 깔끔한 맛과 향을 유지하는 커피
를 즐길 수 있는 드리퍼이다. 하리오로
티 드립으로 적용할 경우에는 홍차의 찻
잎을 크기로 분류한 패닝(Fannings) 등급
또는 더스트(Dust) 형태의 찻잎 사용이
적합하다. 커피 추출 시 투입하는 물줄
기를 조절하여 물방울 형태로 추출하는

하리오(출처: 카페뮤제오)

표일배(출처: 와드몰)

점드립 방식처럼 티 드립도 소량의 물을 점드립으로 진하게 추출하여 티에스프레소를 만들고 우유를 넣어 마셔보자. 시판되는 대부분의 밀크티는 차를 물에 장시간 우려 추출하는 침지浸漬 방식으로 만들어지고 있는데, 이렇게 만들어지는 침지방식의 밀크티와는 비교할 수 없는 신선하고 풍부한 향을 지닌 밀크티를 맛볼 수 있다.

④ 클레버

차를 즐겨 마시는 다인茶人들도 가끔은 차를 간편하게 마시는 방법을 선택한다. 간편하게 차를 추출하기 쉬운 도구로 가장 많이 선호하는 찻그릇은 차를 여유롭고 태평하게(飄逸) 내려 먹는 잔(盃)이란 뜻을 가진 표일배飄逸盃다. 찻잎에 물을 부어주고 일정 시간이 흐른 뒤 버튼을 눌러 내려 마시는 간편한 도구로, 가장 간편하게 마시는 방법으로 많이 사용한다. 핸드드립을 즐기는 커피 인들도 때로는 간편하게 커피를 즐기고 싶다.

클레버(출처: 카페뮤제오)

클레버(Mr. Clever)는 대만 표일배 제조회사인 EK인터내셔널에서 제작하였다. 드립 필터에 분쇄된 커피를 넣고 뜨거운 물을 부은 후 3~4분의 적당한 시간이 흐른 뒤, 클레버를 컵 위에 올려주면 커피가 완성된다. 클레버에 커피 대신 차를 넣어

보자. 보통 다관을 이용해 세차洗茶하거나 한두 탕의 차를 내려 마시듯 이 드리퍼를 이용할 수 있다. 컵 위에 올려놓고 물을 부어준다면 일반 여과식 드리퍼와 같은 티 드립을 즐길 수도 있다. 한여름에는 우롱차烏龍茶를 넣고, 찬물을 부어준 후 뚜껑을 닫아 냉장고에 보관하면 무더위 갈증을 시원하게 해소해 줄 최고의 음료가 된다. 그야말로 이름처럼 영리한 녀석이다. 차와 물의 침지 시간을 조절한 여러 번의 추출로 다양한 맛을 경험해보자. 이 또한 모든 다류의 추출이 가능하지만 세차가 필요하고, 섬세한 맛을 어우러지게 추출해야 하는 흑차류를 추천한다.

⑤ 사이폰

과학 실험 도구처럼 생긴 사이폰(Siphon)은 증기압蒸氣壓을 이용하는 진공식 추출용 도구이다. 알코올램프나 할로겐 등의 열원으로 물이 담긴 하단 플라스크를 가열한다. 물이 끓기 시작하면서 발생하는 증기압은 물을 상부 플라스크로 이동시키고 그 물이 상부에 담은 차와 만나며 추출되는 방식이다. 직접 열원을 주어 고온의 추출이라 생각하기 쉬우나 차와 만나는 물의 온도는 85~90도 사이로 차를 우리기에 딱 적당한 온도이다. 상부 플라스크로 이동한 물이 차와 만나는 시간 또는 그 시점에 나무 스틱으로 저어주는 교반 횟수를 조절하여 같은 차라고 하더라도 다양한 맛을 경험할 수 있을 것이다. '눈으로 마신다'라는 표현처럼 사이폰

사이폰(출처: 유닛808)

추출은 시각적인 면에서 볼거리를 제공하며 부드러운 맛과 풍부한 아로마를 표현할 수도 있다.

마음에 스미는 콜라보

차에 관심을 가지고 차를 즐기는 젊은 연령층이 늘고 있다. 요가, 명상과 더불어 차를 접목한 힐링 문화가 다양해졌다. 다양한 콘텐츠로 차 관련 산업이 들썩이고 있다. 차를 내려 마시는 기존의 클래식한 방법들과 다양한 추출 도구로 차를 내리는 방법에 흥미를 느끼고 차를 마시며 즐기는 사람이 늘어나는 추세다. 카페들 사이에 밀크티 판매장도 드문드문 늘었고 그 마니아층도 형성되었다. 앞서 커피의 발전과정에서 대중에게 선택받은 커피믹스가 커피산업에서 부스터 역할을 하였듯 밀크티가 우리나라 차문화의 부스터가 되어줄 것인지는 더 지켜볼 일이지만, 확실히 젊은 층의 차 소비는 증가하는 추세다.

동아시아와 이슬람 문화권에서 발달하며 오랜 시간 인류와 함께한 두 음료의 콜라보. 에스프레소 기계에 커피 대신 차를 넣어 티프레소를 내리고, 캡슐 커피처럼 만들어진 캡슐 티로 차를 즐긴다. 차의 추출 방법을 다양하고 흥미롭게 발전시켜 마시는 방법들은 무척 반갑다. 더욱 기발하고 재밌는 추출 방법들로 차를 즐기는 사람들이 많아져 더는 차를 마시는 방법이 어렵다는 수식어가 따라오지 않기를 바란다. 다양한 방법들로 이미 차를 즐기고 있겠지만 앞서 제시한 티 드립을 추천해본다. 티 드립을 하는 동안 차와 물이 만나는 아로마가 마음에 스며드는 경험을 하게 될 것이다. 커피와 차 그리고 힐링 한모금. 코끝으로 다가오는 향과 온기 가득한 차는 우리가 이제까지 한 번도 경험하지 못한 바이러스 전쟁과 같은 혼란 속에 우리의 마음을 충분히 덥혀 줄 것이다.

참고문헌

강준만, 「한국 자동판매기 문화의 역사 '자판기 엔터테인먼트' 시대의 명암」, 2008
고세연, 『차의 역사』, 미래문화사, 2006
김명희, 「기호음료 속의 카페인에 관한 연구」, 차문화산업학, 2011
노근숙, 「커피문화와 일본 차문화의 공통 요소에 관한 연구」, 국제차문학학회, 2016
유길준, 『서유견문』, 일조각, 1971
박상기 외 4, 「녹차추출물과 테아닌 복합물의 신경전달물질 조절을 통한 항스트레스 효과」, 약학회지, 2009
『동서식품 20년사』, 동서식품 주식회사, 1990

차의 공간

영화 《협녀, 칼의 기억》

• 최원석 •

홍익대학교 산업디자인학과 졸업 후 LG전자와 현대카드에서 디자인 개발 및 브랜디 업무를 진행했다. 현재 기업의 비즈니스 전략 및 브랜딩 프로젝트를 컨설팅하는 필라멘트앤코를 운영하고 있으며, 다양한 F&B 브랜드 및 공간 개발 프로젝트를 진행하였다. 또한 오프라인 팝업스토어 플랫폼 '프로젝트 렌트'를 운영하며 다양한 콘텐츠 기반의 공간기획 및 개발업무를 하고 있는 공간 및 콘텐츠 기획자이다. 다양한 라이프스타일 콘텐츠와 커피 그리고 차를 즐기는 애호가이다.

협녀, 칼의 기억
감독 박흥식, 주연 이병헌 전도연 김고은
한국, 2015

《협녀, 칼의 기억》

칼이 지배하던 시대 고려 말. 왕을 꿈꿨던 한 남자의 배신, 그리고 18년 후 그를 겨눈 두 개의 칼. 무신정권 시대를 배경으로 고려를 탐한 검의 이야기를 다룬 영화 《협녀, 칼의 기억》에는 곳곳에 차가 등장한다. 영화는 원나라와 명나라의 영향을 많이 받은 시대적 배경을 반영하여 중국풍에 가까운 차의 공간을 그려내며 특히 사무 공간 한 켠에 다구가 가지런히 마련되어 있는 모습을 통해 차를 마시는 것이 온전히 일상의 일부가 되어 버린 중국적인 차문화의 느낌을 담았다. 영화의 주인공이 신분을 숨기고 일을 하는 공간도 도심 근교의 다원이며, 영화의 중간중간 일상적인 장면에서는 차를

영화 《협녀, 칼의 기억》 中 덕기(이병헌)가 홍희(김고은)의 출생에 대한 비밀을 알고 설랑(전도연)을 베려 하는 순간

영화《협녀, 칼의 기억》中 팽주의 자리에서 화차를 내려 손님들에게 대접하고 있는 설랑(전도연)

마시는 장면이 자연스럽고 무심하게 연출된다. 이 영화는 어찌 보면 한국 시대물 영화로서는 차를 극중 문화의 일부로 차용하는 데 가장 적극적이었다고도 말할 수 있을 듯하다.

차문화의 역사

물론 한국의 차문화는 고려시대 이전부터 있었다. 『삼국사기』의 〈신라본기〉 흥덕왕 12월 조에 표기된 것을 보면 한국의 음다飮茶 역사는 약 1,400여 년 전까지 거슬러 올라갈 수 있다. 또한 828년에는 당나라에 사신으로 다녀온 대렴이 차 종자를 가져오자 왕이 지리산에 심게 하였다는 기록이 있으며, 선덕여왕(632~647) 때부터 차를 마시는 문화가 있었다고 한다. 심지어 『삼국유사』에 기록된 바에 따르면, 가락국 수로왕의 왕후인 허황옥이 천축에서 차 씨를 가져와 심고 명절이나 제사에 차와 과자를 올려두었다고 한다.

다만 고려 초기에는 차를 약으로 여기는 성향이 강했다고 한다. 고려시대의 풍속을 기록한 서긍徐兢의 『고려도경高麗圖經』에는 고려 조정에서는 외국의 사신들이 오면 연회를 하면서 차를 대접했다는 기록이 있는데, 고려인들은 차를 약으로 생각했지만 다 마시지 않으면 사신들이 자신들을 무시한다고 여기며 불쾌하게 생각했다고 한다.

선불교에서 '다반사茶飯事'나 '끽다거喫茶去'와 같은 공안(公案, 선종에 깨달음으로 이끌기 위해 사용되는 말이나 행동)이 유행하면서 고려의 지식인들 사이에서 차를 음료로 마시는 풍습이 널리 퍼진 것도 사실이다. 차를 마시는 방법에는 시대마다 차이가 있었지만, 차를 놓고 법담을 펼치는 일은 지식인들 사이에서 고상한 삶의 모습으로 여겨졌다. 이처럼 고려 말에 차를 음료처럼 즐기는 문화가 형성된 것은 분명하지만, 그 시대에 대해 한국적인 차문화와 중국적인 차문화의 경계를 명확히 하기는 어려우리라 생각된다. 또한 한국만의 차 문화의 시작점에 추사 김정희와 초의선사草衣禪師가 있다고 하나, 차에 대한 기록을 남기는 것 이상으로 차가 일상의 문화로서의 형식을 갖추게 된 것은 이 시대가 아닐까 하는 추측도 해볼 수 있을 것이다.

차를 즐기는 공간

우리가 함께 논해보고자 하는 것은 차라는 물질이 아니라 차를 즐기는 공간이다. 차와 차의 맛을 논하는 사람들에게 있어서 차를 마시는 공간이란 어떤 의미일까? 차문화는 중국에서부터 시작되어 한국, 일본으로 전파되었기에 3국의 역사를 모두 고려할 필요가 있다. 일부 차이는 있지만 한중일 모두 차의 공간은 예의와 예술이 강조되며 도道와도 접목되는 측면이 있다. 먼저 중국의 경우 차라는 것은 식문화의 일부이자 일상으로서 발전했기에, 꼭 상류층 문화가 아니더라도, 중국스러운 공간을 생각하는 것만으로도 차와 다구에 대한 이미지를 떠올릴 수 있다. 중국인은 기본적으로 공자의 유어예遊於藝-육예(藝)에 노닐다. 옛날 선비들이 반드시 배워야 할 여섯 가지의 일, 즉 禮(예: 예법)·樂(악: 음악)·射(사: 활쏘기)·御(어: 마차 운전)·書(서: 서예)·數(수: 수학)를 가리킨다-적인 생활 방법을 삶의 최고의 덕목으로 삼는데, 차 공간에도 그 모습이 투영되고 있다고 한다. 하지만 상류층부터 서민들까지 아우르는 생활의 일부로 자리 잡은 문화였기에 그 형식이 있다기보다는 일상에 차가 항상 존재한다는 것 정도로 보는 것이 적절할 것이다. 다만 시기나 지역적인 상황에 따라 특화되었을 수는 있을 것이다.

일본의 차 공간과 문화

일본의 경우 차문화를 가장 마지막으로 전달받았다. 12세기에 차가 전래되었고, 15~16세기에 이르러 차문화가 완성되었다. 송나라에서 임제종을 공부하던 에이사이(榮西) 선사가 일본으로 차나무를 들여오면서 일본에선 그를 다조茶祖로 삼게 되는데, 그는 『끽다양생기喫茶養生記』라는 책을 펴냈고 차를 수행의 방편으로 인식시키며 생활 속에 뿌리내리게 하였다. 무로마치 시대에는 승려 무라타 주코가 중국의 선 사상을 도입, 작고 간소한 다실과 차분한 분위기의 '와비차'를 만들었다.

　이후 일본의 차문화는 몇 명의 선도자를 거쳐 16세기 센노리큐(千利休)에 의해 완성된다. 일본에서 차문화의 완성이란, 예법의 완성이자 공간의 완성이었다. 센노리큐는 일본의 독특한 미학인 '와비'의 개념을 완성한다. 고요하고 투박함을 뜻하는 와비는 마음의 상태를 뜻하기도 하고, 공간의 느낌을 뜻하기도 한다. 그리고 그런 미학의 구체적인 결정체가 다실이다. 이 시기의 차문화는 센노리큐에 의해 고급문화이자 사무라이의 예법으로서 형성되었고, 수행의 일부로서의 차문화가 탄생하였다. 더불어 그가 완성시킨 와비차는 도구나 예법보다는 화경청적和敬淸寂의 경지를 중시하는 다도

교토 센노리큐의 차실: 두 평 내외의 극도로 간소화되고 절제된 공간으로 센노리큐가 추구하는 수행하는 공간으로서의 차실(출처: https://www.japan365days.com/kyoto_kodaiji.php)

법으로, 두 평 남짓한 작은 다실 안에서 극히 간소히 행해졌다.

  선을 수행하기 위해서는 선방 혹은 선실이 있어야 하듯, 차를 수행하기 위해서는 다실이 있어야 한다. 소박하고 엄정하며 작고 팽팽한 긴장감을 주는 공간을 구현하기 위해, 질박한 재료와 단순한 형태를 사용한다. 대나무로 엮은 담장 중간에 빼꼼 솟은 낮은 대문을 들어서면, 담에 붙여 만든 나무 의자에 앉아서 주인의 부름을 기다려야 하는데, 그 공간을 마치아이(待合)라고 한다. 주인이 부르면 노지露地라 부르는 돌이 듬성듬성 박혀 있는 뜰을 지나, 나무 사이로 보이는 다실 안으로 들어가게 된다. 다실은 토벽과 생목 그리고 대나무 격자판으로 만들어진다.

  센노리큐는 노지와 잘 어울리는 다실의 형태가 와비의 극치라 생각했다고 한다. 무척 추상화되고 상징적인 그 공간에 들어가면, 누구나 침묵하게 되고 몸과 정신을 추스르게 된다. 초기에는 다다미 네 장 반 크기의 다실이 정형이었으나, 센노리큐에 이르러 다실은 더욱 정형화되고 수행의 공간으로 특화되어, 다다미 두 장 혹은 석 장 크기로 줄어든다. 아주 작고 족자 한 장만이 걸려있는 극도로 단순화된 실내에서 주인이 주는 차를 마시는 것이다. 다실에 앉는 방법에서부터 차를 마시는 방법, 다기를 두고 차를 받고, 나아가 손님으로서 건네는 말에 이르기까지 모든 다법은 형식이 규정되어 있다. 이는 외부로 열린 공간에서 자연을 음미하며 차를 마시던 우리나라의 차문화와는 사뭇 다른 모습이다. 빛과 공간은 미학의 완성을 도와주는 도구이다. 그 공간에서 주인이 내주는 일련의 프로세스를 통해 주인도 손님도 함께 수행하며, 차를 마심으로써 하나의 미학적 완성을 이룬다.

  일본에서 차를 마시는 행위는 불교의 참선과 동일시되었고, 사무라이들의 문화적 소양이자 정신적 수행의 일부가 되었다. 차를 마시는 공간 또한 수행을 위한 공간으로 규정되어, 차를 마시는 행위는 혼자이건 여럿이 함께이건 수행의 일부로서 확장되었다. 그래서 일본의 차문화는 예법에 따라 즐겨야 하는, 형식이 고도로 발달한 문화가 되었다. 어찌 보면 일본의 다실이란 외부와 독립되어 폐쇄적이기까지 한 공간으로, 다도를 행함에 있어 다법에 집중하고 차 한 잔, 그리고 그 다법의 행위에 집중하도록 설계된 것이라 할 수 있을 것이다. 우리가 일본식 다도에서 느끼는 아름다움은 그 절제된 퍼포먼스와 형식 그리고 공간감, 복잡한 현실에서 벗어난 느낌에서 기인하는지도 모른다.

한국의 차문화와 공간

우리나라에도 예부터 차를 만들어 마시는 풍습이 있었으며, 여러 종류의 차 이름이 기록으로 남아 있다. 조선시대만 하더라도 외국에서 사신이 오거나 혹은 고위 관료들을 불러서 연회를 베풀 때 차를 대접하는 다례茶禮가 널리 행해졌다. 이러한 업무를 총괄하기 위한 관청으로 '다방茶房'이 설치되어 조선 초기까지 운영되기도 하였다. 또한 '다시茶時'라고 하여, 사헌부司憲府의 관료들은 날마다 한 번씩 모여서 상시적으로 차를 마시면서 공적인 일을 의논하였다고 한다. 초기에는 궁과 왕실을 중심으로 차문화가 성장했고 차는 사치품으로 여겨졌던 만큼, 차문화가 대중이 즐길 만큼 활성화된 것은 그리 오래된 일이 아니다.

화려함을 자랑하는 고려시대와는 달리, 조선시대는 더욱 절제되며 무위자연적인 측면을 강조하였다. 하지만 한국과 일본의 건축문화의 세계관 차이에서 확인할 수 있듯이, 한국은 자연 그대로의, 거스름 없는 가치를 추구하는 것을 기본으로 한다. 한국 차와 조선시대의 소박한 특성에 맞춰 차문화와 공간도 사치스럽지 않아 사람과 자연이 소통할 수 있는 공간으로 고려했을 수 있다.

한국의 차문화는 일본의 것과는 다르다. 일본의 공간은 수련의 일부로서 고도로 절제되고 형을 중요시하는 방향으로 발전하였다. 한편 한국에서 차의 의미는 개인의 깨달음이나 정신적인 수련보다는, 사람들과의 교류에 더욱 많은 무게가 있는 것으로 느껴진다. 김시습과 서거정의 교류에서 차가 가지는 의미와, 초의 선사와 추사의 교류에 있어서 차가 가지는 의미가 그러한 것처럼 말이다. 공간에 있어서 추구하는 세계관이 다른 것도 이런 까닭일지도 모르겠다.

일본과 한국의 건축물들의 세계관을 조금 더 들여다보자. 먼저, 자연에조차 어떠한 형식을 부여하여 그것을 인위적으로 제어하는 것이 일본의 건축적 세계관이다. 물이 없지만 흐르는 물을 느낄 수 있다는 난젠지(南禪寺)의 가레산스이(枯山水) 정원(교토)에서도 나타나듯, 일본은 자연을 옥내에 가지고 와 절제된 형식으로 재현하는 데에 무게를 둔다. 부품 하나하나, 기둥 하나하나도 그들만의 일정한 형식에 따라 재현하고 맞추는 것에 집중하는 것은 지극히 일본다운 모습인지도 모른다.

난젠지의 가레산스이 정원(출처: https://photo53.com/karesansui.php)

 한국적 건축의 즐거움은 일본의 것과는 사뭇 다르다. 한옥의 대들보에서 느껴지는 한국적인 미와 자연에 대한 세계관을 보면 그 차이는 극명하다. 한국적 건축물의 기둥은 대부분 나무 그대로의 모습을 일부 유지하고 있기에 동일한 모양을 찾기 어렵다. 특히나 한옥의 중추인 대들보의 경우, 그냥 나무 그 자체인 경우가 많다. 나무를 어떤 규격에 맞추는 것이 아니라 나무의 상태와 결에 따라 대들보의 연결을 바꾸는 것이다. 나무가 가진 비틀림, 옹이조차도 받아들여 자연스레 건축의 일부가 되도록 만들어 가는 것이 한국적 건축물의 특징이다.

 정자를 만들 때도 어떤 자리에 형태를 부여하기보다는 그 장소가 가진 자연을 온전히 즐기기 위해 주변에 거스름이 없도록 한다. 그렇기에 한국적인 차 공간이란 거스름이 없는 형식이면 되며 어떤 형태를 부여하거나 강제한다는 느낌은 없는 듯하다

탁청정(중요민속문화재 제226호), 조선 중종 36년(1514)에 김수가 지은 광산 김씨 종택에 딸린 정자로, 개인 정자 중 가장 우아해서 유명하다.(출처: 한국문화정보원 공공누리)

차를 위한 공간이란?

지금도 '다도'나 '다례'라는 이름으로 차를 마시는 행위가 의례화되어 시행되고 있지만, 어떤 형태든 차를 마시는 행위는 일상의 공간을 비非일상의 공간으로 전환시키는 역할을 한다. 일거리가 쌓인 사무실 책상 위에서 차를 한잔 마주하는 순간, 쌓여 있던 일로부터 잠시나마 벗어나 온전히 차와 손님에게 집중하게 되고, 마음가짐이 새로워지면서 지친 삶의 위로를 받게 되는 경우를 경험하기도 한다. 간단한 다구일지언정, 그것들을 늘어놓고 물을 끓이는 것만으로도 내가 마련하는 차 자리는 순식간에 일상의 번우煩憂함을 넘어선 청정한 공간으로 탈바꿈한다.

차를 마신다는 것은 일상으로부터 잠시 거리를 두고 지인과 함께 청정한 경험을 나누는 것과 같다. 마음속에 두텁게 내려앉아 있던 홍진紅塵의 묵은 때를 벗겨내는, 희귀하고도 신묘神妙한 경험을 함께 나누는 것이다. 차를 달이거나 우리기 위해 다구를 준비하고 물을 끓이고 차를 따라 대접하고 마시는 모든 절차가 우리에게 일상에서 잠시 벗어난 새로운 경험을 선사한다. 선물이란 기본적으로 욕망과 관련이 있는 것이 분명하지만, 차 선물의 경우 역설적이게도 우리를 욕망으로 가득한 일상으로부터 벗어나게 하고 과욕寡慾의 비일상으로 인도한다. 이러한 비일상의 공간을 통해서 우리는 새로운 일상을 꿈꾸는 것이다. 차라는 존재 자체가 우리에게 가지는 의미가 충분했기에 차를 위한 공간이라는 개념은 실제 고민된 적이 없었던 것인지도 모르겠다.

한국의 차문화에 대해 떠오르는 이미지나 공간이 있을까? 모호하다. 상류층에서도 차를 마시는 문화가 아직 익숙하지 않은 것이기 때문일까? 아니면 대중들이 이에 대해 가진 이미지가 없어서일까? 영화에 있어서도 차를 마시는 장면이 극적으로 사용된 작품이 드물기는 하다. 역사물과 한국 영화에서 차를 마시는 공간을 어떻게 표현해야 하는가? 곰곰이 생각할수록 그 이미지는 더더욱 모호해진다.

차를 마시는 한국적인 공간에 대한 이미지는 '한국적인 것은 어떤 것인가?'라는 질문만큼이나 공허해 보인다. 한국의 차문화는 궁궐과 사찰에서 지배 계층의 문화로 시작하였다. 하지만 이후엔 선비의 사랑방과 승려들의 암자, 공부방 등 공간의 구분을 특별히 두지 않았으므로 한국의 차문화에 대해서는 특정할 수 있는 이미지가 부재한 상태이다.

기록을 보면 우리 옛사람들은 차를 삶는 법, 차를 재배하는 법, 차의 효능 등 차에 관한 모든 것을 이야기하고 차를 마시는 심경과

자연을 노래했다. 하지만 차를 마시는 공간이나 그 과정의 자세한 규정에 대한 언급은 찾아보기 힘들다. 차를 마시는 일은 선정에 드는 일과 같고, 자연과 교감하며 그로 인해 육체와 정신이 건강해지고 건전해지는 경지에 이르는 일이며, 세상의 규범에 얽매이지 않는 절대 자유의 경지에 드는 일이다. 우리나라의 차 애호가들이 그런 자세를 가졌었음은 알 수 있으나, 추사와 초의선사의 기록에서도 차를 마시는 공간의 형식에 대한 기록은 찾기 어렵다.

차를 마시는 행위 자체가 어떠한 형식을 규정하고 그것에 맞춰 나가는 것이기보다는 개인의 기호와 사람들과의 교의에 근간을 두는 것이기 때문에 더욱 그런 것인지도 모른다. 최고의 한국식 정원으로 꼽히는 소쇄원의 건축을 보면 조선시대 건축의 세계관을 느낄 수 있다. 최소한으로 손질하여 자연 그대로를 품고 즐기기 위한 공간을 만들었을 뿐이다. 차경과 원경이라는 물리적인 자연과의 교류를 넘어서, 자연 그 자체를 머금어 즐기고 그 안에서 나는 잠시 머무르는 손님이 되는 것이라는 이미지가 한국의 공간관에 더욱 어울리지 않을까 싶다.

차의 맛을 좋게 하려면 물의 맛과 온도를 잘 맞추는 것이 중요해서, 옛 선조들은 좋은 샘물을 찾아 길어와 좋은 차와 함께 마시곤 했다. 차의 색과 향 그리고 맛을 제대로 즐기기 위해서는 정신의 집중과 고요한 분위기가 필요하다. 따라서 차를 마실 때는 손님이 적은 것을 더욱 귀하여 여기는데, 사람이 늘어날수록 주변이 시끄러워지고 차에 집중할 수 없기 때문이다. 두세 사람이 오붓이 앉아 차를 마시며 담화를 나눌 수 있도록 번잡함이 없고 자연을 벗삼을 수 있는 공간이 차를 즐기기에 알맞을 것이다.

하지만 '오늘날에도 그것으로 충분할까?'라는 의문은 있다. 강산이 예전과 달라지고 더욱 척박하고 바쁘게 변한 일상 속에서, 차 마시는 순간의 비일상감을 돕기 위한 공간이 필요하지는 않을까?

한국적인 공간이란?

전통이란 시간의 흐름에 따라 진화할 때 진정한 전통이라 할 수 있다고 생각한다. 500년 전의 모습 그대로, 아무런 발전이 없이 박제된 상태는 전통의 진정한 모습이 아닐 것이다. 한국적이라는 말은 조선시대의 형태적인 특성을 단순히 복제하는 것이 아니다. 그 건축물이나 문화를 만든 이들의 형이 아니라 세계관을 이어 현대에 재해석할 때야 비로소 그것은 진정 한국적이고 가치 있는 것이 된다. 물론 이에 대해서는 각자의 해석에 따라 논란이 많을 수도 있을 것이다. 그러나 한국적인 차문화는 형식을 중요시하기보다 교류라는 관점을 더욱 가치 있게 생각했다는 점을 고려해볼 수 있다.

가까운 일본의 예를 들어 생각해보자. 일본에 대해서도 '전통과 역사를 그대로 두어야만 하는가? 에도시대의 것을 지키는 것이 전통인가?'라는 생각을 해볼 필요가 있다. 에도시대 때부터 550여 년간 운영되어 온 쓰루가야(駿河屋)는 일본에서 가장 오래된 화과자 집으로, 가와사키 겐타로(川崎源太郎)가 1883년 간행한 「호상안내기豪商案內記」에도 실린 최고의 양갱 가게이다. 하지만 오늘날 우리는 쓰루가야를 더 이상 만나볼 수 없다. 500여 년간 사람들이 기대

가와사키 겐타로가 1883년 간행한 「호상안내기」에 실린 사카이의 스루가야 지점. 에도 막부 시대가 양갱의 전성기였다.(출처: 堺市立図書館 사이트)

교토의 쓰루가야 매장(출처: 京都駅前 京 駿河屋)과 쓰루가야(출처: 河内駿河屋 사이트)

하는 전통의 모습도 시대별로 변화해 왔고, 그에 부흥하지 못한다면 박제된 역사가 되기 때문이다.

반면 오가타 신이치로(緒方慎一郎)가 2003년에 런칭한 전통적인 화과자점이자 식당인 히가시야(HIGASIYA)의 경우, 외국인들이 보기에도 가장 일본다운 모습이라는 평가를 받았다. 오가타는 "일본의 자랑스러운 와가시 문화를 현대 생활 속 우리의 일상으로 재현하고 싶었습니다(We want to change this by taking Japan's proud culture of wagashi and recreating it to fit perfectly in our modern-day

히가시야 긴자의 다실

lives)"라고 말한다. 왜 만들어진 지 불과 20년도 안 된 화과자점이 500년된 양갱점보다도 더 사랑받는 것일까? 오가타의 말처럼 히가시야는 현대인들이 기대하는 가치에 부응하여 형과 식을 재부

히가시야 긴자의 화과자 매대

여한 전통을 선보였기 때문일 것이다. 시대가 바뀌면 우리가 기대하는 전통이라는 모습이 바뀐다. 차의 공간에 대해서도 앞으로는 물리적인 관점이 아닌 브랜드적인 관점에서의 접근을 생각해봐야 할 것이다.

　마찬가지로 일본은 차에 대한 공간도 끊임없이 재해석하고 있다. 센노리큐의 다실이 지닌 의미와 가치는 존중하지만, 우리가 만

히가시야 긴자의 티세레모니 코스와 디저트(빙수) (출처: https://www.japan365days.com/kyoto_kodaiji.php)

들고 즐기고 싶었던 것은 그것의 세계관이자 차를 마시는 경험이지, 다다미 3장이라는 물리성이 아니기 때문이다.

 일본의 세계적인 건축가 쿠마 켄고가 건축한 루프탑 티 하우스는 캐나다 밴쿠버 다운타운의 건축물 19층 옥상에 위치한다. 일본식 정원으로 꾸민 옥상은 우리로 하여금 번잡한 쇼핑몰에서 벗어나 차를 즐기는 경험을 하게 한다. 가까이에서는 일본식 정원을, 멀리 원경으로는 밴쿠버의 도심과 바다를 느낄 수 있는 이 공간은 다분히 현대적이면서도 일본스럽다.

 한발 더 나아가 지붕까지 온통 유리로 만든 '빛의 암자'라는 이

img11-18, 19〉 밴쿠버에 있는 쿠마 켄고의 루프탑 티 하우스(출처: https://www.artsy.net/article/artsy-editorial-6-modern-teahouses-architectural-wonders)

빛의 암자 '코우안'(출처: 도쿠진 요시오카 홈페이지)

름의 다실도 있다. 교토 시내가 훤히 내려다보이는 산 정상의 넓고 고요한 데크 위에 지어진 다실 코우안(光庵)이 바로 그것이다. 일본의 디자이너 요시오카 도쿠진은 원래 유리 등 빛나고 투명한 재료를 즐겨 사용하는 것으로 유명하다. 2011년 54회 베니스 아트비엔날레에서 코우안의 디자인을 발표했을 때는 지붕의 기와 하나하나가 모두 유리로 디자인되어 있었는데, 실제로는 훨씬 단순한 형태로 구현되었다. 그는 일본을 상징하는 문화 아이콘 중 하나인 다도가 생겨난 이유를 되새기고, 그 흔적을 따라갔는데, 이것이 일본 문화의 기원을 돌아보는 계기가 되기를 바랐다고 한다.

유리로 만든 투명한 다실 코우안에서 다도를 행하는 모습은 자연과 연결되어 있으면서 떨어져 있기도 하다. 수련의 과정으로서 다도를 '행함'과 동시에 사람들에게 '보여주는' 세레모니의 성격이 강하게 드러나기도 한다. 또한 글라스를 통해 들어오는 무지갯빛으로 비일상적 공간감을 더욱 강조해주는 경험을 제공한다. 이러한 현대적 시도들이야말로 일본적인 다도문화를 더욱 본질적으로 느끼게 해준다고 말할 수 있을 것이다. 전통에는 의미는 지키되 형식은 변화시키는 재해석이 필요하다.

한국의 차 공간이란?

앞서 계속 말했듯, 차 공간에 대해서는 형이 존재하지 않기에 많은 고민이 생긴다. 근본적으로 한국과 일본의 세계관을 비교해볼 필요가 있다.

추사 김정희의 《세한도》(국립중앙박물관 소장)

하세가와 토우하쿠의 《송림도》(출처: 東京国立博物館)

　한국 차문화에서 가장 중요한 작품 중 하나인 《세한도》는 언뜻 보는 사람의 입장에서는 이것이 과연 잘 그린 그림인가 하는 의문이 들게 만든다. 하세가와 토우하쿠의 《송림도》의 경우 원경과 근경이 모두 잘 묘사되어, 언뜻 보면 안개 속 소나무의 흐릿한 모습 같지만 그림에 가까이 다가가 보면 그 흐릿함 속에서도 소나무의 디테일이 모두 표현된 치밀함과 정성을 확인할 수 있다. 그에 비해 《세한도》는 추사가 그린 다른 그림들에 비해서도 더 잘 그린 작품이라고 하기가 어렵다. 하지만 《세한도》의 본질은 무언가를 얼마나 표현했는가가 아니라 추사의 어떤 마음을 담아 표현되었는가에 있다. 제주도 유배 생활로 세상과 단절된 채 모진 시간을 버티어내는 황량함과 먹먹함. 그 감정이 담겨 느껴지기에 《세한도》 역시 명작이라 불리는 것이다.

그렇다면 우리가 생각해봐야 할 차의 공간의 본질이란 무엇일까? 한옥으로 지었는지의 여부가 아니라 차의 어떤 측면을 즐기는가에 따라 달라지는 것이 한국적 차의 공간이다. 한국적인 세계관에서는 차의 맛도 중하지만 그보다 더 큰 본질은 교류에 있다. 자연과 나와의 교류, 친우와의 교류 그리고 그 손님을 온전히 대하는 정성스러움. 이러한 가치들이 차의 공간의 본질이다. 팽주는 단순히 기능적으로 차를 잘 내려주는 이가 아니다. 차와 함께하는 시간을 기획하고 즐거움을 선사하는 자리라는 본질을 잊어서는 안 된다.

어찌 보면 오늘날 한국에서의 차, 다방문화는 카페문화에서 동질감을 느낄 수도 있을 듯하다. 현대에 '커피 한잔 할까'라는 말은, 커피의 맛보다도 사람과 함께 보내는 시간에 더 큰 의미를 두고 있지 않은가? 본래 카페(cafe)는 프랑스에서 커피를 뜻하는 말로 쓰였다. 그러다가 이후에 '커피를 마시는 장소'라는 의미로 변한 것이다. 유럽 초기의 카페는 사람들의 사교의 장이었다. 이 공간에서 정치, 상업, 문화의 교류가 이뤄졌다. 또한 음악, 미술, 사상, 철학, 예술 등의 담론이 생산되는 곳이기도 하였다. 카페는 커피를 마시는 것 이상의 의미와 가치를 생산하는 곳이었다.

현대에 와서 카페는 '제3의 공간'으로 여겨진다. '제3의 공간'은 1999년에 사회학자 레이 올든버그(Ray Oldenburg)의 저서 『The

쿠마켄고가 디자인한 스타벅스 리저브 도쿄 나카메구로점. 커피샵이 가진 다양한 기능의 통합적 발전의 예로 테마파크화된 초대형 카페복합공간으로 카페이자 관광지이다. (출처: 쿠마켄고 홈페이지)

Great Good Place』에서 사용되면서 그 중요성이 인식된 단어이다. 이후 스타벅스의 하워드 슐츠(Howard Schultz)와 심리학자 크리스티안 미쿤다(Christian Mikunda)가 마케팅의 관점에서 '제3의 공간'의 개념을 상업 공간에 적용하고 이 개념에 대한 관심을 대중으로 확산시켰다. 레이 올든버그는 집을 '제1의 공간'으로, 업무공간을 '제2의 공간'으로 정의하였다. 그리고 '제1의 공간'도 '제2의 공간'도 아니지만 그 속에서 쾌적함과 편안함을 느낄 수 있으며, 소수 혹은 다수가 자신들의 의지로 머무르고, 휴식과 재충전을 할 수 있는 공간을 '제3의 공간'이라고 했다. 다시 말해 마치 집과 같이 편안하고 익숙한 비공식적 공공장소를 의미한다.

 '제3의 공간'으로서의 카페는 일과 일상에 지친 현대인들의 휴식장소 또는 타인과의 정보를 공유하는 공간, 작업하는 공간, 라이프스타일을 즐기는 공간 등 개인의 목적에 따라 다양한 의미를 가진 공간이 될 수 있다. 그곳을 찾는 사람들의 목적에 따라 공간은 변화한다. 카페는 '제1의 공간'과 같은 의미가 될 수도 있고, '제2의 공간'과 같은 의미가 될 수도 있다. 목적에 따라 변화하기 때문이다. 심리적으로 편안하게 기분전환을 할 수도 있고, 그 속에서 새로운 만남을 찾아 활력을 얻을 수도 있는 '제3의 공간'의 존재는 현대인들에 필수적이다.

물론 커피는 지친 노동으로부터의 각성 효과를 제공하고 빠르게 마실 수 있는 편리함과 유쾌함을 지녔으며, 무엇보다 커피에 어울리는 식료, 즉 빵이나 간식류가 함께 한다는 측면에서 차와는 다르다고 이야기할 수 있을 것이다. 커피와 달리, 차의 코드는 내 안의 에너지를 먼저 돌아보게 하는 것이다. 나의 삶을 건강하게 재생산해내는 지속 가능한 에너지를 돌아보게 한다. 그래서 차는 곧 삶의 복원력復原力이라 말한다. 하지만 공간의 측면으로 가자면, 본질적으로 차를 위한 공간이란 오늘날의 카페라는 공간과 맥을 같이 한다고 보아도 된다. 때로는 바쁜 일상에서 벗어난 비일상을 경험하기 위해, 혹은 지적 자극과 혼자만의 사색을 위해, 때로는 사람들과의 교류를 위해 존재한다는 점에서 커피의 맥락과 차의 맥락이 어떻게 다르다고 말할 수 있겠는가?

다만 카페의 모습이 각양각색이듯, 차를 위한 공간도 제공하고자 하는 메시지와 경험에 따라 좀 더 많은 가능성을 보여줄 수 있을 것이다. 오늘날 한국 차는 형과 식에 있어서 현대적 재해석이 필요하다. 근래엔 전통을 재해석한 다양한 티샵들이 등장하고 있다. 아직은 일본식 다도에서 많은 것을 가져와 혼란스러운 상태이지만,

어쩌면 이 또한 한국적인 형과 식에 대한 세련미를 부각시킬 토양이 될 것으로 생각된다. 앞서 언급한 글라스하우스처럼 건물 옥상에서 야경과 하늘을 즐기는 카페부터, 좋은 곳에서 조용하게 자연풍광을 즐길 수 있게 한 카페, 도심 내에서 짧은 시간이나마 서서 즐길 수 있는 에스프레소 바에 이르기까지 카페는 다양한 형태로 발전하고 있다. 앞으로 차를 즐기기 위한 공간도 다양하게 발전할 것이다.

하지만 차를 언제 어떻게 즐길 것인가? 차를 즐기는 마음의 본질이 교류와 함께 나누는 사람에 대한 배려라면 우리가 해야 할 본질적인 고민은 현대에서 차를 즐기는 방법 그 자체에 대한 것이어야 한다. 하늘 아래 자연을 벗삼아 즐겨도 좋은 것이 한국의 차라면, 공간의 물리적인 개념보다도 차를 마시며 사람과 교류하는 방법, 자연과 시간을 즐기는 방법에 집중해야 할 것이다. 그러한 경험에 대한 고민과 도전이 곧 한국의 차의 공간이며, 한국적 다실을 창조하는 근간일 것이다.

참고문헌

레이 올덴버그, 『정겨운 장소에 머물고 싶어라(The Great Good Place)』
크리스티안 미쿤다, 『제3의 공간』
이토 고칸, 『차와 선』
김세리·조미라, 『차의 시간을 걷다』, 열린세상, 2020
정영선, 『한국의 차문화』, 너럭바위, 2003
신미경, 茶事典籍을 通해 본 宋과 高麗의 茶文化 考察, 성신여자대학교 2008 박사논문

매화 향기 속에 차 마시며 술 마시며

영화 《천년학》

• 홍소진 •

문학박사. 한국차문화연구소, 소연재 다주茶酒문화연구소 소장, 한국차문화학회 부회장, 국제차문화과학학회 이사를 역임 중이며 국립 목포대 국제차문화과학과 대학원에 출강하고 있다.
차보다 술의 효용을 빨리 알았지만 차의 매력에 빠져 차 공부를 시작하였다. 차랑 술이랑 어디에도 치우침 없이 '내가 중심'이 되는 애호가를 응원하며, 좀 더 소통하는 사회를 지향하는 풍류인들과 넓게 소통하고 깊은 우정을 키우기 위해 다주茶酒 놀이방을 마련하는 중이다.

천년학
감독 임권택, 주연 조재현 오정해
한국, 2007

왜 《녹차의 중력》일까?

필자가 소개할 영화는 《천년학千年鶴》이다. 먼저 이 작품을 찍은 거장 임권택(1936~) 감독에 대해 들여다 보자. 임 감독은 1962년에 첫 번째 영화를 찍은 이후 백 편이 넘는 영화를 찍었다. 평론가 정성일(1959~)은 그를 주인공으로 다큐멘터리를 찍었다. 정 평론가의 시선으로 임 감독을 탐미하였다는 그 작품의 제목은 《녹차의 중력》이다. 정 평론가는 27세에 임권택을 처음 만나 1987년 『한

다큐멘터리 《녹차의 중력》 포스터

국영화연구』, 2003년 『임권택이 임권택을 말하다』 등을 저술하고, 2012년부터 한국영화데이터베이스에서 '임권택X102'를 연재 중에 있는, 임 감독 마니아이다. 그는 임 감독을 두고 '오늘날 우리가 잃어가는 한국 문화를 영화로 찍으며 우리의 문화를 지키고 있다'고 말한다.

  감독들의 시간은 영화를 찍는 시간, 그리고 다음에 찍을 영화를

기다리는 시간만을 갖는다고 한다. 한국 영화의 대가 임 감독에게도 다음 영화를 찍는 것은 매번 힘겨운 일이었던 것 같다. 그러한 시간을 임 감독은 세상 속의 중력을 유지하면서, 한 그루의 나무처럼! 뜨거운 녹차 한 잔을 마시듯이 기다린다. 그래서 제목이 녹차의 중력인 걸까?

임 감독을 찾아가면 그가 가장 먼저 하는 일은 녹차를 우려주는 것이다. 그는 늘 같은 자세로 녹차를 우려 준다. 영화 《만다라》(1981)를 제작할 때 인연을 맺은 선암사 주지 스님이 매년 보내주는 녹차로 말이다. 결국 그 안에도 영화가 깃들어 있다. 《녹차의 중력》의 첫 장면은 정 평론가가 오랫동안 구상해 온 포스터에 나온 장면이다. 임 감독은 불편해 보이는 떨리는 손으로, 골똘하게 차를 우린다. 그리고 꼿꼿하게 바른 자세로 앉아서 사람을 마주한다. 녹차를 우려내는 시간, 기다리는 시간은 임 감독이 사람을 만나는 방식이다. 그 안에서 그의 정직함과 투명함이 드러나는 듯하다고 정 평론가는 말한다.

영화 《천년학》의 이야기와 줄거리

2007년에 개봉한 《천년학》은 거장 임권택 감독의 백 번째 작품이다. 이 영화는 한국 문단의 지성파로 꼽히는 이청준의 단편 「선학동 나그네」가 원작이며, 1993년 우리나라에서 크게 흥행했던 판소리 영화 《서편제》의 후속편 격이라고 할 만큼 유사점이 많다. 《천년학》과 《서편제》와의 유사점은 이청준의 소설 『남도사람』이 원작이고, 한국의 고유한 판소리를 등장시키며, 또 동호(조재현 분)와 송화(오정해 분)가 남녀 주인공으로 등장한다는 점이다. 그럼에도 불구하고 임 감독은 《천년학》이 《서편제》의 속편도, 아류亞流도 아니라고 하며 제작 초기부터 다음과 같이 밝혔다. "나는 《천년학》을 만들면서 《서편제》의 세계, 판소리의 세계에서 벗어나고자 했다. 《서편제》가 득음을 하기 위한 치열한 과정이라면 《천년학》은 사랑과 연민의 질긴 인연의 끈을 평생토록 이어간 사랑 이야기다. 《서편제》가 한을 결코 넘어서지 못한 사람들의 이야기였다면 《천년학》은 한을 승화시킨 이야기다."

이처럼 두 영화는 주제부터가 다르다고 밝혔다. 《서편제》는 소리의 절정을 좇는 소리꾼들의 처절한 한과 치열한 예술혼을 그렸다면, 《천년학》은 남녀의 진하고도 절절하지만 이루어질 수 없는 애틋한 사랑을 그리고 있다. 《천년학》은 임 감독의 백 번째 작품이라는 기대에 부응하기 위한 압박도 심했던 영화였지만, 해외에서도 주목을 받아 세계 판권계약을 체결하였고 평론가들부터 대단한 호평을 받았다. 그러나 안타깝게도 흥행성적은 좋지 않았다.

영화의 줄거리는 대략 다음과 같다. 소리꾼으로서 실패한 유봉은 송화와 동호에게 판소리를 가르치며 여러 곳을 유랑한다. 걷다 마을을 만나면 소리판이 벌어진다. 송화와 동호는 혈연관계가 아닌 남매로, 소리와 북장단을 맞춰가면서 서로에 대해 애틋한 마음을 가지고 성장하게 된다. 어느 날, 동호는 아버지 유봉이 대물림시키려는 소리꾼의 가난한 삶과 송화에 대한 유봉의 흑심을 문제로 아버지와 다투고 집을 나와버린다. 동호가 집을 나간 사이 유봉은 송화를 득음得音시키기 위해 그녀에게 부자를 넣어 달인 한약을 먹이고 눈을 멀게 한다. 그럼에도 송화는 자신을 눈멀게 한 아버지의 뜻을 이해하며, 아버지의 뜻을 잇고자 혼신을 다해 소리를 한다. 여기까지가 회상으로 정리되는 이야기이다.

영화는 유년 시절 송화와 동호 남매가 아버지 유봉과 함께 살았던 동네인 선학동에서 시작된다. 선학동은 학 한 마리가 양 날개를 쫙 펴고 앉아 있는 모습을 하고 있고, 산 이름 '학산'에서 그 이름이 유래되었다. 포구에 있는 주막집 옆에 수백 년이 된 노송老松으로 "학들이 날아들고, 날 좋을 때 산 그림자가 포구 물에 비칠 때면 가히 선경仙境을 이루는 곳으로 소리 공부하기에는 딱 좋은 곳이여. 여그가"라고 하며 또 "소리에는 길이 있다. 오랜 세월 숱한 광대들이 사람 사는 얘기를 소리로 내 질르고 내 질러서 길을 낸 것이여. 이 소리 길에다 북을 쳐 주는 것이다. 말하자면 북장단이라고 하는 것은 소리의 눈이나 마찬가지지. 이런 소리 길과 눈을 찾아서 온몸으로 혼신으로 수련하고 정진하고 특공을 해야 완성되는 소리를 얻는 것이여."라고 피력하던 유봉을 동호는 회상한다. 이제는 쇠락

영화《천년학》中 눈 먼 송화를 데리고 다니는 유봉(좌) 성장한 송화와 동호의 모습(우)

한 선학동 주막을 동호가 다시 찾아와, 어렸을 때 연적戀敵관계였던 용택과 술잔을 나누며 과거를 회상한다.

동호는 군 복무를 마친 뒤 창극단에 취직하여, 북을 치며 전국을 유랑하면서 '눈먼 소리꾼' 누나 송화를 애절하게 찾는다. 수소문 끝에 동호와 송화는 몇 번의 짧은 재회를 한다. 눈먼 송화는 북장단과 추임새만을 듣고도 그 소리의 주인이 동생임을 알아낸다. 두 사람은 짧은 만남과 긴 이별을 반복하면서 각자의 삶을 살아간다.

서로에 대한 절절한 그리움을 가지고 살지만, 동호는 창극단의 여배우 단심과 아들까지 있는 상태였기 때문에 동호와 송화는 적극적으로 접근하지 못한 채 마음속으로만 서로에 대한 애정을 품고 살아간다. 송화는 유봉이 세상을 떠나자 선학동 주막을 떠나 앞 못 보는 눈으로 여기저기서 소리를 하며 힘겹게 살아간다. 그러던 중, 그녀에게 잠시 편안한 날들이 찾아온다.

송화의 소리에 반한 광양의 만석꾼 귀명창 백사 영감의 소실小室이 된 것이다. 송화는 백사 영감 옆에서 창唱을 하면서 애첩 생활을 한다. 송화는 몸종의 보살핌을 받으면서 자가용을 타고 점자點字를 읽는 학원도 다니고 양장 옷도 입고 비싼 패물도 선물 받으면서, 생애 처음으로 물질적인 호사를 누린다. 그러던 어느 날, 매화가 흐드러지게 핀 계절에 백사 영감은 임종을 맞게 된다.

송화가 임종을 맞는 백사에게 술을 권하자 백사는 '네가 마셔라'라고 한다. 송화가 한 모금 마신 후 무엇을 부를지 물으니 백사는 '네가 부르고 싶은 것'을 부르라고 답한다.

영화《천년학》中 만석꾼 귀명창 백사에게 노래를 불러주는 송화(좌)
매화가 흐드러지게 핀 봄날 백사 영감이 임종을 맞는 장면(우)

"꿈이로다. 꿈이로다. 모두가 다 꿈이로다. 너도나도 꿈속이요. 이것저것이 꿈이로다. 꿈 깨이니 또 꿈이요. 깨인 꿈도 꿈이런만. 꿈에 나서 꿈에 살고 꿈에 죽어가는 인생 부질없다."

송화가 만석꾼 백사 영감의 마지막 가는 길을 안내하며 부른 남도민요 홍타령이다. 〈홍타령〉은 전라도 지방 고유의 민요이다. 절절한 가락으로 부르는데 그 슬픔이 끝이 없다. 구슬픈 송화의 소리를 탄 바람에 문밖의 매화꽃 잎이 함박눈처럼 흩날린다. 그리고 백사는 평안히 눈을 감는다. 흐드러지게 피었던 매화가 속절없이 떨어지듯, 온갖 호사를 부렸던 인간도 결국은 무無의 상태로 돌아가는 삶의 무상함을 보여준다. 백사 영감이 죽은 집에 송화가 있을 이유가 이제 없다. 송화는 잠시 누렸던 호사품들과 보석을 그 집에 고스란히 남겨두고 오직 하나, 동호가 군대에서 깎아서 선물로 준 탄피 반지만을 끼고 백사의 집을 나온다. 동호는 고향 제주도로 내려간 송화와 재회한다. 무당이 살던 집에 세 들어 가난하게 살아가는 송화는 중동으로 떠난다는 동호에게 라면을 끓여준다. 그리고 동호가 주었던 탄피 반지를 만지작거린다. 동호가 "그 반지를 끼고 있네."라고 하자 송화는 "네가 자꾸 닦아 주지 않으면 녹슨다고 해서."라고 말한다. 이때 송화는 처음으로 눈물을 보인다. 두 사람은 서로의 마음과 연정을 확인하지만, 두터운 절제로 사랑을 표현하지 않는다.

다음날 두 사람은 제주도의 이곳저곳을 돌아다닌다. 갈대밭을 지나 평탄치 않은 길에서는 동호가 송화를 안고 오르내려주면서 앞 못 보는 누이에게 눈에 보이듯이 실경實景을 설명해주고 지역의 전설까지 이야기해준다. 동호는 송화에게 연인으로서 행동하기보다 그녀의 충실한 길 안내인 역할을 한다. 바다가 내려다보이는 용눈이 오름의 정상에 둘은 말없이 앉는다. 이내 송화가 춘향가 한 대목을 애절하게 부른다. 이는 동호를 향한 송화의 절절한 사랑 고백이다. 동호도 그 소리에 젖어 들며 무릎을 꿇고 장단을 맞춘다.

"갈까부다 갈까부네 님을 따라서 갈까부다 천리라도 따라가고 만리라도 따라 나는 가지. 하늘의 직녀성은 은하수가 막혔어도 일 년 일도 보련마는 우리 님 계신 곳은 무삼 물이 막혔간디 이다지도 못 오신가."

영화 《천년학》 中 제주 용눈이 오름에서 송화의 소리에 무릎에 손장단을 맞추는 동호

동호는 송화가 소리 공부를 할 수 있는 좋은 집을 마련해주기 위해 중동의 수로 공사 현장에 간다. 4년 뒤 돈을 벌어 귀국한 동호는 송화가 소리 공부방을 할 수 있도록 진도에 번듯한 한옥집을 짓는다. 처마에 풍경을 달았고 대문에서 집까지 맷돌을 징검다리처럼 박아뒀으며, 마루는 좁게 만들었다. 또한 방문턱은 모두 없앴고 접시는 모두 플라스틱으로 준비하였다. 이 모두가 앞을 못 보는 누이를 위한 세심한 배려였다. 하지만 누이는 이미 이 세상 사람이 아니었다. 송화를 사랑하는 동호의 마음이 애틋하게 드러난 집에 결국 송화는 들어가 보지도 못했으며, 정신병이 있는 단심을 돌보는 비용으로 집은 없어졌고 안타깝게도 단심도 결국 생을 포기하였다는 이야기가 용택과의 대화를 통해 전해진다.

주막집 너머에 학이 비상하는 모양의 학산을 배경으로 바닷물이 차오르고 그 바닷물에 그 학산의 그림자가 절묘하게 어우러지는 가운데, 두 마리의 학이 나타나 힘차게 비상하는 장면으로 이 영화

영화《천년학》中 지상에서 맺지 못한 사랑을 천 년을 산다는 학으로 승화시킨 듯한 엔딩 장면

의 막은 내린다. 아마도 감독은 지상에서는 맺어지지 못한 송화와 동호의 사랑이 천 년을 산다는 학처럼 영원으로 날아오르길 꿈꾼 것이리라. 엔딩 장면의 수려한 강산에 두 마리 학의 모습은 우리에게 긴 여운을 준다.

영화 《천년학》 속의 차 이야기

《천년학》에서 펼쳐진 차와 대한 이야기를 해보자. 아쉽게도 영화에서 차가 나오는 장면은 단 두 장면뿐이다. 첫 대면에 항상 차를 우려주는 임권택 감독이 차에 대한 비중을 좀 크게 두었으면 하는 아쉬움이 있다. 첫 장면은 백사 영감의 칠순 잔치를 위한 소리꾼 초대 자리다. 그의 집 응접실 장면으로, 횡파 다관과 다반 위에 놓인 찻잔이 있다. 다른 한 장면은 면장인 백사 아들과 집안의 어른들이 백사의 임종지臨終地를 의논하는 자리이다. 이때 역시 전통 다구들이 나오며 필시 그 안에 담긴 것들은 우리 녹차일 것이다. 매화가 흐드러지게 피어 있는 때니 3월 초중순. 그 시기면 햇차는 아직 안 나왔으나 잘 보관된 녹차를 우려 매화를 한 송이 띄울 수도 있겠다. 차에 대한 조예가 있어 그리했더라면 더 풍성한 이야기가 될 수 있었을 텐데 아쉬움이 남는다.

매화를 띄운 녹차!

영화《천년학》中 백사 영감의 칠순잔치를 위해 소리꾼들 초청하는 자리에 다도구 횡파다관과 다기와 다식이 놓여 있다.

영화《천년학》中 백사 영감의 임종지를 의논하는 자리에 다구가 놓여 있다.

영화《천년학》속의 술 이야기

동호와 용택이 술잔을 나누며 과거를 회상하면서 영화가 전개되므로 술은 시작과 마무리를 장식한다. 어렸을 적에 연적이었던 둘은 용택이가 막걸리를 권하면서 둘 사이의 서먹함과 껄끄러움은 무장해제된다. 두 사람은 지나온 서로의 삶과 송화에 대한 가슴 가득한 사랑의 소회를 표현하며 소통한다. 이야기가 한참 무르익었을 무렵 용택은 자신이 가장 아끼는 매실주를 동호에게 대접한다. 통하게 되면 아까움이 없어진다.

《천년학》에는 술이 나오는 장면이 참으로 많다. 백사 영감의 칠순 잔치에서 받는 헌주와 손님들에게 대접하는 주안상, 매화가 한창인 봄날 꽃놀이 풍광을 즐기며 악단들과 송화의 소리를 들으며 풍류를 즐기는 백사 영감과 그의 친구들이 한 사람씩 받는 각상各床의 주안상, 임종을 맞이하면서 소반에 단아하게 차려 나온 주안상, 임종을 앞두고 마루에 걸터앉아 백사가 가는 길을 배웅할 때 만발한 매화를 그저 관조하며 침울히 들고 있는 술잔, 도둑 묘를 쓰고

영화 《천년학》 中 백사 영감의 임종을 맞이하는 자리에 올리는 청주

묘제를 지내며 콸콸 따르는 탁주, 오늘 우리에게 잊혀가는 혁필화를 그리는 유봉의 친구 낙산 거사와의 만남 등 술이 나오는 장면은 참으로 많다.

　영화《천년학》에 나오는 술은 우리 선조들이 주로 마셨던 청주와 탁주이다. 이들은 순곡주에서 나오는 것이다. 순곡주는 쌀과 누룩과 물만을 재료로 하여 발효한 술이다. 발효한 술을 걸러서 저온에 두면 앙금이 가라앉고 위가 맑아지는데. 이 맑은 술을 청주라고 한다. 탁주는 막걸리를 말하는데 지금 막 걸러내서, 또는 아무렇게나 걸러낸 술이라는 두 가지의 의미가 있다. 막걸리를 흐린 술이라고 탁주라고 하지만 유백색을 띤다고 봐야 할 것이다. 예전의 막걸리는 술이 아니라 목마름을 가시게 하는 음료요, 허기를 달래는 곡기穀氣였다. 힘든 일을 잊고 신명을 내게 하는, 일의 촉진제 역할을 하였다고 볼 수 있다. 동양에서의 술은 백약의 으뜸이라고 하고, 서양에서는 모든 의약의 여왕이라고 했다. 한의서에서 술은 혈액을 잘 통하게 하는 속성이 있고, 적게 마시면 정신을 건강하게 하는 효능을 갖고 있다고 한다.

영화 《천년학》 中 유봉의 도둑묘를 쓰고 탁주로 묘제를 지내는 상황

재미있는 차와 술 이야기

이렇게 차와 술이 있는 곳에는 항상 이야기가 존재하고, 이야기 안에서 사람들은 소통한다. 소통한다는 것은 서로의 사정을 알게 되어 인지상정人之常情과 역지사지易地思之의 마음으로 너그러이 이해하게 되는 것이다.

　차와 술은 예로부터 인류가 가장 사랑한 기호품으로서, 경합을 벌이는 상극의 관계로 보일 수도 있지만 묘한 조화를 이룰 수 있다. 근 1세기 동안 세계 각처의 나라에서 스테디셀러로 자리하고 있는 『생활의 발견』을 쓴 린위탕(林語堂, 1895~1976)은 동양과 서양, 현실과 이상, 결혼과 연애, 자연과 여행 등 다양한 주제에 대해 자신의 생각을 거침없이 펼친 중국의 문장가이다. 그는 "인간의 문화와 행복이라는 측면에서 볼 때, 나는 차와 술과 담배의 발명처럼 중요한 것은 없다고 생각한다. 우리가 우정과 사교와 한담閑談을 즐기는 데 이만큼 직접적인 효력을 지닌 것은 없기 때문이다."고 말한다.

차의 경전이라 일컫는 『다경茶經』을 지은 육우(陸羽, 733~804)는 〈육지음六之飮〉에서 '목이 마르면 장을 마시고, 울분을 없애 버리려면 술을 마시며, 혼미한 것을 흩어지게 하려면 차를 마시라'고 하였다. 차가 흐린 정신을 맑게 한다면 술은 사람을 취하게 하여 울분을 토로하게 할 수 있는 것으로 견주어 말한 것이다. 또한, 명나라의 문학가이자 서화가인 진계유(陳繼儒, 1558~1639)는 사람에게 영향을 줄 수 있는 17가지 자연물과 기호품들의 특징을 묘사하였는데, 그중 술은 사람을 원대하고 초연하게 할 수 있는 것이고, 차는 사람을 상쾌하거나 시원하게 할 수 있다고 보았다.

이렇듯 차와 술은 서로 유사하면서도 상반된 성격을 갖고 있다. 예로부터 동양의 풍류객들은 차가 술보다 우월한 음료인지, 술이 차보다 우월한 음료인지, 어느 쪽이 인간에게 더 큰 이로움을 주는 것인지를 즐겨 이야기하였다.

중국의 당나라 시대 향공진사鄕貢進士 왕부(王敷, ?~?)가 차와 술을 의인화해서 쓴 『다주론茶酒論』과 일본의 아즈치모모야마 시대(安土桃山時代) 란슈쿠선사(蘭叔禪師, ?~1580)가 쓴 『주다론酒茶論』이 대표적이라고 할 수 있다.

『다주론』은 차와 술이 각자의 장점과 상대방의 단점을 주장하며 일대일로 다투는 논쟁형식의 작품이다. 당시 차 마시기가 크게 유행하자 차만큼 사랑받았던 술이 자신을 과시하면서 서로 우열을 다투는 이 모습은 그 시대의 상황을 비유적으로 표현한 것이다. 차와 술을 사람에 비유하는 의인법擬人法이 사용되었는데, 그들의 다툼에 중재자인 물이 등장한다. 물이 자신의 필요성과 중요성을 강조하며, 차와 술은 서로를 인정하고 상생하라는 내용으로 이야기는 결말을 맺는다.

『주다론』은 차 애호가인 척번자(滌煩者, 번뇌를 씻어주는 자)와 술 애호가인 망우군(忘憂君, 근심을 잊게 하는 자)이 각각 전고典故를 인용하며 자신의 고결함을 겨루는 문답식 논쟁의 작품이다. 논쟁을 하는 중에 '한 한인閑人'이 등장하여 차와 술 모두는 천하에서 가장 뛰어난 물건, 즉 우물尤物들이라고 하며 차와 술의 공과 덕을 아승기겁 논한다 해도 끝이 나지 않을 것이라며 다음과 같이 노래한다. "소나무 위에는 한가한 구름, 꽃 위에는 노을이라. 노인과 노인이 맞대어 호사를 겨루네. 나는 천하에 가장 뛰어난 물건은 차와 술이라고 하노라. 술 또한 술이요, 차 또한 차로다." 하며 글을 맺는다.

우리나라 문헌으로는 김부식(金富軾, 1075~1151)의 『삼국사기』가 있다. 그중 〈설총전〉에 나온 〈화왕계花王戒〉는 꽃을 의인화해 군왕이 지켜야 할 계율을 전하는 우화寓話이다. '화왕계'는 그 자체로도 훌륭한 문학이지만, 우리나라 최초의 차와 술에 관한 기록이 있다는 점에서 의미가 있다. 설총은 왕을 꽃 중의 왕인 모란꽃으로, 충신은 할미꽃으로, 간신은 장미꽃으로 비유하였다. 할미꽃은 모란꽃에게 "왕은 비록 기름진 쌀과 고기로 창자를 채우더라도 아름다운 차와 술로써 정신을 깨끗하게 해야 한다."고 말한다. 설총은 머리를 맑고 차분하게 하는 차, 엉킨 것

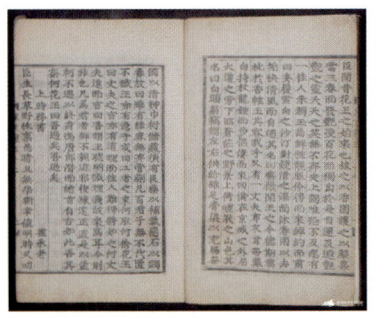

신라 때 설총이 지은 〈화왕계〉,『동문선』 52권 (출처: 한국민족문화대백과)

을 풀어 마음을 맑히는 술을 다른 두 마실 거리로 대비하거나 구분하지 않고 몸과 마음을 맑히는 차와 술, 다주이청신(茶酒以淸神, 차와 술로써 정신을 맑게 하다)이라고 말한다.

『다주론』과 『주다론』에서 차와 술이 인류에게 이로움을 준다며 각자 서로의 입장에서 주장을 펼친 것을 다주우열론茶酒優劣論이라고 하면, 〈화왕계〉에서 차와 술은 서로 어울려서 인류를 이롭게 할 수 있다고 하는 것은 다주동위론茶酒同位論이라고 볼 수 있다.

차와 술이 함께하는 선조들의 시문

이번에는 우리 선조들이 차와 술을 함께 논한 시문을 살펴보고자 한다. 먼저 동방東邦의 시호詩豪로 불리는 고려시대 문장가 이규보(李奎報, 1168~1241)는 처음으로 다선일미茶禪一味를 제창한 차인茶人이었고, 고려시대 첫손으로 꼽히는 술의 명인名人이었다. 시詩, 금琴, 주酒를 심히 좋아하여 삼혹호三酷好라는 호를 지은 이규보는 시를 짓고 싶으면 술을 마시고, 깨어 있고 싶으면 차를 마셨다고 한다. 이규보는 술자리에서 차를 마시고 찻자리에서도 술을 마시는 등 격식이나 형식에 구애됨 없이 음차 및 음주 생활을 호방하게 즐기는 풍류인이었다. 무신집권기라는 극도의 혼란한 시기에 그는 사상과 종교의 차별 없이 다양한 계층의 수많은 인물들과 교류를 가졌다. 이러한 교류 대상은 왕후장상王侯將相에서 노복奴僕에 이르기까지, 또 은사隱士에서 기녀妓女까지 참으로 다양하였다. 이규보는 차와 술을 소통의 매개로 하여 당대가 안고 있던 온갖 시련과 난

제들을 직접 체험하면서, 이러한 문제에 적극적으로 참여하고 비판적으로 극복하려고 하는 실천 의지를 가지고 자신의 길을 끊임없이 개척한 지식인이었다. 차와 술을 함께 조화롭게 향유하며 정신적인 위안을 갖고 소통했던 이규보의 문집에 실려 있는 〈운봉에 있는 노규선사가 조아차早芽茶를 보여서 내가 유차孺茶라 이름을 붙이고서 시를 청하기에 지어 주다〉는 현대 차인들 사이에서 가장 즐겨 회자되는 시 중 하나이다.

인간이 온갖 맛 일찍 맛봄이 귀중하니	人間百味貴早嘗
하늘이 사람 위해 절후節候를 바꾸네	天肯爲人反候氣
봄에 자라고 가을에 성숙함이 당연한 이치이니	春榮秋熟固其常
이에 어긋나면 괴상한 일이건만	苟戾於此卽爲異
근래의 습속은 기괴함을 좋아하니	邇來俗習例好奇
하늘도 인정의 즐겨함을 따르는구나	天亦隨人情所嗜
시냇가 차 잎사귀 이른 봄에 싹트게 하여	故敎溪茗先春萌
황금 같은 노란 움 눈 속에 자라났네	抽出金芽殘雪裏
남방사람 맹수도 두려워하지 않아	南人曾不怕髳髯
험난함을 무릅쓰고 칡덩굴 휘어잡아	冒險衝深捫葛藟
간신히 채취하여 불에 말려서 단차를 만들어	辛勤採摘焙成團
남보다 앞서 임금님께 드리려 하네	要趁頭番獻天子
선사는 어디에서 이런 귀중품을 얻었는가?	師從何處得此品
손에 닿자 향기가 코를 찌르는구려	入手先驚香撲鼻
벽돌 화로에 직접 물을 끓여서	塼爐活火試自煎

꽃무늬 자기에 손수 점다하여 색과 맛을 자랑하네	手點花瓷誇色味
입에 닿자 달콤하고 부드러워	黏黏入口脆且柔
어린아이의 젖 냄새 비슷하구나	有如乳臭兒與稚
(중략)	
평생을 불우不遇하여 만년을 탄식했는데	平生長負遲暮嗟
일품을 감상함은 오직 이것뿐일세	第一來嘗唯此耳
귀중한 유차 마시고 어이 사례 없을손가	飽名孺茶可無謝
공에게 맛있는 봄 술을 빚기 권하노니	勸公早釀春酒旨
차 들고 술 마시며 평생을 보내면서	喫茶飮酒遣一生
오가는 풍류놀이 이로부터 시작이리	來往風流從此始

_『동국이상국집』 13권

  이 시는 귀한 차를 얻어 끓여내는 과정을 생동감 있게 묘사하고 있다. 만물이 봄에 소생하여 여름에 자라고 가을에 열매를 맺는 자연의 이치에 따라, 사람들은 인간 세상에 일찍 나오는 것을 맛봄을 귀하게 여긴다. 이 차는 무척 이른 시기에 따서 만든 조아차早芽茶인데, 맛이 달콤하고 부드러워 어린아이의 젖 냄새 비슷하다고 하여 이규보가 유차孺茶라 이름지었다. 유차는 시냇가에서 이른 봄 싹을 틔워 자라난 찻잎을 어렵사리 채취한 뒤, 이를 단차團茶로 만들어 임금님께 드리려 만든 고급품이다. 유차는 손이 닿자마자 진한 향기를 뿜어내고 화로에 물을 끓여 손수 점다點茶하여 맛을 보니 어린아이의 젖 냄새 비슷하다고 형용된다.

  이규보는 유차를 무척 좋아하여 유차에 관련된 여러 편의 시를 남겼다. 평생을 불행하게 보낸다고 만년을 탄식하다가 가장 좋은 차를 맛보자 차를 찬탄하며, 좋은 산수를 봄을 감사해하며 스님께 봄 술 빚기를 청한다. 이규보는 차와 술의 역할은 다르지만, 선사와 함께 즐길 만한 것이라고 하였다. 이 봄에 어울리는 술을 빚어 차 마시고 술 마시며 평생 서로 왕래하면서 음주와 음차를 통한 풍류로 여생을 보내고자 하는 절실한 소망을 담고 있다. 이규보의 호탕한 성품과 이를 대하는 선승의, 속계俗界와 선계仙界를 초월한 폭넓은 불심佛心을 상호교감하면서, 음차와 음주로 세상과 소통하고 풍류를 즐기자는 다주동위茶酒同位적 시문이다. 이 안에는 이규보의 자유로운 풍류 정신과 삶의 태도, 그리고 생활관이 잘 나타나 있음을 알 수 있다.

또한 이규보가 31세에 지은 〈이 날 늦도록 마시다가 잠깐 쉬게 되니, 오직 서너 사람만이 마주 앉아 차를 마시게 되었다. 그후 밤중이 되어 오래 앉아 있자 몸이 피로하고 졸음이 눈을 가리곤 하였다. 그러자 스님이 나가서 금귤金橘·모과木瓜·홍시紅杮를 가지고 와서 손들을 대접하는데, 한 번 씹자마자 나도 모르는 사이에 졸음이 벌써 어디로 가버렸다. 조금 있다가 사미를 부르니 사미는 코를 골고 대답이 없었다. 그러자 스님이 웃으며 방으로 들어가 손수 좋은 술 한 병을 가지고 나오니, 손들은 껄껄대고 웃었다. 여기에 간소하게 몇 잔씩 마시며 차츰 조용한 가운데 흥취를 자아냈다. 아, 평생에 이런 재미있는 놀이는 다음에 다시 있을 것 같지 않다. 그래서 시 한 편을 지어 오늘밤의 일을 기록하여 둔다〉라는 긴 제목의 시에서도 다주동위론적 관점이 드러나 있다.

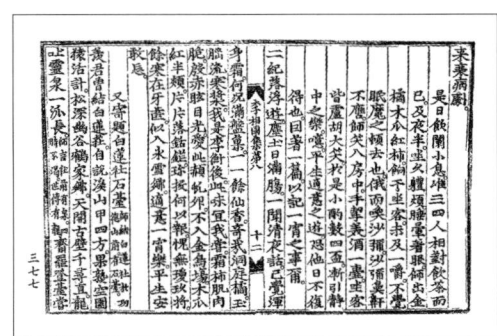

『동국이상국집』 8권 (출처: 한국고전데이터베이스)

이십여 년을 떠돌이 신세로	二紀落浮遊
티끌이 창자에 꽉 찼다가	塵土日滿腸
하룻밤 깨끗한 얘기를 들으니	一聞淸夜話
온 몸이 시원해지는구나	已覺渾身霜
더구나 소반에 가득한 과일은	何況滿盤菓
하나하나가 모두 선향을 풍기는구나	一一餘仙香
동정에서 생산된 특이한 귤은	寄哉洞庭橘
옥 같은 살에서 시원한 즙이 나오네	玉腦流寒漿
나는 이형의 후손이니	我是李衡後
이건 내가 먹어야 마땅하리	此味宜我嘗
서리 맞아 말랑말랑한 홍시는	霜柿肌肉脆
대단히 붉어 눈이 부시네	殷赤眩目光
예쁘기도 하다 이 붉은 용의 알이	愛此赭虯卵
까마귀 떼에게 먹히지 않았구나	不入金烏場
반쪽이 불그레한 모과가	木瓜紅半頰
점점이 칼끝에 떨어지네	片片落銛鋩

융숭한 대접을 어떻게 갚나	珍投何以報
좋은 경거 없는 게 부끄럽구려	愧無瓊琚將
시원한 맛이 잇몸에 남아 있으니	餘寒在牙齒
마치 눈 온 땅에 서 있는 것 같네	似入氷雪鄉
오늘밤 이렇게 재미있는 일은	適意一宵樂
한평생을 두고 어찌 잊을쏘냐	平生安敢忘

_『동국이상국집』 8권

이 시는 이규보가 세상사에 지쳤을 때의 울적한 심기를, 선사들과의 정담과 교유를 통하여 여과시켰음을 보여준다. 오랜 세월 동안 티끌로 가득했던 온몸이 하룻밤의 깨끗한 이야기로 시원해졌다는 말은, 고려 시대 무신정권기의 혼란 속에 이규보가 회의懷疑와 초조로 가득 찬 삶을 살았음을 보여주고 있다. 이러한 현실 속에서, 산사에서 밤늦도록 술을 마시다가 잠깐 쉬면서 차를 마신다. 그 후 시간이 흐르자 피곤함을 과일로 풀고 잠이 든 사미沙彌를 깨우지 않고, 스님이 직접 좋은 술 한 병을 가지고 와서 손님들을 기쁘게 한다. 간소하게 몇 잔씩 마시면서 조용한 분위기를 흥취 있게 하는데 평생에 이런 재미있는 놀이는 이다음에 다시 있을 것 같지 않아서, 시 한 편을 지어 오늘밤을 기록하여 둔다고 하였다. 이규보에게 산사山寺라는 공간은 술을 마시든 차를 마시든 그의 울분 또는 번뇌를 달래주어 정신적 고뇌로부터 벗어나게 하는 곳임을 알 수 있다.

차와 술은 소통의 매개로서의 역할과 효능이 뛰어난 기호품들이다. 이들은 상극의 관계일 수도 있지만 합쳐졌을 때 묘합을 이루어 각각의 장점을 더 살려주는 역할을 한다. 머리를 맑고 차분하게 하는 차, 생각을 흐리고 기분을 드솟게 하는 술, 이 둘은 상반된 마실 거리 같지만 위에서 읊은 시에서 볼 수 있듯, 가라앉는 분위기에 흥취가 나게 하고, 너무 들뜬 분위기는 다시 차로써 가라앉으며 풍류를 즐길 수 있다. 차와 술의 맛을 잘 표현해주고 차의 효능을 잘 나타낸 또 다른 시, 고려 말 운곡耘谷 원천석(元天錫, 1330~?)의 〈아우 이사백이 차를 보내줌에 감사한다〉를 소개한다.

(상략)
식사 후 한 사발도 맛이 대단하고
술 취한 뒤 마시는 세 사발은 정말 자랑할 만하지
마른 창자 윤기 돌아 욕심이 없어지고
침침한 눈 활짝 뜨여 어른거림이 없구나
이 물건 신통한 효과는 헤아릴 수 없으니
잠이 싹 달아난 뒤 시상이 막 떠오르네
_『운곡행록』5권

원천석은 고려 말의 문인으로, 혼란한 정계를 개탄하여 치악산에 들어가 은둔생활을 하였다. 조선의 태종이 된 이방원을 가르친 바 있어, 태종이 즉위한 뒤로 여러 차례 벼슬을 내리고 그를 불렀으나 응하지 않았다. 태종이 직접 그를 찾아갔으나 운곡은 소문을 듣고 피해서 만나지 않았다. 유학자적인 절의이자 고려왕조를 향한

충절 때문이었음을 전해지는 시문을 통해 알 수 있다.

시의 내용은 식사 후나 만취晩醉한 뒤에 마시는 차 맛이 최고라고 하면서, 차를 마시면 창자에 윤기가 돌아 욕심이 없어지고 눈이 맑아지며 잠이 달아나고 정신이 맑아져, 시상이 막 떠오르는 신통한 효과를 헤아릴 수 없다고 하였다. 차에는 각성의 효과와 함께 심신의 안정을 취하게 되어 창작활동을 극대화시켜 주는 절묘한 효능이 있다. 이는 오늘날 차의 성분 분석으로 알려진 사실이다. 카페인 성분의 각성 작용과 함께 다른 식물에서는 거의 발견되지 않는 특수아미노산 테아닌(Theanine)의 성분이 차에 함유되어 신경계를 안정시켜 긴장을 이완시키는 천연진정제 역할을 하는 것이다. 현재 테아닌은 신경안정제나 우울증치료제, 치매예방제, 수면보조제 등에 활용되고 있다. 이러한 효능을 가진 차와 술은 운곡의 적막한 생활에 큰 위안거리가 되었다. 가슴의 의기만으로 지탱해야 하는 힘든 난세를 이들이 있어 이겨나갈 수 있었던 것이다. 또 하나의 다주 동위론 시문은 『족수당집』의 〈연구聯句〉로, 그 내용은 다음과 같다.

강원 원주시 행구동에 있는 원천석(1330~?)의 묘. 원천석은 두문동 72현의 한 사람이다.(출처: 한국민족문화대백과)

어머니 영수합 : 성긴 발에 구름 그림자 어리고,
　　　　　　　멀리서 온 손님은 흥에 겨워.
큰아들 석주 : 맑은 달빛 좋기도 하네,
　　　　　　　허공이 밝아지니 하늘은 넓고 넓어.
둘째 아들 길주 : 이슬 내려 꽃을 적시네, 누각은 허공에 솟았고.
큰딸 원주 : 뾰족한 산봉우리엔 달이 걸렸네,
　　　　　　구름 걷힌 하늘엔 고요함만이.
셋째 아들 현주 : 별들은 나무 사이에 걸렸네,
　　　　　　　　걸어놓은 등잔에 밤은 깊어지고.
족수당 : 바람 소리 피리 소리 뚜렷이 들리는데,
　　　　　서로 만나 기뻐 환하게 웃고.
영수합 : 둘러앉아 서로에게 취해 즐거워하네.
　　　　　붓들 들어 좋은 시 짓고.
석주 :　　이루지 못하면 벌주를 마셔야 하네.
　　　　　계단 둘레엔 아름다운 나무 둘렀고.
길주 :　　갖추어진 음식들은 옛 맛 그대로네.
　　　　　차가 익으니 시심(詩心, 시 쓰는 마음)이 일고.
원주 :　　거문고 맑은 소리 고운 손에 울린다. 가족들의 이 즐거움.
현주 :　　세월이 흐를수록 더욱 젖어 드는데.
　　　　　하늘 쳐다보니 은하는 기울었는데.
족수당 : 이 기쁨 영원하길 달 보고 빈다네.

_홍인모, 『족수당집』 3권

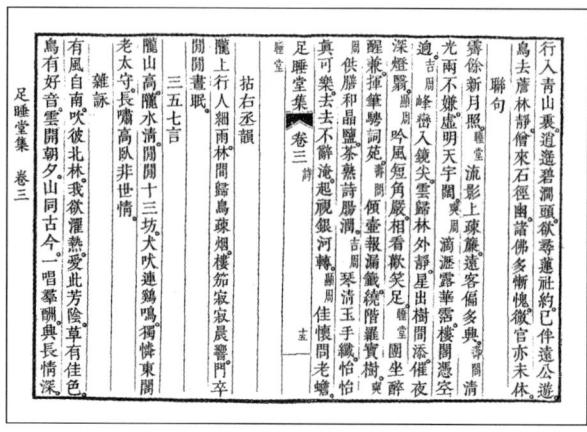

『족수당집』(출처: 한국고전데이터베이스)

이 시는 조선 후기 명문가 출신으로 관찰사를 지낸 아버지 족수당 홍인모(洪仁謨, 1755~1812)와 여류시인인 어머니 영수합 서씨, 대제학을 지낸 맏아들 석주, 문장가이면서 학자인 둘째 아들 길주, 정조의 부마 셋째 아들 현주, 그리고 문집에 실어 놓은 여류시인 맏딸 원주가 참여한 가족 시회詩會의 시詩이다. 시회는 온 가족이 둘러앉아 가족의 정을 돈독하게 하며 정신적인 교감을 나누는, 차와 술, 거문고 등을 흥을 돋우기 위한 매체로 활용한 아회雅會의 자리였다. 전통적인 유교 사회의 가부장적인 사대부士大夫가에서 온 가족이 함께 차와 술을 함께 하며 시회를 여는 것은 소통의 부재가 만연한 오늘날 우리에게 매우 귀감이 되는 가족 시회의 모습이다.

지금까지 오늘날 우리에게 잊혀져가는 문화 속에 기억해야 하는 소재를 영화화한《천년학》에서 차와 술에 관해 이야기하였다. 차와 술은 문화적인 음료이며 소통을 위한 최고의 매개물이다. 세상의 모든 물건은 그것을 어떻게 운용하느냐가 문제이지, 그것 자체가 문제가 되는 것은 아닐 것이다. 차든 술이든 사치와 허영, 그리고 과잉으로 잘못 마시는 습관에 빠지는 것이 문제가 되는 것이다. 현대인들은 자신의 문화 코드에 대상을 가두어 자신들의 기호품만을 편향적으로 우위에 두는 경향이 있다. 차인茶人에게는 풍류의 술을, 애주가愛酒家에게는 맑힘의 차를 권하여 함께 소통하는 건강한 음다 및 음주 문화가 정착되길 희망한다.

참고문헌

홍소진, 「이규보의 풍류를 통한 소통연구」, 목포대 대학원 박사학위논문, 2019
홍소진, 「『다주론』과 『주다론』의 비교 고찰」, 『한국차문화학회지』 9집, 2018
한국고전번역원 http://www.itkc.or.kr
한국영화데이터베이스 http://www.kmdb.or.kr

일상이 변하는 차 한 잔의 비밀

영화 《일일시호일》

• 하도겸 •

고려대학교 사학과 문학사·석사·박사로 현재 동방불교대학 특임교수·나마스떼코리아 대표로 활동하고 있다. 저서로는 『지금 봐야 할 우리 고대사 삼국유사전』, 『다시 돌아가 만나기가 어렵다』, 『술술 읽으며 깨쳐 가는 금강경』 등이 있다. 고려대학교 자랑스러운 문과대학인상, 올해의 재가불자상, 여성가족부 장관상 등을 수상하였다. 1988년부터 차를 마시며, 우리 차 문화의 미래상을 찾고 있다.

일일시호일
감독 오모리 다츠시
주연 쿠로키 하루, 키키 키린, 타베 미카코
일본, 2018

우연히 보게 된 영화: 인생 교과서

2019년의 일이다. 친구들과 심심해하던 차에 자연스럽게 영화나 한 편 보자는 이야기가 나왔다. 광화문과 서대문 주변에 있었던 터라, 복합문화공간 '에무'가 떠올랐다. 집에 TV도 없고 인터넷도 거의 하지 않던 시기였다. 첩첩산중에 살면서 가끔씩 도심 한가운데에 내려오는 옛사람 정도의 정보력만 가지고 있었다. 영화《일일시호일》이 부산영화제에서 전일 매진될 정도의 인기를 끌었던 작품이라는 걸 전혀 몰랐다. 여러 포스터 가운데 일본 차실의 모습이 보이는《일일시호일》을 보고 '차와 관련된 영화인가 보네. 이거 봐야지'라는 선택을 했을 따름이다.

　'차' 영화이니 대충 '다큐멘터리를 보게 되겠지'라는 선입관을 품고 별다른 기대 없이 영화관에 들어갔다. 평소라면 영화가 끝나자마자 도망가듯, 출구로 나가는 발길을 재촉했을 것이다. 그러나 그날은 엔딩 크레딧이 끝나는 마지막 순간까지 자리에 앉아 있게 되었다.

　'아니! 최근 일본 영화 중 이렇게 좋은 작품이 있었어?' 쿠로자와 아키라나 이와이 슌지 감독 정도의 영화만 되어도 좋지만, 일본 영화에 그다지 기대를 안 하고 있던 터라 '허'를 정곡으로 찔렸다.

어쩌면 그런 놀라움이 이번 『영화, 차를 말하다』를 기획하게 된 것인지도 모르겠다. 정말 마음속 깊이, 큰 교훈을 넘은 '느낌'으로 간직할 수 있었던 그런 좋은 영화를 소개하게 되어 기쁘다. 다른 한편으로는 부족한 소개로 이 영화의 이미지를 떨어뜨리게 되진 않을지 걱정까지 하게 된 훌륭한 영화이다.

차와 관련된 대부분의 영화는 영상에 차를 살짝살짝 등장시킬 뿐이다. 커피와 콜라가 대세인 시기에는 그 정도만 나와도 어쩌면 대단한 것이다. 차를 마시는 장면이나 연상시키는 대사만 있어도 좋은 소재가 되는데 이 영화 《일일시호일》은 온통 차 이야기이다. 아니 차와 차인茶人에 대한 이야기가 전부라고 해도 지나치지 않을 정도이다.

'차'라는 것은 혼자만의 취미나 취향에 따른 기호품일 수 있다. 하지만 대부분 남과 나누는 대표적인 물질이기도 하다. '대화'나 '소통'을 상징하는 물질문화로서의 차는, 사실 인간 군상을 설명하는 좋은 소재가 될 수도 있다. 굳이 물아일체物我一體를 말할 필요는 없지만, 차와 관련된 영화는 꼭 다큐멘터리가 아니더라도 대부분 우리네 인생 이야기라고 할 수 있다. 다행스럽게도 그런 생각을 머리로 하기도 전에, 이 영화는 거의 완벽하게 차와 인생을 하나의 몸통으로 만들어, 한 편의 서정시처럼 우리에게 편하게 다가온다.

영화에서 주인공들이 차를 만들고 마시면서 전하는 수많은 메시지는 원작가와 감독의 수고로움만으로 완성된 것이 아닐 것이다. 등장인물(배우)부터 흐르거나 떨어지는 물소리까지, 각각 전혀 다른 목소리를 내는 것이 마치 우리 인생의 군상과 같다. 우리 모두가 행복해지고 싶은 걸 어떻게 알았는지 모르겠지만, 이 영화는 "인생은 무엇이고, 그리고 행복이란 무엇인가?"라는 질문을 우리에게 묻고 있다고 홍보하고 있다.

국적을 초월해서 '가깝고도 먼' 일본인들의 이야기지만, 영화를 보다 보면, 그들도 우리와 같은 인류라는 생각에 동감하게 된다. 일본은 물론, 전 세계가 차로 인해 하나가 될 수 있다는 생각마저도 들게 해주는 것이 이 영화의 매력이 아닌가 싶다. BTS의 노래가 전 세계를 묶어주듯이 말이다. '국가'와 '민족' 간의 갈등을 넘어 평화와 화합으로 향하게 해주는 이 영화는 우리 모두가 궁극적으로는 같은 방향으로 가는 동행, 즉 도반道伴이라는 것을 알려준다. 비록 다른 이야기를 하더라도, 평행선을 걷는 것이 아니라 그 폭을 줄이고 교차할 수 있음도 알려준다.

이런 점에서 이 영화는 우리가 명상하고, 수행하고, 참선하고 할 때에 가장 잘 쓸 수 있는 교재 중의 하나가 될 수 있다고 생각한다. 따라서 참선이나 명상 등의 불교적인 수행의 교재이자 나아가 인생 교과서라고 할 수 있다. 이 영화를 두고 "배우는 과정이 전부인 영화, 바로 삶도 똑같다", "나이 드는 것, 늙음. 고통이 아닌 성장으로 받아들이는 경지에 이르는 지혜", "취직과 결혼 실패, 아버지 죽음 등의 고통

남원 매월당 옆 산책로를 걷는 두 사람

을 넘게 한 것은 늘 하던 다도, 아니 일상 속의 차 생활이었다"라고 설명하는 이유도 바로 여기에 있다.

당신의 일상이 변하는 차 한잔의 마법

제23회 부산국제영화제 전 회 매진작인 《일일시호일》은 베스트셀러 『매일매일 좋은 날』(원제: 日日是好日 にちにちこれこうじつ)을 영화화한 작품이다. 원작은 25년 동안 다도를 배우며 알게 된 인생을 담은 에세이이다. 주인공의 이름은 실제 20살 때 다도를 시작했던 저자 모리시타 노리코[1]의 이름을 따온 것이며, 촬영도 저자가 성장한 요코하마 시를 중심으로 진행되었다.

2018년 10월 13일에 개봉한 일본의 드라마 영화로, 오모리 타츠시가 감독과 각본을 맡았다. 우리나라에는 2019년 1월 17일에 개봉되었다. "따스한 찻물이 그녀의 매일매일을 채우기 시작한다"라는 멘트로 소개되는 이 영화에서는 일본의 국민 엄마라고 할 수 있는 키키 키린(다케타 역)[2]과 인기 여배우 쿠로키 하루(노리코 역), 그

---

[1] 모리시타 노리코는 스무 살 때 다도를 시작하여 40년 넘게 그 길을 걷고 있다. 2010년 오모테센케의 교수 자격을 얻었으며 모리시타 소텐(森下宗典)이라는 다명(宗名)을 가지고 있다. 차뿐만 아니라 음식에 대한 풍부한 식견에서 우러나온 섬세하고 정확한 맛 표현과 음식에 대한 철학을 담은 글로 큰 사랑을 받고 있다. 저서로는 『노리코, 페르시아 만으로 가다』, 『홀로 여행하는 동안』, 『고양이와 함께 있는 것만으로도』, 『맛 읽어주는 여자』, 『그리운 음식』 등이 있다.

[2] 이 영화는 "키키 키린이 남긴 가장 아름다운 작별 인사"라고 할 정도로 그녀

영화《일일시호일》中 노리코와 미치코가 다케타 선생의 다도 수업을 경청하고 있다.

리고 타베 미카코(미치코 역)가 출연진으로서 열연한다.

하고 싶은 일을 찾지 못한 스무 살 노리코가 사촌 미치코를 따라 얼결에 찾은 곳은, 있는지도 몰랐던 이웃인 다케타 선생의 다도 교실이었다. 다도를 배우게 되면서 일상의 소중함을 깨달아가는 영화인데, 말은 쉽지만 이를 영화화한다는 것이 참으로 어려운 일이다.

노리코의 사촌 미치코는 커피, 콜라, 그리고 인스턴트와 어울리는 인물이다. 그와 대조적으로 고뇌하는 인생을 살아가는 노리코

의 공헌이 컸다. 1961년, 18세에 연기를 시작한 그는 언제나 전형성을 탈피한, 살아 숨쉬는 인물상을 만들어왔다. 영화《도쿄 타워》,《내 어머니의 인생》으로 일본 아카데미 최우수 여우주연상을,《걸어도 걸어도》,《악인》으로 최우수 여우조연상을 수상하였으며, 제71회 칸 영화제에서《어느 가족》으로 황금종려상을 수상하였다.

영화《일일시호일》포스터

는 소소한 일상 속에서 자신의 언행과 자세에 자연스럽게 스미는 다도를 배우며, 점점 자신만의 이야기를 만들어가기 시작한다. 다도를 배우는 길 위에서 겪는 다양한 인생 경험은 스스로와 당당하게 마주하게 하는 자양분이 된다.

노리코는 아버지를 여의고, 정규직 전환에 실패하는가 하면, 결혼하려던 남자에게 배신을 당하기도 한다. 그런 그녀를 계속 그 자리에 있게 해준 것은, 공기와 같이 매일 아무것도 아닌 의미로서 그냥 하던 것, 일상의 한 부분이었던 차였다. 그래서 노리코는 "배운 것은 차가 아니라 인생"이라며, 다도를 통해 '느닷없이 변덕을 부리는 인생을 견디는 법, 시도 때도 없이 낯설어지는 운명을 익히는 법'을 배웠다고 말한다.

영화 가운데 나오는 차 한잔은 다양한 의미를 갖는다. 그런 차가 없었으면 영화, 아니 우리네 인생은 더 무미건조하고 재미없었을 것 같다. 삶의 윤활유 역할을 하는 차는 따스하다. 슬픔 등으로 힘들어하는 우리의 몸과 마음 모두를 데워주는, 그런 따스한 가슴을 가진 우리의 친구이다. 차가 처음부터 따스한 것은 아니다. 우리가 차를 마시기 위해 찬물을 떠와서 끓여주고 우린 후에야 비로소 차는 우리 몸에 받아들여져 덮여주며 산화한다. 아니 우리가 된다.

일일시호일의 출전: 벽암록

불교 참선 수행의 중요한 교재인 『벽암록』에는 제6칙으로 운문문언(雲門文偃, 864~949) 선사의 '일일시호일日日是好日'이 등장한다. 보름날 운문 선사가 대중들을 모아놓고 물었다. "그대들에게 지나간 15일 전의 일에 대해서는 묻지 않을 것이다. 그러니 앞으로 15일 이후의 일에 대해서 한마디씩 해 보라!" 그리고 스스로 답으로 한 말이 바로 '일일시호일'이다. 안분지족하고 해야 할 일을 하면서 분별이나 망상 없이 열심히 살면 앞으로 15일, 나아가 영원토록 매일매일 좋은 날이 될 것이라는 뜻이리라.

"날마다 좋은 날"이라니 듣기만 해도 행복하다. 지금 이 순간 불만도 없고, 후회도 없어야 한다. 후회가 남지 않게 일기일회一期一會하듯이 오늘도 첫날 아니 처음처럼 최선을 다하는 날을 만들어가야 한다.

'체로금풍體露金風'이란 말이 있다. 인생의 진리란 만물을 싹 틔우는 봄바람의 풍성함과 싱그러움 속에서가 아니라, 쓸쓸한 가을바

남원 매월당 입구에서
바라본 초당의 모습

남원 매월당의
차실 내부 모습

람에 시든 나뭇가지와 마른 잎이 떨어져 내릴 때 드러나는 법이라는 뜻이다. 어려움이 진면목을 보여준다는 의미에서 날씨가 추워진 후에도 푸르름을 간직한 송백과 같은 세한지우歲寒之友와 통할 수도 있는 말이다.

영화에서 차 교실을 찾은 노리코는 벽에 걸린 이 '일일시호일'이라는 글귀를 보지만, 뜻을 이해하기는커녕 제대로 읽어내지도 못한다. 그러나 인생의 굴곡 속에서도 꾸준히 다도를 해온 주인공은 원숙한 중년에 이르러서야 그 말의 의미를 체득하게 된다. 주인공 뿐만 아니라 영화를 보는 관객도, 세한지우 아니 체로금풍과 같은 체험을 하게 될 듯하다.

아무리 행복해 보여도 세밀하게 들여다보면 다들 어렵다. 행복한 상황이란 것이 모두 주관적이고 불만이 늘 없을 수 없으니 하루가 다 좋지만은 않다. 그럼에도 불구하고 오늘을 즐길 수 있는 사람은 하루하루가 다 행복할 따름이다. 남들이 보기에는 불쌍해 보일지언정 마음먹기 나름이어서, '나'만 행복해하면 되는 것이 바로 '좋은 날'의 의미일 것이다. 그렇게 내일도 어제나 오늘과 마찬가지로 모두 기쁜 날이라고 생각한다. 사실 어떤 일이든 생각하기 나름이고 굳이 말하자면 한 끝 차이일 따름이다. 그러기에 바로 지금 여기가 늘 중요한 것이다.

원래 화두라는 것도 보는 사람의 관점이나 성취에 상응하는 안목에 따라 그 이해와 해석이 달라진다. 그리고 그런 성장에는 인생의 굴곡이 되는 사건과 사고의 크고 작은 고통이 늘 자리한다. 노리코 역시 생활의 굴곡에 치이면서 성장, 즉 업데이트 및 업그레이드 되어간다. 그렇게 하루하루 성장하면서 안목이 넓어지고 깊어져 간다. 그러니 오늘 지금이 내가 성장하기 제일 좋은 날이 된다. 힘든 어제가 있기에 오늘 성장하고 내일도 행복할 수 있다.

그러기 위해서는 늘 오늘처럼 살며 마음을 안정시키는 '평상심'을 늘 '여여如如'하게 가져야 한다. '차별을 떠난, 있는 그대로의 지

경주 황룡사 부근 다실에서 차인이 보이차를 행다하는 모습 1

금 우리네 모습'이라는 뜻을 담고 있는 '여여'한 모습 그대로를 이 영화는 우리에게 잔잔하게 말해주고 있다.

우리에게는 자기가 늘 하던 일, 늘 해왔던 것들을 계속 해가는 것이 중요하다. 그런 생활 모두가 사실 다 명상이고 요가이다. 까닭에 불교에서는 이를 생활선生活禪이라고 한다. 그리고 그 생활선에서 '차'는 일상에서 만나는 소중한 벗이자 수행의 좋은 길벗으로, 도반道伴이라고 할 수 있다. 평소 나의 마음가짐을 닦는 것이 바로 수행이고, 그것이 곧 차인의 삶이며 다도라고 보면 된다.

선구자가 먼저 간 뒤에는 그 길을 따라가는 사람이 있어 길이 생긴다. 선구자 자리에 '나'를 넣으면 내가 오늘 걷고, 나중에는 예전부터 걸은 그 길을 나는 물론이고 다른 사람들이 걷고 있는 것을 알게 된다. 때로는 생각지 않아도 그 길을 걸어가는 자신을 보고, 때로는 보지도 않고 그냥 가도 그 길일 때가 올 것 같다.

그런 까닭에 그런 '오래된 미래'로서의 '차'는 언뜻 단순한 '명사'로 보여도 사실은 꿈꾸는 비전을 향해 조금씩 실천하면서 나아가는, 무한한 생명력을 가지고 변화하는 '동사'가 아닌가 싶다. 사전적으로는 명사에 속하지만 함축하는 그 의미가 무한히 동적이라는 뜻이다. 인생의 모든 일이 그런 '오래된 미래'를 알고 나아간다면 언젠가 알게 될 것 같다. 이 모든 것이 나만을 위한 일이 아닌 모두를 위한 행복한 길임을 말이다. 그런 길 가운데 하나가 '다도'가 아닐까 싶다.[3]

---

3 하도겸, 「나를 보는 3분, 강자 위해 약자 버리지 말기를」, 『뉴시스』, 2016. 1.

경주 황룡사 부근 다실에서 차인이 보이차를 행다하는 모습 2

왜냐하면 차 역시 고정적이고 불변하는 명사적인 의미보다는 채움과 비움의 연속적인 움직임을 담고 있는 동사적인 의미를 가지고 있기 때문이다. 만들어지고 우려지고 마시는 그런 의미로 말이다. 다도에서 차라는 명사는 잔에 채워진 차를 비우는 '마시다'라는 의미까지 당연히 포함하고 있다. 운남성 소수 민족 사이에서 차의 의미를 가진 '푸레'는 보이차에서의 '보이'의 원음에 해당한다고 한다. '푸레', 아니 '보이'는 우리의 몸과 마음을 비워주는 떡차(익힌 찻잎을 찧어서 떡처럼 만든 차)라고 정의하면 좋을 듯싶다.[4]

불교에서는 내 몸을 이루는 네 가지 요소로 지수화풍地水火風 사

29.

[4] 하도겸, 「보이차 관련 몇 가지 상식 체크 문답」, 『여성소비자신문』, 2019. 6. 26.

대四大를 말한다. 차도 이와 다르지 않다. 물은 대지의 피이자 땀이라고 할 수 있다. 땅에서 자란 차에는 물이 필요하며 그 과정에서 태양과 바람도 소중하다. 뿐만 아니라 차를 만들기 위해서는 불을 피워 찻잎을 덖어야 한다. 물을 끓이고, 흙으로 구운 도자기 그릇에 차를 우려내어 마시기도 한다. 따스해진 물을 만난 차는 직녀를 만난 견우처럼 그동안 숨겨왔던 자신의 색과 소리, 향과 맛을 온몸으로 낸다.

그런 차가 차다운 맛을 내기 위해서는 그릇도 물만큼이나 소중하다. 인간이 그렇듯 동식물도 호흡을 하며 차도 예외는 아니다. 대지의 호흡과 숨결이 바로 바람이다. 세상의 기운을 다 모아 담은 차는 서로의 호흡을 기로 승화시키면서 우리 몸의 일부가 된다. 세포와 신경 나아가 살과 피가 되면서 우리의 마음과 몸을 조화롭게 만든다.

이와 같이, 내 몸을 이룬 차는 몸을 이루기 전부터 그리고 이루고 나서도 줄곧 함께 하는 사람들을, 나와 너의 구분을 떠난 우리로 만들어간다. 그렇게 차는 단순한 물질이 아니라 대화와 소통이라는 옷을 입고 그 인문학적 가치를 높여간다. 우리 차인들의 삶 속에 나와 동반하는 차가 늘 있게 된 이유이기도 하다.

장욱진 작가의 일일시호일

우리나라의 대표적인 현대 미술 작가 중에 장욱진(1917~1990) 선생이 있다. 서울대 미대 교수를 역임한 그는 《자동차 있는 풍경》,

《모기장》,《두 아이》 등을 비롯하여 1,000여 점의 작품을 남겼다. 미공개 작이 지금도 조금씩 발견되고 있어 그 수는 더욱 증가할 것으로 보인다.

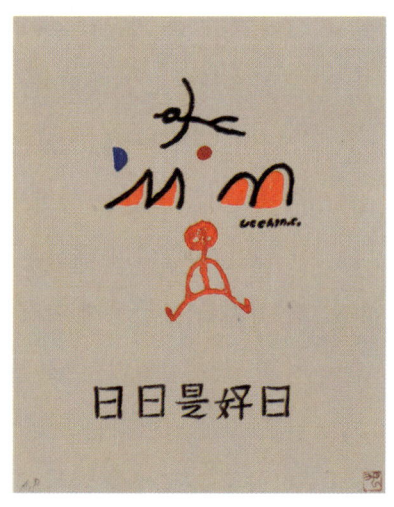

장욱진,《일일시호일》(출처: 양주시립장욱진미술관 홈페이지)

그런 작가가 불교의 선禪적 향취를 드러냈다는 평가도 받는 것은 그가 우리나라 불교의 대표적 선승인 만공 스님 그리고 경봉 스님과 교류를 나누며 그로부터 강한 영향을 받았기 때문이다. 불교에 입문한 후 오랜 굴곡 끝에 장욱진의 자아는 그의 아내와 마찬가지로 선으로 귀결되었고, 선에 도달할수록 그의 화면은 더욱 단순하고 간결해졌다.[5]

그런 그의 선화들 가운데《일일시호일》이라는 제목의 판화가 있다. 1995년에 만든 이 작품은 '나날이 좋은 날(Each day gooood day)'라는 이름으로도 불리고 있다. 가로 28cm, 세로 36cm의 작은 판화이다.

그림의 꼭대기에는 사람처럼 생긴 새가 있다. 날고 있는 것인지 잘 모르겠지만 주둥이만 없다면 딱 사람으로 보이기도 한다. 그 아래 해와 달이 있고 달 아래에는 뾰족한 산 두 개가, 작품을 보는 관점에서 해의 아래쪽 오른편에는 둥근 산 두 개가 나란히 서 있다.

---

[5] 서규리,『장욱진-그림으로 보는 선의 미학』, 우리출판사, 2020,

그리고 그 둘 가운데 아래에는 털썩 주저앉아 있는 듯한 사람 하나가 붉은색으로 묘사되어 있다.

마치 화가 나 울고 있는 듯한 모습으로 보이는 사람은 화택火宅, 즉 불난 집과 같은 사바세계에 사는 우리 인간이 아닐까 싶다. 물론 보는 사람마다 해석은 다를 것이고 그게 미술 나아가 예술작품의 가치를 무한하게 확장시키는 저력일 것이다. 까닭에 미리 단정지을 필요는 없다. 여하튼, 작가는 이런 사람을 그림에 넣으며, 이 날도 좋은 날이라는 뜻의 일일시호일 제목을 붙였다. 왜 그랬을까? 『벽암록』제6칙의 화두를 깬 듯한 작가는 우리로 하여금 '좋은 날'의 의미를 되새기게 한다. 해와 달이 있는 하늘을 가르며 자유롭게 나는 새와 땅에 털썩 주저앉아 고통 속에 갇혀 불행해하는 사람의 모습은 음양과 마찬가지로 행복과 불행의 대조적인 양면을 극명히 보여주고 있다.

낮에는 날아다니고 밤에는 우는 것일까? 낮에는 뾰족하고 밤에는 둥글어지는 것일까? 흑백의 양극에 얽매이지 말고 중도를 가라는 뜻도 포함하고 있는 것일까?

이처럼 그림은 참선은 무엇이고 일상은 무엇인지, 나아가 그 둘이 서로 다른 것이 아니라 바로 똑같은 하나임을 알려준다. 결국 양 기슭에 닿지 않고 물밑의 암초에도 걸리지 않으며 바다로 나아가는 배의 선장이 우리임을 넌지시 알려준다.

미세한 소리의 차이를 느꼈다: 문향聞香

영화 가운데, "어느 날 미세한 소리의 차이를 또 느꼈다."라는 대사가 나온다. 거기에 나온 '소리'는 처음 듣는 소리가 아니다. 매일 듣는, 하지만 어쩌면 집중하지 않으면 한 번도 제대로 들어보지 못했을 소리였을 수 있다. 예전에 산중의 한 사찰에서 템플스테이를 하던 중 밤에 잠자리에 들었는데 잠시 잠을 이루지 못한 적이 있다. 낮에는 들리지 않던, 먼 곳의 개울 물소리가 정적이 흐른 사찰 내에서 언젠가부터 폭포수처럼 요동치듯이 들렸기 때문이다. 한참을 뒤척거렸다. 그러다가 피할 수 없으면 즐기자는 식으로 잠, 아니 꿈 명상에 들어갔다.

꿈인지 명상인지에 들어가 보니, 개울은 어느 순간에 폭포가 되어 나를 맞이하였다. 훌러덩 옷을 벗어 던지고 물에 들어가 수영을 즐겼다. 『서유기』의 손오공처럼 폭포 밑으로 한참을 잠수하다가 용궁도 보고, 용이 낳은 수많은 알들이 여의주처럼 보관되어 있는 곳에도 들어가 보았다. 하나를 깨서 먹어보기도 하다가 누군가 커다란 소리를 내며 코를 골고 있는 소리가 들렸다. 바로 나였음을 아는

영화 《일일시호일》中 대나무를 따라 흐르는 물이 바위 위에 떨어지며 미세한 소리를 내고 있다. 물을 푸는 노리코

순간 꿈에서, 아니 잠에서 깨어났다.

그 순간에 폭포수의 소리는 들리지 않았다. 결국 소리란 들으려고 하면 미세한 것마저도 들리며, 다른 곳에 집중하거나 아예 관심을 갖지 않으면 아무리 큰 소리라도 들리지 않는 것이 아닐까? 그리고 욕망이나 집착에 의한 모든 것도 그런 것이라는 알음알이가 우러난다.

다도茶道와 마찬가지로 평생을 해도 성취가 어려운 취미생활로는 꽃꽂이 같은 화도華道, 향을 사르는 향도香道, 글을 쓰는 서도書道 등이 더 있다. 그 가운데 향도에 문향聞香이라는 말이 있다. 향을 듣는다는 의미인데 그게 그리 간단한 의미가 아니다. 누구는 향을 맡는 것이라고 하도 또 누구는 향을 사르는 소리를 듣는 것이라고 한다. 그렇다. 멀리 떨어진 실개천의 소리를 듣는 것처럼 집중만 잘하면 향을 사르는 소리는 정말 잘 들릴 것이다. 청각이라는 감각을 극대화하거나 조금만 전환하면 되는 일이다.

하지만, 문향에서 들음의 대상은 향이나 소리만을 의미하는 것은 아니다. 문향은 향을 피우면서 이야기를 나누고 그 말을 듣는 것을 의미하기도 한다. 향에 관한 이야기를 듣는 것도 있지만, 인생사 모든 것들을 경청한다는 의미를 갖는다. 일기일회의 다도와 마찬가지로, 향을 사르는 소리를 집중해서 듣듯이 상대방의 말을 세세히 경청하는 것 나아가 헤아리고 이해하는 것 역시 바로 문향이 가르쳐주는 또 하나의 교훈이 아닐까?

그렇게 상대방의 말을 듣고 대화를 나누는 과정에서 스스로를 느끼는, 아니 느끼려는 자신의 모습을 보기도 한다. 그리고 내가 만

경주 황룡골 부근 다실 내부

들어가는 다도가 만드는 나의 모습을 보게 되기도 한다.

다도에도 '문향배聞香杯'라는 찻잔이 있다. 차를 먼저 문향배에 따른다. 가득 담는 게 아니라 여유를 둬서 그 여백에는 마음을 담는다. 이어 찻잔인 품명배를 뒤집어 문향배 위에 덮는다. 그러면 마음을 담았던 그곳에 차향이 가득해진다. 차향이 날아가지 않도록 가둬 둔다고도 하는데, 그보다는 마음(을 담은 그곳)에 머물게 한다는 표현이 더 나을 듯도 싶다. 다음으로 그대로 문향배와 찻잔을 뒤집고 문향배를 드러낸다. 이후 문향배를 손으로 감싸 온기를 느끼며 향을 맡는다.

결국, 문향이란 말은 다도와 향도에서 함께 쓰는 말로, 색과 향과 맛의 미세한 차이를 느낀다는 공통된 의미로도 이해될 수 있다. 나아가 문향은 나의 모습을 바라보고 지금 서 있는 자리를 보는 것으로, 곧 나의 본래 성품을 보는 '견성見性'으로 직결되는 방법이기도 하다. 문향도 그렇고 다도란 결국, 나의 삶을 다시 한 번 돌아보면서 만족해보려고 노력하고 실제로 즐기는 과정으로서, 행복을 찾는 길이기도 하다.

이처럼 다도와 향도에서 문향은 세상의 소리에 귀를 기울이는 것 자체로서의 수행이며, 관세음보살에서의 관음觀音, 즉 소리를 본다는 의미와도 통하는 면이 있다. 육근六根을 넘어 본래의 실체에 다양한 방법으로 접근하는 것이야말로 깨달음으로 나아가는 길이다.

꽃이 피는 소리를 듣기도 하고 어쩌면 그런 소리를 느끼는 우리의 관심과 감정에 대해 스스로가 스스로에게 묻고 듣기도 한다. 그렇게 감정이 일어나고, 또 가라앉고 채워지고 또 비워지는 것을 우리는 늘 관조觀照한다. 이와 같이, 늘 자신의 생각이나 감정의 흐름을 밝게 비추어서 들여다보고 귀를 기울이며, 내가 지금 어디에 서 있는지를 돌아보는 것이 다도이며, 바로 불교의 참선이며 명상이기도 하다.

"비 오는 날에는 빗소리를 듣는다. 눈오는 날에는 눈을 바라본다. 여름에는 찌는 더위를, 겨울에는 살을 에는 추위를 느낀다. 어떤 날이든 오감을 동원해 마음껏 즐긴다. 다도란 그런 삶의 방식인 것이다."

이런 다도는 누구나 일상에서 할 수 있는 차 살림이다. 소꿉놀이 같은 차 도구, 즉 다구들을 다루면서 차를 마시는 일상은 미세하게

경주 아사가차관에서 한 다인의 행다 모습

조금씩 변해간다. 어쩌면 우리의 성장과도 같은 과정을 거치면서 다도는 더욱 그윽해지고 깊어간다.

그렇다고 단순한 완물상지玩物喪志가 되어서는 안 된다. 완물상지란 쓸데없는 물건을 가지고 노는 데 정신이 팔려 소중한 자기의 의지를 잃는다는 뜻이다. 거꾸로《십우도十牛圖》처럼, 차라는 물질을 통해서 스스로의 본성을 찾아 나아가면 되는 것이다.

차 한 방울이 떨어지는 소리는 때로는 삶의 희로애락이 담긴 추억이 되기도 하고, 때로는 걱정이나 불안에 휩싸인 망상이 되어 다가오기도 한다. 어린 시절의 추억은 물론 상처까지도 살아났다가 어느 순간인가 사라져간다. 그런 흐름을 지켜보는 것 역시 수행이며 다도가 가르치는, 아니 우리가 얻어야 할 깨우침이다.

같은 물에 같은 차, 같은 다구를 써도 어제 먹은 차 맛과 오늘 먹은 차 맛이 다르다. 달라진 것은 없는 듯하지만 결국 내 마음이 달라진 것이다. 날씨도 환경도 좀 달라졌을 것이다. 왜냐하면 매일매일 변하는 것이 자기 자신만은 아니기 때문이다. 주변의 모든 것이 다 변해간다. 우리가 그런 모습을 차를 통해서 느끼며 공부하는 것일 따름이다.

"이 또한 재미있잖아요, 살아 있는 일"

좋은 날이라는 게 뭐 별 게 아닐 수 있다. 스스로가 좋다고 생각하면 좋은 날일 따름이다. 남들의 눈이나 판단은 나와 무관하다. 나는 나일 뿐이며, 나의 삶에 대한 판단은 오직 나만이 할 수 있어야 한다. 남의 판단에 휘둘리지 않고 스스로 성장하며 당당히 중심을 잡고 서야 한다. 그렇게, 칭찬이든 비난이든 남의 판단은 내게 아무런 영향을 주지 못한다는 마음으로 늘 내 삶에 찬사를 보내고 박수를 치며 나를 격려한다. "오늘도 수고했다."라면서 말이다. 그렇기에 오늘도 어제도 내일도 좋은 날이다. 그렇게 안분지족하는 사람의 하루하루는 늘 좋은 날이다. 《일일시호일》, 이 영화가 우리에게 주는 메시지이다.

  삶도 그렇고 수행이라는 것도 결국 이런 메시지를 듣고 받아들이며 실천하는 데 있다. 스스로에게 상의를 하고 스스로가 결정하고 실천한다. 차를 스승으로 삼으며, 찻잔을 채우고 비운다. 차를 마시며 몸으로 받아들이고, 덥혀가면서, 내 몸에 있던 차가운 또는 아픈 상처를 따스하게 어루만진다. 나아가 상처받은 마음을 달래주고, 화난 감정을 가라앉히며 분을 삭이기도 한다.

  지난봄에 찾은 하동과 보성 그리고 제주의 차밭 등에서는 싱그러운 바람이 나를 맞이하였다. 술래잡기를 하듯 차 나무와 줄기들 사이를 지나가는 바람에 찻잎은 가족들과 친구들과 부딪치며 악수를 하고 포옹을 한다. 찻잎의 부딪치는 소리는 풋풋한 향으로서의 녹음을 머금고 있다. 그렇게 진한 향기를 품기며 '삭삭삭' 소리를 낸다. 그 소리는 "이리 다가와 봐.", "내 말을 한 번 들어보라구."라는 식으로 말을 거는 것처럼 들리기도 한다.

내게 말을 건 것일 수도 있지만, 이미 내 세포가 되어 버린 다른 차들의 모습을 보고 자석처럼 이끌려 서로에게 말을 걸었는지도 모르겠다. 맑고 향기로운 차향은 물을 만나기 전에 이렇게 바람을 만나 '잘 지낸다'는 반가운 소식을 전하기도 한다. 그래서 문향이 아닌가도 싶기도 하다.

사실 차를 모르지만 '차인'이기를 바라는 사람으로서, 새벽에 시골집에서 모락모락 피어나는 연기를 좋아한다. 이른 아침에 깨어나 가족들을 위해서 땔감으로 아궁이에 불을 지피는 어머니의 마음은 그렇게 연기를 통해서 세상에 선한 영향력의 씨앗을 뿌린다. 그런 목가적인 농촌 풍경은 문향을 통해서도 느낄 수 있다. 그리고 시각화를 통해서, 몸은 도심에 있을지 몰라도 마음은 농촌에서 아침을 마치고 차 한잔으로 오래된 미래 가운데 하루인 '좋은 날'을 설계하고 있을지도 모른다.

그런 삶이 있고 또 그런 삶을 꿈꾸기에 우리의 일상은 늘 즐겁다. 그리고 언젠가 세상을 마치고 다시 땅으로 돌아가는 시간이 돌아왔을 때도 우리는 역시 "참 잘 살았다."라는 말을 할 수 있어야 한다. 그런 명상을 할 수 있게 만들어주는 차가 있기에 우리는 늘 삶이 기쁘고 반갑다. 그래서 "이 또한 재미있잖아요, 살아 있는 일"이라고 할 수 있나 보다.

"차는 먼저 그릇을 만들어 놓고 그 다음에 마음을 담는 거죠."

어떤 길에서 어떤 일을 하건 간에, 15일 아니 15년 전의 나와 지금의 나 또는 후배들을 바라볼 때 우리는 흥미로운 미소를 짓는다. 감회를 새롭게 하며 애정 어린 조언을 하고 싶은, 천 길을 떨어지는 폭포수 같은 욕망을 느낀다. 그렇게 15년의 시공을 넘어 그때 마셨던 차 맛을 음미하면서, 보다 더 잘 마실 수 있는 '묘수'를 전하고자 한다.

하지만, 어제 마신 차와 오늘의 차가 다르듯이, 지금 마시는 차조차도 첫 잔, 두 잔, 세 잔을 지나면서 맛이 전부 달라진다. 차이는 있지만 그래도 차를 마시는 마음은 변하지 않고 일기일회의 배려와 문향의 경청에 무게 중심을 두면서 급류에 휩쓸리지 않게 유유히 바다로 나아간다. 바로 이것이 '묘수'이기도 할 것이다.

양쪽 기슭에 닿지 않고 암초에도 부딪치지 않게, 마치 한겨울에 갓난아기를 업고 살얼음이 된 강을 건너는 엄마의 마음으로 신중하게 뱃머리를 돌리곤 한다. 강 속도 세세히 살핀다. 혹시라도 있을

영화 《일일시호일》中 다도에 대해 전혀 몰라서 곤란한 노리코

암초를 염두에 두고. 어쩌다 암초를 만나도 "아, 피했다." "아, 다행이다."의 탄성을 올리며 기뻐하고 즐긴다면 그날은 '좋은 날'이 되며, 이미 이런 사람은 다도의 궁극을 얻은 성인이 아닐까 싶다. 행복한 그가 바로 우리, 행복의 문을 열고 전하는 진정한 의미로서의 '차인'이 아닐까?

영화에 '찻잔에 차의 정신이 깃든 마음을 담아야 한다'는 대사가 나온다. 일기일회와 문향의 마음을 만들고 이를 찻잔에 담아 전하는 것은 불교의 수행과 보살행의 이치를 설명해 주기도 한다. 마음을 닦고 완성된 마음을 오로지 중생구제에 쏟는 대승불교의 이상이 바로 여기에 있다.

임제, 황벽, 그리고 대우 스님의 이야기

중국의 당나라 시대에 위대한 선지식善知識인 임제臨濟 선사가 계셨다. 임제 스님은 출가하여 경율經律을 익힌 후에 황벽黃檗 선사 회상會上을 찾아가서, 3년 동안 산문을 나가지 않고 참선 정진에 전력을 다 쏟았다.

그 회상에 수백 명 대중이 모여 수행 생활을 했지만, 임제 스님과 같이 신심信心과 용맹勇猛으로 일거일동에 화두와 씨름하는, 그러한 좋은 기틀을 가진 사람은 둘도 없었을 만큼 그는 빈틈없이 정진하였다. 당시에 입승立繩을 보던 목주睦州 스님이 임제 스님을 쭉 지켜보고는 큰 그릇으로 여겼다.

하루는 조실祖室인 황벽 선사를 찾아가 "우리 회중會中에 장차

산마루의 큰 정자나무가 될 만한 인물이 있으니 조실 스님께서 자비로 제접提接하여 주십시오."라고 말한다.

"내가 벌써 알고 있네." 황벽 선사께서는 이미 큰 법기法器가 하나 와서 진실하게 공부해나가고 있는 것을 간파看破하고 계셨던 것이다.

"오늘 저녁 예불을 마치고 나서, 스님께 그 수좌首座를 보낼 터이니 잘 지도하여 주십시오."

목주 스님은 황벽 선사께 이렇게 청을 드려놓고, 임제 스님을 찾아가서 "그대가 지금까지 열심히 참구參究하여 왔으니 이제는 조실 스님께 가서 한번 여쭈어보게."하니, 임제 스님이 물었다.

"무엇을 여쭈어야 합니까?"

"불법佛法의 가장 긴요緊要한 뜻이 무엇인가를 여쭈어보게."

임제 스님은 목주 스님이 시키는 대로 조실祖室 방에 찾아가 예 삼배禮三拜를 올리고서 여쭈었다.

"스님, 어떠한 것이 불법佛法의 가장 긴요한 뜻입니까?"

말이 떨어지자마자 황벽 선사께서는 주장자拄杖子로 이십 방(棒)을 후려 갈기셨다. 임제 스님이 겨우 몸을 이끌고 나와 간병실에서 쉬고 있으니, 목주 스님이 찾아왔다.

"조실 스님을 친견親見했던가?"

"예, 가서 스님의 지시대로 여쭈었다가 방망이만 흠씬 맞아 전신이 다 부서진 것 같습니다."

"이 대도大道의 진리를 얻기 위해서는 신명身命을 내던져야 하네. 설사 몸이 가루가 되고 뼈가 만 쪽이 나더라도 거기에 조금이라도 애착을 두어서는 안 되네. 그러니 그대가 다시 한 번 큰 신심信心을 내어, 내일 아침에 조실 스님께 가서 종전과 같이 묻게."

이 경책에 힘입어 다음날, 임제 스님은 다시 용기를 내어 조실 방에 들어갔다.

"어떠한 것이 불법의 가장 긴요한 뜻입니까?"

이렇게 여쭈니, 이 말이 채 끝나기도 전에 또 이십 방이 날아 왔다.

이번에도 목주 스님은 간병실에 누워 있는 임제 스님을 찾아와 사정 얘기를 듣고 나서 거듭 힘주어 말했다.

"이 법은 천추만대千秋萬代에 아는 선지식을 만나기도 어렵고 바른 지도를 받기도 어려운 것이니, 밤새 조리를 잘하고 다시 용기와 신심을 가다듬어 내일 조실 스님을 찾아가게."

그 다음날도 임제 스님은 조실 방에 들어갔다가 역시 종전과 같이 혹독한 방망이만 이십 방 맞고 물러나오게 되었다.

임제 스님은 더 이상 어찌해 볼 도리가 없다고 생각하고는 목주 스님에게 말했다.

"저는 아마도 이곳에 인연이 없는 것 같습니다. 이제는 다른 처소로 가보아야 할 것 같습니다."

"가는 것은 좋으나 조실 스님께 하직 인사나 올리고 가게. 갈 곳을 일러주실 것이네."

임제 스님이 떠날 채비를 다 해놓고서 황벽 선사께 가서, "스님, 스님께서는 큰 자비로 저에게 법法 방망이를 내려 주셨는데, 제가 업業이 지중하여 미혹迷惑한 까닭에 진리의 눈을 뜨지 못하니 너무나 안타깝습니다." 하고는 하직 인사를 올렸다.

"어디로 가려는가?"

"갈 곳이 정해지지 않았습니다."

"그러면 바로 고안高安 강변으로 가서 대우大愚 선사를 찾게. 틀림없이 자네를 잘 지도해 주실 것이네."

그리하여 임제 스님이 바랑을 짊어지고 고안 대우 선사 처소處所를 향해 수백 리 길을 걸어가는 동안 걸음걸음이 의심이었다.

임제 스님이 여러 달을 걷고 또 걸어서 마침내 고안에 당도하여 대우大愚 선사를 참예하였다.

"그대는 어디서 오는고?"

"황벽 선사 회상에서 지내다가 옵니다."

"황벽 선사께서 무엇을 가르치시던가?"

"제가 불법의 가장 긴요한 뜻이 무엇인가를 세 번이나 여쭈었다가, 세 번 다 몽둥이만 흠씬 맞았습니다. 대체 저에게 무슨 허물이 있다는 것인지 모르겠습니다."

전주 한옥마을 한 상가의 담벼락에 남겨진 담쟁이 열매

그러자 대우 선사께서 무릎을 치시면서, "황벽 선사께서 그대를 위해 혼신의 힘을 다해 가르치셨는데, 그대는 여기 와서 허물이 있는지 없는지를 묻는가?" 하시며 '허허' 웃으셨다.

순간, 웃는 그 소리에 임제 스님은 홀연히 진리의 눈을 떴다. 그토록 의심하던 '황벽 육십 방'의 낙처落處를 알았던 것이다.

"황벽의 불법이 별것 아니구나!"

임제 스님이 불쑥 이렇게 말하자, 대우 선사께서 임제 스님의 멱살을 잡고는 다그치셨다.

"이 철없는 오줌싸개야! 네가 무슨 도리를 알았기에, 조금 전에는 허물이 있는지 없는지를 묻더니 이제 와서는 황벽의 불법이 별것 아니라고 하느냐?"

그러자 임제 스님이 대우 선사의 옆구리를 세 번 쥐어박으니, 대우 선사께서 잡았던 멱살을 놓으시며 말씀하셨다.

"그대의 스승은 황벽이니 내가 관여할 일이 아니네."

임제 스님이 다시 황벽 선사께 돌아와, 여러 해 동안 모시면서 탁마琢磨하여 대종사大宗師의 기틀을 갖추게 되었다.

_조계종 13·14대 종정 진제 선사, 신축년 동안거 결제법어 中

줄탁동시

불교의 선은 최상근기의 사람들이 하는 수행이다. 선지가 맑아야 하고 인내심도 깊어야 한다. 수행을 하는 과정에서 남이 시킨다고 시킨 대로 하는 것 자체가 바보스럽다. 하지만 우직하게 거듭해서 노력하는 모습은 아이러니하게도 임제의 근기가 모자라지 않다는 것을 말하기도 한다. 그냥 '열심히 잘해봐.'라고 하면 될 것을 굳이 노령에 몽둥이까지 들고 훈육한 것은 애정이다.

줄탁동시啐啄同時라는 말이 있다. "알 속의 병아리가 세상 밖으로 나오려고 반응할 때 어미 닭은 병아리가 알의 막을 쪼는 소리(줄)을 듣고 밖에서 알을 깨는 일(탁)을 동시에 도와준다. 이 시기에 병아리가 혼신의 힘을 다하여 안의 껍질을 깨지 않으면 어미 닭 역시 밖에서 도와주지 않는다."는 뜻이다. 병아리는 임제 스님이고 어미 닭이 황벽 스님인 셈이다. 그리고 이를 알려준 것이 대우이며 실행을 도와준 것이 묵주 스님이다.

불교의 수행은 실참實參으로 스스로 풀어야 할 것이다. 해보지도 않고 묻는 것 자체가 어불성설이고 맞을 짓을 한 것이다. 세 번이나 두들겨 맞고도 깨우치지 못한 것은 인연이 무르익었으나 아직 깨달음을 얻지 못한 것이다. 알을 깨지 못했으니 더 참구하면 될 것이나 임제는 황벽 스님을 떠나 대우 스님께 향한다. 하지만 수백 리를 걷는 과정에서 대우의 불연佛緣은 깊어갔다. 의심이 극대화되었을 때 대우 스님의 한마디로 이미 황벽 스님이 만든 금이 커져 알을 깨고 나올 수 있었던 것이다.

비록 시간의 속도는 다르지만, 노리코도 스승인 다케다 선생을 만나 다도의 길을 걷는다. 중간에 그만두기도 하지만 늘 인내하면서 성실하고 근면하게 다도의 길을 간다. 그러면서 스스로의 부족함을 정확히 알게 된다. 뭐든지 첫 단추가 중요한데, 임제는 스스로 하는 자기 학습이 수행이라는 것을 머리로는 알았어도 마음으로 몰랐던 것 같다. 그래서 임제는 황벽의 질문에 답을 못하고 얼어 있었고 그 상태(알)를 깬 것이 바로 몽둥이 찜질이었던 것이다.

방법(기초)을 잘못 익히면 나쁜 습관(버릇)이 된다

습관이 되어 버린 줄도 모르는 모습을 본 황벽 스님은 그런 무지를 고치기 위해서 임제를 후려칠 수밖에 없었을 것이다. 하지만 습관이라고 다 나쁜 것은 아니다. 좋은 습관을 익히는 것이 바로 다도이며 수행이기도 하기 때문이다.

영화에서 노리코는 "손이 저절로 물동으로 갔어요."라고 말한다. 손도 그렇지만 온몸이 순서 그리고 과정을 기억하는 것이다. 머리가 아닌 몸으로 익숙해져 몸에 배어 들어간 것이다. 그래서 "머리로 생각하지 말고 손, 나아가 스스로의 몸을 믿어야 한다."라고 타케다 선생은 말한다.

몸으로서 배우는 것을 체득이라고 한다. 머리로만 이해하고는 "알았다."라고 하는 것은 '알음알이'일 따름이다. 지혜 그리고 성취

영화 《일일시호일》 中 차 수업이 무르익은 노리코의 손이 자연스럽게 다음 동작으로 움직이기 시작하였다.

나 실천과 무관한 지식은 죽은 지식으로, 깨달음을 흉내내는 거짓 지식으로 헛된 성취일 따름이다. 실제로 몸에 익혔다면, 명상에 들듯이 눈을 감아 동작을 떠올릴 때 모든 것이 물 흐르듯, 한 편의 영화처럼 정확하게 보인다.

불교 수행에서 화두, 즉 간화선看話禪과 다른 이런 '관(觀, Visualization)' 수행을 할 때는 세세하게 몸에 익힌 기술들, 즉 습관들이 저절로 끝을 향한다. 그 모든 과정을 슬로우비디오처럼 멈추고 재생하고 거꾸로 돌릴 수 있어야 제대로 익힌 것이라고 할 수 있을 것이다. 이것과 몸에 실제로 밴 것과의 관련성에 대해서는 앞으로도 더 생각해봐야 할 것이 적지 않을 듯하다.

나는 온전히 '여기'에 머물고 있었다

"정신이 들자 나는 그저 묵묵히 진한 차를 개고 있었다. 차 한 잔을 개는 일에만 내 마음 전부를 기울이고 있었다. 어느새 초조함은 사라져 있었다. 나는 온전히 '여기'에 머물고 있었다."(영화 가운데 내레이션)

정신이 들었을 때, 아무 말 없이 차를 개고 있는 모습을 보는 것은 꿈을 꾸다가 자고 있는 자신의 모습을 보는 것과 같을 수 있다. 오매일여寤寐一如라는 말도 이런 의미가 있다.

또한, 다도가 자기 인생의 일부가 된 것이기도 하다. 삶의 일부가 되고 내 몸의 일부가 된 것이기도 하다. 지금 바로 이 순간에 온 마음을 실었기 때문에 무아지경이라고도 할 수 있다. 이런 상태에서는 내가 있기도 하지만 내가 없는 것이기도 하다. '진공묘유眞空妙有'도 이런 상태의 일종이라고 할 수 있다.

선지식과 같은 큰스님이 살아 계셨어도 '이런 상태에서 걱정은 어디 있고 욕심이나 집착 그리고 망상은 어디 있을 수 있겠느냐!'고 했을 것이다. 모든 생각이 끊긴 그 자리에 늘 있다 보면, 다시 그 자리에 가는 것이 어렵지 않게 되기도 한다.

참선 수행과 마찬가지로, 오늘의 다도를 다시 시작하자마자 다시 그 자리로 가곤 한다. 데자뷰를 느낀 것처럼 어느 순간에 깜짝 놀라고, 닭살이 싹 돋기도 한다. 그렇게 살아 있음을 느끼고 살아 있음에 기쁨을 느낀다. 이 역시 '일일시호일'이다. 영화에서는 이런 순간들이 적금의 만기일처럼 때때로 찾아온다고 하지만, 영화 제목처럼 매일 매일 아니 매 순간이 이러한 순간의 연속일 수 있다.

화두 가운데 "조고각하照顧脚下"라는 말이 있다. 지금 서 있는 그 자리를 보라는 것이다. 일상 가운데, 어쩌면 고통 속에서라도 오늘도 좋은 날이라는 또는 좋은 날이 될 것이라는 마음가짐으로 살면 가끔씩 성취를, 그리고 기쁨과 행복을 느낄 때가 있다. 그런 '때'를 영화의 원작가는 다음과 같이 전한다.

"'살아 있다는 건 이런 것이었구나!' 소름이 돋았다. 다도를 계속하는 동안 그런 순간들이 적금의 만기일처럼 때때로 찾아왔다. 그때부터 언젠가 '차'에 대해 쓰고 싶다고 생각했다. 지난 25년간 선생님 댁의 다실에서 느꼈던 수많은 계절에 대해서, 그리고 컵의 물이 넘치는 순간에 대해서."

원작과 더불어 이 영화는 바로 지금 현재의 소중함을 우리에게 일깨워준다. 만약 지금의 소중함을 깨닫지 못한다면 '다음'은 어쩌면 안 올지도 모른다. '다음'에 찾아올 기쁨도 물론 더 이상 느끼지 못할 것이다.

영화에서 그리고 다도에서 '말차'를 만들 때, 우리는 물을 끓이고, 다완을 준비하고, 선명한 암녹색 가루에 물을 더한 뒤 잘 저어 거품을 만든다. 그렇게 집중하고 있노라면, 어느덧 아무런 생각도 나지 않는 상태가 찾아온다. 멍 때리는 것과 다르게 진공 상태와 같은 마음이 나와 혼연일체가 되는 순간이 온다. 그렇게 온 마음을 집중하고 있을 때에서야 비로소 수행은 앞으로 나아가게 된다.

이렇게 같은 일, 차를 나누는 일을 계속할 수 있다는 건 정말 행복한 일이다

매일매일 같은 동작을 끊임없이 반복하다 보면 습관이 이뤄진다. 그렇게 하다 보면 어느 순간에 명인의 경지에 가게 되는 이치다. 매우 훌륭한 명장이나 인간문화재들을 만나 그 비결을 물으면 다 똑같이 하는 답이 하나 있다. 비법은 따로 없고 같은 일을 30여 년 이상, 늘 열심히 성실하게 해왔다고 한다. 그냥 매일 늘 똑같은 일을 반복해서 하면서, 늘 같아도 30년 전과는 다른 모습이었다. 만든 작품도 마찬가지다. 같은 물품이지만 그 질은 단순한 '기술'이 아닌, 전혀 다른 '예술'의 경지에 들었던 것이다.

그런 길은 수행과 같아서 왕도가 따로 없다. 그래서 참선이나 차나 다 같은 맛이라는 선다일미禪茶一味라는 말이 나왔나 보다. 우리의 차도 그렇고, 향도 그렇고, 미술도 그렇고, 도예도 그렇다. 같지 않은 게 하나도 없는 것이다. 늘 같은 일을 계속해서 꾸준하게 할 따름이다.

어쩌면 누구에게는 벗어나고 싶은 지겨운 일일지도 모른다. 하지만 이것이 자신이 가고 싶어 했던 수행의 길이라면, 이렇게 같은 일, 차를 나누는 일을 계속할 수 있다는 것 자체가 정말 행복한 일이 아닐 수 없을 것이다. 그래서 오늘도 좋은 날인 것이다. 이렇게 수행에서, 더 나아가 생활에서 행복을 찾는 것이기도 하다.

"내가 아이가 된 것처럼 아는 게 하나도 없다"

세상에는 '금방 알 수 있는 것'과 '바로는 알 수 없는 것' 두 종류가 있다. 금방 알 수 있는 것은 한 번 지나가면 그걸로 충분하다. 하지만 바로 알 수 없는 것은 몇 번을 오간 뒤에야 서서히 이해하게 되고, 전혀 다른 존재로 변해간다. 그리고 하나씩 이해할 때마다 자신이 보고 있던 것은 지극히 단편적인 부분에 지나지 않는다는 사실을 깨닫게 된다. '차'라는 건 그런 존재다.(영화 속 나레이션)

이런 구분에는 그다지 찬성하지 않지만 '방편'으로서의 이런 구분은 흑백논리처럼 매우 효과적이라는 점은 부정하지 못한다. 조금 다르지만, 한 번 보고 알 수 있는 것이 있는 한편 평생을 노력해도 알기 어려운 것이 있는 것과 마찬가지이다. 앞에서도 말한 것처럼, 평생에 걸쳐 몸에 밴 '공부'는 인생의 참 교훈을 알려준다.

한 유행가에 '지나간 것은 지나간 대로 그런 의미가 있죠'라는 가사가 있다. 일희일비하지 말고 긴 호흡 속에서, 살면서 생기는 크고 작은 사건, 사고 등의 굴곡들을 바라봐야 한다는 말일 것이다. 나중에 이들이 어떻게 한데 모여서 인생이라는 장편의 뮤지컬을 만드는지 흥미진진하게 지켜봐야 할 것이다. 그 뮤지컬의 결말을 어떻게 쓸지도, 그 방향도 결국 우리의 선택에 달려 있다. 그런 결정으로 오늘도 좋은 날로 아니 매일매일을 좋은 날로 만들어가야 하는 것은 모두 우리의 몫이다.

서도書道의 길도 다르지 않다

영화에는 노리코가 차실에 걸린 '瀧(비올 롱)'자를 보는 장면이 나온다. 왼쪽의 한자 부수는 물 수水이며 오른쪽은 용 용龍이다. 물의 신인 용이 물을 찾았으니 비가 안 올 수가 없다. 심한 가뭄에 기우제를 지냈을 때 사용했을 법한 족자이다. 벽에 붙여진 족자에 그려진 '롱'이라는 글자를 우리는 어떻게 봐야 할까?

가끔 예술의 전당에 있는 '서예 미술관'을 찾아가 전시를 보곤 한다. 잘은 모르지만 전시된 서예 작품들을 보면서 걷다 보면 가끔 소리가 들린다. 귀로 들리는 소리라기보다는 누군가 말을 걸어서 뒤돌아보거나 가까이 가게 되는 그런 느낌을 말한다.

그래서 돌아보면 아무도 없다. 대신 글자 한 자에 한 사람이 들어 있기도 하고 여러 명이 숨어 있기도 하다. 사실 숨어 있다기보다는 글자에 담겨 있다는 말이 맞을 듯싶다. 작가가 혼을 담은 것인지 아니면 작가의 혼이 담긴 글씨가 좋아 '신神'이 들어가 담긴 것인지 잘 모르겠다. 하지만 혼신의 얼이 담긴 작품에는 춤추는 무녀도, 조용히 앉아서 책을 읽는 선비도 보인다. 도인이나 어린아이 같은 사람만 있는 것이 아니라 동물도 있고 나무도 나타난다.

1973년 개천절에 이은상李殷相 선생은 한국 유림 독립운동 파리장서비의 건립기문建立記文을 지었다. 당시 많은 서예가들이 모였는데, 결국 하정夏丁 오양吳養 선생이 대大 자를 쓰고 여초如初 김응현金膺顯이 소小 자를 썼다. 동성회同聲會라고, 당대 기라성 같은 시인 27인 가운데 한 분인 하정 선생이 가끔 쓰던 '심시천心是天'이란 글이 있다. 마음이 곧 하늘이라는 뜻인데, 동학이나 천도교에서 '자

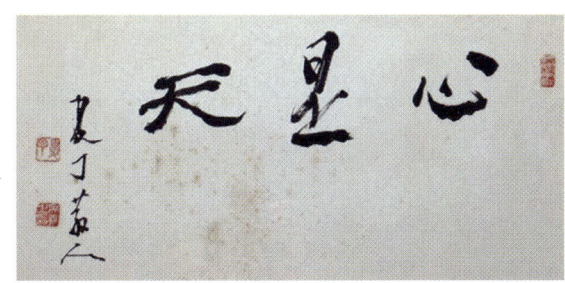

오양 선생의 친필

기 마음을 깨달으면 몸이 바로 하늘이고 마음 역시 곧 하늘'이며, '마음 밖에 하늘 없고 하늘 밖에 마음 없다'고 했으니, 사람의 마음이 곧 하늘의 마음이라고 이해하면 된다. 인내천 사상을 달리 표현한 것이라고 하면 좀 쉬울 듯하다. 결국, 내 맘뿐만 아니라 다른 사람의 마음을 하늘로 여기는, 그런 존중하고 배려하는 마음을 말한다.

이 글자에 대한 해석은 다양하겠지만, 마음 심心은 물론이고 모든 글에 미소 짓는 얼굴이 보이는 것 같다. 그리고 각각의 획 하나하나에 사람이 담겨져 있기도 하다. 경지에 이른 분들이 글을 쓰면 글에는 생명이 담기는가 보다. 이런 필치로 물을 그리고 용을 그리니, 족자를 보는 사람이 폭포를 거슬러 올라가는 용을 보고 또 소나기, 아니 폭우를 볼 수 있는 것도 당연한 일이다. 시원하다 못해 무서울 정도로 커다란 폭포수의 소리도 들을 수 있을 것이다.

> 24절기 같은 인생의 흐름을 조용히 이겨내면서 차 수업에 정진하는 노리코는 여름 장맛비 소리가 가을비 소리와 다르다는 것을 감지하고 벽에 붙은 폭포라는 글씨를 그림으로 읽어내고 물소리가 온몸에 배어드는 느낌을 경험한다.[6]

이런 이해를 가지면 차 한 잔 속에서도 고요한 바다를 볼 수 있

---

6 안소현, 「영화로 보는 인문학 – 알 수 없는 미래 때문에 불안할 때」, 『충북일보』, 2021. 6. 21,

다. 잔을 들고 내려놓으면 일렁이는 작은 물결 속에서 크게 출렁이는 해일도 볼 수 있고 태풍도 볼 수 있을 듯하다. 그 안에 들어 있는 삶이 우리의 삶과 다르지 않다. 그렇게 나 그리고 함께하는 사람들의 심상까지 들여다볼 수 있지 않을까? 계절을 담은 이 영화는 그냥 아무 생각 없이 보고만 있어도 힐링이 되는 그런 영화라고 할 수 있다.

일기일회: 차 대접은 보리행의 시작

다케다 선생의 스승이었던 시노다 선생의 기일 다도회에 참석하고 돌아오는 날에, 선배 유미코는 "차 대접은 차의 완성이며, 그것은 곧 생애 한 번뿐인 만남이기 때문에 지극한 정성을 쏟아야 한다."고 말한다.

어제 멀쩡했던 친구가 오늘 아침에 갑작스럽게 저 세상으로 사라질 수 있다. 마치 노리코의 아버지가 그랬던 것처럼 말이다. 오늘 만나면 언제 다시 만날지 모르기 때문에 우리는 지금 만나는 사람

영화《일일시호일》中 장례식을 마치고 돌아온 다케다 선생과 노리코는 먼 하늘을 보며 깊은 차담을 나누게 된다.

에게 정성을 다해야 한다는 것이다. 『금강경』에서 말하는, 사람들이 아무 생각 없이 그냥 오래 살 것이라는 집착 같은 믿음은 늘 허망함 그 자체이기 때문이다.[7]

"같은 사람들이 여러 번 차를 마셔도 같은 날은 다시 오지 않아요. 생애 단 한 번이다, 생각하고 임해주세요."

다케다 선생은 이 대사를 통해서 "일생에 단 한 번뿐"이라는 "일기일회一期一會"의 뜻을 관객에게 정확히 전달해 준다. 아버지의 죽음 뒤 노리코가 "가족들과 함께 식탁에 둘러앉았던 게 언제였던가!"라며 자책하는 장면 역시 가족 같이 사랑하는 소중한 사람과 함께 보내는 시간을 다음으로 미뤄서는 안 된다는 교훈 같은 깨달음을 준다.

사람들은 덧없이 사라져가지만 그런 와중에서 차 한잔을 마시는 모습은 '내가 살아 있는 한 차는 나와 함께한다'는 것을 의미하기도 한다. 까닭에 "아무리 지치고 힘든 날이라도, 차와 함께하는 고요한 시간이 있다면 우리는 괜찮아질 것만 같다."라는 메시지를 우리는 자연스럽게 받아들이게 된다.

어려운 인생의 굴곡에서도 노리코는 단정한 모습으로, 다완에 있는 말차를 다선으로 갠다. "삭삭삭" 하는 소리는 녹차 가루를 잘 풀어줄 그때 나는 울림으로, 마치 지저분한 방을 청소하듯 내 마음

---

7 하도겸 외, 『술술 읽으며 깨쳐 가는 금강경』, 운주사, 2021.

의 번뇌와 망상을 쓸어가 버린다. 그렇게 영화 속의 소리들은 우리네 인생의 걱정을 녹여간다.

"말차는 남기지 말고 소리를 내서 끝까지 마시는 거야"

차가 가르쳐준 인생을 남김없이 음미하는 방법은 무엇일까? 자살하는 사람이 많아진 세상이다. 끝까지 살면서 '소확행', 즉 소소하지만 확실한 행복을 누려야 한다. 그렇게 차도 남기지 말고 다 마셔야 한다.

소리를 내면서 마지막 남은 찻물 한 방울까지 다 마셔야 한다. 그것이 귀한 차를 정성껏 내준 팽주에 대한 감사의 표시이다. 그리고 오늘을, 아니 생의 마지막까지를 좋은 날로 만들어준 모두의 은혜에 감사하는 울림이기도 하다.

영화의 엔딩에서 노리코는 미소로 그 울림을, 내 손으로 만들어낸 행복과 기쁨을 우리에게 전한다. 우리네 인생과 함께 차도 다도도 무르익어간다. 차품이 인품이다.

남원 매월당 부근의 한 가옥의 나무 문

우리는 차와 사르는 향

인생과 철학을 논하는 이 영화가 관객들에게 전해주는 메시지 가운데는 '인생도 물처럼 흘러가는 것으로 흐르게 놔두라'라는 지혜도 있다. 영문 유행어 'LET IT GO'란 말이 이에 해당하며, 우리의 고사성어로 표현하면 '상선약수上善若水'가 맞을 듯하다.

차의 생활화와 관련하여 일상다반사日常茶飯事라는 말이 있다. 밥만큼 차도 매일 접하는 물질문화라는 의미에는 변함이 없다. 차 생활에 동반되는 향도 이와 다르지 않다. 문향의 예에서 봤듯이 말이다.

차는 우린다고 하고 향은 사른다고 한다. '우리다'라는 말은 어떤 물건을 액체에 담가 맛이나 빛깔 따위의 성질이 액체 속으로 빠져나오게 한다는 의미다. 결국 진국을 다 마시기 위한 것이며, 사람으로 말하자면 바탕이나 진면목을 본다는 뜻도 내포할 것이다. 한편 '사르다'라는 말은 어떤 것을 남김없이 없애 버린다는 의미를 가진다. 혼신의 힘을 다해서 일을 성취한다는 뜻으로 받아들여진다.

가진 모든 것을 우려내는 차와, 모든 것을 다 태워버리는 향은 다른 듯 같은 지향점을 가지고 있다. 방식이나 모습이 다를 뿐 모두 인생에서 우리가 취해야 할 점을 다르게 표현하고 있는 것일 따름이다. 마음속의 본성, 성품을 순서에 따라 잘 내어놓는 것과 몸의 모든 것을 다 아름답게 그리고 의미 있게 불태워버리는 것은 물질을 통한, 우리 인간의 심신의 완결과정을 상징한다.

건강과 인품을 성숙하게 발전시켜 가는 것이 우리의 성장이며,

그런 인생 공부에서 함께 반려할 수 있는 대표적인 것이 차와 향이다. 그래서 차예나 향예가 아닌 다도와 향도라고 부르며 '도'의 경지로 승격시킨 것이 아닌가 싶다. 이런 까닭에 차와 향 그리고 붓글씨 등과 함께 하는 생활이야말로 바로 수행이 아닐 수 없다.

We make every single day, a good day.
Because every single day is a good day in the first place.

일일시호일의 우리말은 '매일 매일 좋은 날'이지만 그 뜻을 풀면, '우리는 하루하루를 모두 좋은 날로 만들어야 한다. 왜냐하면 본래부터 매일이 좋은 날이었기 때문이다.'라는 말이 더 적합할 것이다. '인생'이라는 무대에서 주인공으로 살아야 하는 우리네 '인생'은 선택과 결정을 통해, 차처럼 맑고 향기롭게 성장해나가야 하기 때문이다. 이 영화《일일시호일》은 다도에 담긴 이런 의미를 세월의 흐름 속에서 잔잔하게, 우리에게 머리가 아닌 '느낌'으로 '가슴'으로 전하고 있다. 다시 봐도 재밌고 즐거운 영화로, 이 영화를 본 오늘도 좋은 날이다.

참고문헌

하도겸 외,『술술 읽으며 깨쳐 가는 금강경』, 운주사, 2021.
하도겸,「보이차 관련 몇 가지 상식 체크 문답」,『여성소비자신문』, 2019. 6. 26.
안소현,「영화로 보는 인문학 – 알 수 없는 미래 때문에 불안할 때」,『충북일보』, 2021. 6. 21.
서규리,『장욱진-그림으로 보는 선의 미학』, 우리출판사, 2020.

『히말라야 문화 연구』 I
* 이 책은 나마스떼코리아 부설 히말라야연구소가 2021년 6월부터 4차에 걸쳐 진행한 학술발표회의 연구성과를 묶은 학술연구논문집을 단행본 형식으로 간행한 것이다.

* 나마스떼코리아 유튜브채널(youtube.com/c/namastekr48)에서 저자들의 강의를 만날 수 있다. 동영상은 서울시동북권NPO지원센터와 김동진 작가의 협력으로 제작되었다.

서은미(부산대학교 강사)

문기영(문기영홍차아카데미 대표)

김세리(성균관대학교 유학대학원 초빙교수)

김경미(성균관대학교 유학대학원 강사)

김용재(유엔협회세계연맹 교육&파트너십 담당관)

노근숙(원광디지털대학교 차문화경영학과 외래교수)

노정아(차과자 사계 대표)

양홍식(필로쏘티 아카데미 원장)

윤혜진(오동나무해프닝 대표)

임진선(주식회사 소모 대표)

최원석(프로젝트 렌트 대표)

홍소진(소연재다주문화연구소 소장)

하도겸(비영리사단법인 나마스떼코리아 대표)

영화, 차를 말하다

초판 1쇄 인쇄 2022년 3월 10일 | **초판 1쇄 발행** 2022년 3월 18일
지은이 서은미 문기영 김세리 김경미 김용재 노근숙 노정아 양홍식
　　　　윤혜진 임진선 최원석 홍소진 하도겸
펴낸이 김시열
펴낸곳 도서출판 자유문고
　　　　(02832) 서울시 성북구 동소문로 67-1 성심빌딩 3층
　　　　전화 (02) 2637-8988 | 팩스 (02) 2676-9759
ISBN 978-89-7030-159-4　03590　값 22,800원
http://cafe.daum.net/jayumungo